本书由2023年度大连外国语大学出版基金资助

한국어 조어법 연구

韩国语构词研究

胡翠月　孟丽　◎著

北京大学出版社
PEKING UNIVERSITY PRESS

图书在版编目 (CIP) 数据

韩国语构词研究 / 胡翠月，孟丽著. —北京：北京大学出版社，2023.9
ISBN 978-7-301-34365-4

Ⅰ. ①韩⋯ Ⅱ. ①胡⋯ ②孟⋯ Ⅲ. ①朝鲜语 – 构词法 – 研究 Ⅳ. ① H554

中国国家版本馆 CIP 数据核字 (2023) 第 157787 号

书　　　名	韩国语构词研究 HANGUO YU GOUCI YANJIU
著作责任者	胡翠月　孟　丽　著
责 任 编 辑	刘　虹
标 准 书 号	ISBN 978-7-301-34365-4
出 版 发 行	北京大学出版社
地　　　址	北京市海淀区成府路 205 号　100871
网　　　址	http://www.pup.cn　新浪微博：@ 北京大学出版社
电 子 邮 箱	编辑部 pupwaiwen@pup.cn　总编室 zpup@pup.cn
电　　　话	邮购部 010-62752015　发行部 010-62750672　编辑部 010-62759634
印　刷　者	北京鑫海金澳胶印有限公司
经　销　者	新华书店
	720 毫米 ×1020 毫米　16 开本　22.25 印张　320 千字 2023 年 9 月第 1 版　2023 年 9 月第 1 次印刷
定　　　价	79.00 元

未经许可，不得以任何方式复制或抄袭本书之部分或全部内容。
版权所有，侵权必究
举报电话：010-62752024　电子邮箱：fd@pup.cn
图书如有印装质量问题，请与出版部联系，电话：010-62756370

序 一

翠月硕士毕业于韩国的首尔大学，师从韩国著名的国语学家金仓燮教授。她的硕士学位论文《韩国语四字成语研究》不仅包含了韩国语四字成语的由来、分类、中韩四字成语形态和意义对比等内容，还有前人很少研究的成语的构词及在韩国语中的具体用法，不仅有理论支撑，还有数据分析，更有实例举证，让人眼前一亮。作为硕士研究生能写出如此有新意且实用的论文着实让人欣慰，同时这也证明了翠月在词汇学研究方面的实力。

因为我的研究趣旨也是韩国语词汇，所以比较关注翠月。此间，翠月一步一个脚印，拿到了校级、省级、国家级各种科研项目，还撰写了很多高水平的有关韩国语词汇方面的学术论文，而且她的博士学位论文也与韩国语词汇相关，这奠定了她做词汇学研究的基础。看到她的成长，由衷地为她高兴。

2012年暑假，翠月和我谈了她想写一本有关韩国语构词方面的专著的想法，我闻悉后甚是欣喜。因为大部分有关韩国语构词方面的研究成果是韩国学者从国语的角度以固有词为主要研究对象进行的，若翠月能从非母语者的角度，分词源对韩国语构词进行全面的研究，不仅将是一个全新的视角，对中国的韩国语学林也是一个有益的补充，这对韩国语学习者的裨益非常大。我把我的硕士研究生、中国传媒大学南广学院韩国语系的孟丽老师介绍给了翠月。因为孟丽老师这几年在韩国语词汇、构词方面也做了不少研究，她们的研究兴趣一致，若能合作，将是强强联合，我对这本书充满了期待。

十年过去了，我已是耄耋之年，当她们把这本蕴含了她们心血和努力的力作拿给我时，我既欣喜又欣慰。欣喜的是书稿的质量已远远超出了我的期待，欣慰的是后生可畏。

由胡翠月和孟丽两位老师共同撰写的《韩国语构词研究》是目前非母语者撰写的有关韩国语构词方面的第一本专著，其学术价值可概括为以下四个方面：

第一，弥补了目前国内韩国语构词著作的一些不足并填补了空白。如第六章汉字成语构词法、第七章新词构词法是目前为止韩国语学界鲜有人研究的。

第二，学术观点鲜明。对所介绍的前人的观点能够立场鲜明地指出其优缺点。如：认为目前只用一种标准去设定韩国语前缀的范围是比较困难的，需要综合考虑各种标准，才能有综合性和全面性。又如：在介绍"特殊词缀派生（Zero-derivation）"这个概念时，既认可此概念可以在设定零词素的条件下对具有同一形态，但语法范畴不同的单词进行系统而有规律的说明，但同时也提出了用这个概念进行问题说明时，会产生语法范畴发生变化的单词很难认定使用的词缀是同一形态的词缀的问题。

第三，本书的研究方法值得称道。目前韩国语构词的研究主要是以固有词为主进行派生与合成两大类的本体研究。本书首先是按照词源把韩国语分成了固有词、汉字词、外来词。然后用很多篇幅介绍了目前已有的韩国语构词方面的著作中涉及很少，甚至几乎没有提及的韩国语词汇中比较常见的汉字成语和近来不断充实韩国语词汇的新词部分。内容上可以说几乎涵盖了韩国语所有单词。因考虑到了读者人群，将列举的单词都标注了对应的汉语解释。使用了对比的方法，突出了各个词源构词特点，既有共同点，又有不同之处，形成鲜明的对比。

第四，具有学术创新精神。这一点可以从以下五方面来理解。1.固有词部分用言简意赅的语言清楚地分析了合成词的派生和派生词的合成层次问题；2.汉字词部分分析了合成词的组合顺序、合成词的结构及二次派生等；3.外来词部分分析总结了混合法的特点；4.汉字成语部分考察分析了韩源四字成语中的特殊现象及产生这些现象的原因、四字成语在韩国语中如何使用等内容；5.新词部分重点分析了混种新词的构词及混种词占新词数量之多的原因等等。即各种词源的构词既有共性，又有个性。

　　本书是目前所见的非母语学者撰写的第一部韩国语构词方面的学术专著，该书不仅包含了韩国语传统词汇中的固有词、汉字词和外来词，还有汉字成语和新词部分，几乎涵盖了韩国语中所有词源的构词。而且，分析总结出了每种词源构词共有和独有的特点，观点鲜明，不仅有理论支撑，还有具体的单词作实例，每个韩国语词条后都加注了汉语解释，方便读者，更总结出了具有代表性的词缀、组合方式的造词能力，做到了既有理论高度，又有词汇量的厚度，更有研究的深度，充分反映了两位老师一丝不苟的治学精神。

　　拜读一过，深感受益匪浅。这部大作是研究韩国语构词的最新成果之一，将会进一步促进韩国语学者对韩国语构词的研究和关注。我虽先睹为快，但不敢秘而不宣，又恰逢两位老师托我作序，故乐于向广大读者推荐。期待它能早日面世，以飨学林！

林从纲
2023年初夏
于大连清居斋

序 二

  翠月是我的2016级博士研究生，我和她相识缘起于2005年复旦大学承办的中国韩国（朝鲜）语教育研究学会国际学术大会。当时我是语言学组的主持人，翠月是语言学组论文发表者之一。她当时宣读的论文《韩国语四字成语的构词及具体用法》得到了很多专家的肯定，由此给我留下了深刻的印象。

  翠月成为我的博士研究生之前，我们每年都有几次在学术大会上相见的机会，经常相互切磋，相互交流，于是在交流中加深了了解，在切磋中形成了共识，在交往中，我目睹了她严谨的治学态度及在研究过程中所倾注的心血。翠月本科阶段和硕士研究生阶段曾先后两次到韩国求学，硕士阶段师从韩国著名的国语学家——首尔大学国语国文专业的金仓燮教授。其间，还得到过首尔大学国语国文专业崔明玉教授、李秉根教授、李贤熙教授、李翊燮教授、沈在箕教授、宋基钟教授、宋喆仪教授、张素媛教授等韩国著名的国语学家的悉心指教。为了本书的写作，翠月经过了长期的积累和准备，她好学深思，旁搜远绍，拾遗补阙，获得了大量的一手资料，结识了许多知名的韩国语学者，为本书的写作奠定了扎实的基础。

  攻读博士研究生阶段，翠月脱产了一年，静心地在延边大学学习。一年内她不仅修完了大部分学分，而且还完成了一篇学术论文的撰写工作，学位论文的方向也定了下来。我很了解她当时正在撰写的这本书的具体内容，当初本书中并无新词的构词内容，所以我们就决定以新词作为研究对象，从认知的角度来准备博士学位论文。就这样，我们把博士学位论文的题目定为《韩国语新词的认知研究》后，她回到了工作的大连外国语大学，一边工作，一边撰写博士学位论文。四年的时间，不仅要修满博士课程学分，还要见刊两篇核心期刊学术论文，完成学位论文，对于全脱产的学生来说都非易事，更何况翠月还要兼顾工作和家庭，其中的辛苦可想而知。但即使这样，翠月把所有的事情都按时保质保量地完成了。更可喜的是，她因为对新词有了足够深刻的研究，不仅从认知的方向解析了新词的语义形成过程，完成了博士学位论文，还从构词的角度研究总结出了其中的规律，添加到了她在撰写博士学位论文之前就已着手写作的此专著之中。她的努力、勤奋，设定目标后就会向着目标一步一个脚印踏实地迈进的精神，值得我们学习。

如今，她和孟丽老师的努力终于结出了丰硕的果实，这就是即将出版的大作——《韩国语构词研究》。这是两位老师经过十年辛苦的硕果，我有幸先睹为快，快读之余，书稿的饱满和生动不禁让我眼前一亮，这部书稿给我印象最深的是以下几点：

第一，是突破。目前已有的与韩国语构词相关的研究大部分是韩国学者或者是朝鲜族学者从母语的角度针对固有词进行的。鲜有像翠月和孟丽老师这样，从大学开始把韩国语作为专业学习的汉族学者从外语的角度对韩国语构词进行深入的研究，这在国内可以说尚属首例。而且研究的角度独特，对国内的韩国语学林是一个补充，值得称赞。可以说本书集中反映了当前国内外有关韩国语构词研究的最新成果，代表了本方面研究的一个新水平。

第二，是全面。本书不仅研究了韩国语的固有词、汉字词和外来词的构词，更有韩国语词汇中常见的汉字成语及近年来不断涌现的新词，可以说几乎囊括了韩国语常见的所有单词的构词，而且分门别类，概括到位。本书广泛地吸收了近年来国内外有关韩国语构词的研究成果，凡涉及韩国语构词的本体研究及相关研究资料几乎无遗漏。这些资料大致可分为以下四类：一是有关韩国语构词本体

研究的论著，如：崔圭一《国语的词汇形成研究》、高在丐《国语单词形成过程中的形态、语法原理研究》、姜信沆《现代国语词汇使用的样相》、金仓燮《国语的单词形成和单词构造》、金东灿《单词结构论——朝鲜语理论文法》、金桂坤《现代国语的造词法研究》、金廷恩《现代国语的单词形成法研究》、奇周衍《近代国语的派生词研究》、沈贤淑《朝鲜语合成词研究》、宋喆仪《国语派生词形成研究》、徐炳国《国语构词论》、郑元洙《国语的单词形成论》等；二是有关韩国语构词背景的论著，如：崔铉培《우리말본》、金锡得《国语形态论》、李崇宁《中世国语语法》、李熙昇《国语学概说》、李乙焕《语言学概说》、李翊燮《国语学概说》、林从纲《新编韩国语词汇学》、沈在箕《国语词汇论》、许雄《国语学》、周时经《国语语法》和《朝鲜语语法》等；三是有关韩国语词汇的语料，如：金光海《韩国语分级词汇手册》《2014-2018年韩国语新词》等；四是中韩两国代表性工具书，如：《标准国语大辞典》《东亚新国语辞典》《高丽韩国语大辞典》《现代汉语规范词典》《新词新语研究与词典编纂》《新词语大辞典》等。两位老师在掌握大量的参考资料基础上，又进行了深入、细致的研究，对以往的研究成果去粗取精、纠偏正误，有选择地消化吸收。因此，本书做到了对韩国语构词研究的全面性。

第三，是创新。两位年轻老师厚积薄发，对韩国语构词的分析在继承的基础上有很多创新之处，令人耳目一新，深受启发。如：对词根、词干和词基的概念做了更言简意赅的概括；对前缀的设定标准做了更客观全面的表述，从形态、分布、功能、意义四个方面做了全面分析；对常见的前缀、后缀及合成类型的造词能力做了对比分析；对特殊变化派生及内部变化派生有自己独特的见解；对派生词的派生特点做了精辟到位的总结；理清了合成词的派生和派生词的合成及汉字合成词的层次关系；对外来词的借音法也有自己独到的见解；对韩源四字成语中的特殊现象做了深入精辟分析；在四字成语的派生及在韩国语中的具体使用方法方面的研究也有独到之处；特别是在新词的构词法方面说明了新词中混种新词最多的原因，并提出了新词中各词源词的主要构词类型等等。所论凿凿有据，令人信服。从这一意义上讲，本书填补了国内韩国语学林构词研究的一个空白。

我有幸先阅此书，读后思考很多。两位年轻的老师能写出如此有深度的学术专著，我深感后生可畏。学术乃天下公器，我愿应邀为此书作序，推荐给广大读者，希望诸位在阅读之后也如我一样深受启发。

金光洙

2023年5月30日

于延边大学研究室

摘 要

语言是开放型体系,具有强烈的时代特征,是伴随着社会的变化而发展的。其与当代社会变化、经济发展、科技进步、文化交流密切相关。在语言的变化中,发音和语法相对稳定,词汇较活泼,因为词汇集开放性、敏感性和代表性于一身。

众所周知,1980年代以前,韩国语构词相关的研究主要是从语法学的角度进行的,而从1980年代后,韩国语构词的研究主要着眼于构词的原理,没有涉及类型学层面。本书使用转换生成语法作为指导理论,从单词形成的角度对韩国语构词的原理进行了更加严谨、全面的分析,特别是按照固有词、汉字词、外来词、汉字成语和新词的顺序,通过设定构词法标准,分析单词形成的过程,考察其具体所属的类型及各种构词类型的造词能力,由此确立更加严谨、全面的韩国语构词法体系。

本书以韩国著名的国语学家李基文教授监修的《东亚新国语辞典》(斗山东亚,1997.)所收录的全部词条及韩国国立国语院2014—2018年发布的967个韩国语复合词新词为主要研究对象,运用转换生成语法作为研究韩国语构词的主要理论基础,辅以"21世纪世宗计划语料库",使用定性、定量、统计分析等方法,对韩国语构词原理进行了全面的分析,展示了韩国语构词法体系的全貌和每种词源构词类型的造词能力以及各种词源构词的共性和特性。

本书共分八章，各章的主要内容可概括如下：

第一章解释为什么要研究韩国语构词，说明研究的目的和意义，指出研究的对象和研究方法，对有关韩国语构词的前期研究成果进行了综述，介绍本书的构成。

第二章介绍了韩国语词汇的种类、韩国语单词构成的基本要素，重新定义了词根、词干、词基、前缀、后缀，并介绍了构词的种类。

第三章以转换生成语法作为主要理论基础，对韩国语固有词的构词法进行了全面而客观的分析。韩国语固有词的构词法主要有前缀派生、后缀派生、内部变化派生、句法合成、非句法合成及派生合成、合成派生等。

第四章首先介绍了韩国语汉字词的主要来源。因为韩国语中的汉字词构词既要遵循汉语构词法，又要符合韩文的语法规则，具有双重性。所以，先以转换生成语法理论为指导分析了汉字词的派生法，与固有词不同的是汉字词多派生成独立性很强的名词，只有个别汉字词后缀能与双音节汉字词组合构成派生谓词的词根。在合成法部分，分析总结出了汉字合成词的组合顺序，以及根据汉文句子结构的基本规律分析了合成汉字词的结构类型。最后，总结了汉字词的构词特点。

第五章分析了外来词构词法。首先按照词源、所属领域将外来词做了分类。其后，介绍了外来词的主要构词是通过借音法，具体可分为全借音法、半借音半意译法、借音后加注释法等。外来词也可通过派生和合成的方法来构词，除此之外，外来词还可通过缩略法、首字母组合法、混合法来构词，这些是与韩国语传统的构词法不同的地方。最后，按形态、不同词源的词语造词能力、音节结构的差异、首字母组合词、混合法构成的混种外来词的顺序对韩国语中的外来词构词法做了全面的分析。

第六章汉字成语部分以四字成语为例，对其构词进行了深入考察。从形态、语义、出处、故事性、构成词素语义特征、书写形态、习用性与书面语性、含有动词词素的汉字成语形态等方面对四字成语的构词做了全面的分析考察。最后从语法功能方面说明了四字成语的构词及在韩国语中使用的局限性。即，在韩国语中，四字成语只能被看作是由四个词素构成的单词，再不能细分。这是因为四字成语在韩国语中，要遵循韩国语语法优先的原则，受韩国语语法的制约，这体现了韩国语是黏着语的特征。

第七章新词部分首先按照派生和合成考察分析新词的构词类型，分析结果显示：新词中大部分是合成词，合成词中通过句法合成的词居多。派生词中只有极少部分是前缀派生，绝大部分是后缀派生。然后按照词源考察分析新词的构词类型，分析结果显示：固有词数量最少、汉字词次之，纯英语外来词比较多，数量最多的是"外来词+汉字词"这种组合类型的混种词。混种词中甚至还出现了由三种以上的词源组成的词。出现这种现象的原因是新词是为了标记新现象、新事物而创造的。语言的经济性原则要求我们不能无限制地创造新字、新词。虽然汉字词很早就进入了韩国语词汇系统，但它并未失去其"外来"的本性。因此，与固有词相比，同样具有外来属性的外来词与汉字词的组合更具造词能力。而且汉字具有表意性和浓缩性特点，加上西方国家已有的英文标记，"外来词+汉字词"这种组合类型就表现出强大的造词能力，来满足韩国语中对新词的需求。

第八章根据以上对各种词的分析结果，总结出了韩国语构词的全貌，确立了更加严谨、全面、准确的韩国语构词体系。

目 录

第一章 绪 论 ··· 1
　1.1 研究目的和研究对象 ··· 1
　1.2 研究综述 ··· 2
　1.3 研究结构 ··· 4

第二章 韩国语构词的相关问题 ·· 6
　2.1 韩国语词汇种类 ·· 6
　　2.1.1 根据词汇的来源分类 ··· 6
　　2.1.2 根据词汇的词性分类 ··· 8
　　2.1.3 根据词汇的构词分类 ··· 12
　2.2 韩国语单词构成的基本要素 ·· 13
　　2.2.1 构成韩国语单词的各要素概念 ···································· 13
　　2.2.2 构词的种类 ··· 14

第三章 固有词构词法 ··· 19
　3.1 固有词简介 ·· 19
　3.2 固有词派生法 ·· 22

    3.2.1 前缀派生 ·· 22
    3.2.2 后缀派生 ·· 38
    3.2.3 特殊变化派生 ··· 77
    3.2.4 内部变化派生 ··· 82
    3.2.5 派生词的派生特点 ·· 100
    3.2.6 常见的造词能力强的固有词前后缀 ·· 100
  3.3 固有词合成法 ··· 104
    3.3.1 设定合成词的标准 ·· 104
    3.3.2 句法合成 ·· 108
    3.3.3 非句法合成 ··· 146
  3.4 合成词的派生与派生词的合成 ··· 158
    3.4.1 合成词的派生 ·· 158
    3.4.2 派生词的合成 ·· 160
  3.5 小结 ··· 160

第四章 汉字词构词法 ·· **167**
  4.1 汉字词简介 ·· 167
  4.2 汉字词结构 ·· 170
  4.3 汉字词派生法 ··· 172
    4.3.1 前缀派生 ·· 172
    4.3.2 后缀派生 ·· 174
    4.3.3 特殊变化派生 ··· 183
    4.3.4 常见的造词能力强的汉字词前后缀 ··· 185
  4.4 汉字词合成法 ··· 188
    4.4.1 合成法 ··· 188
    4.4.2 叠词法 ··· 191
    4.4.3 缩略法 ··· 192
    4.4.4 汉字词合成词的组合顺序 ·· 194

4.4.5　合成词的结构 ································· 195
　4.5　派生词的合成、合成词的派生、二次派生 ··················· 198
　4.6　小结 ·· 198

第五章　外来词构词法 ··· **205**
　5.1　外来词简介 ·· 205
　5.2　外来词构词法 ······································ 210
　　　5.2.1　借音法 ····································· 210
　　　5.2.2　派生法 ····································· 212
　　　5.2.3　合成法 ····································· 216
　　　5.2.4　缩略法 ····································· 218
　　　5.2.5　首字母组合法 ································ 221
　　　5.2.6　混合法 ····································· 221
　5.3　小结 ·· 228

第六章　汉字成语构词法 ······································· **229**
　6.1　汉字成语简介 ······································ 229
　6.2　四字成语的词源 ···································· 232
　　　6.2.1　汉源四字成语 ································ 232
　　　6.2.2　韩国语中未见诸汉语成语词典的汉源成语 ············ 247
　　　6.2.3　韩源四字成语 ································ 247
　6.3　四字成语的派生及与其他词的组合使用 ···················· 254
　　　6.3.1　四字成语的派生 ······························ 254
　　　6.3.2　四字成语与其他词的组合使用 ···················· 256
　6.4　小结 ·· 258

第七章　新词构词法 ··· **266**
　7.1　新词简介 ··· 266

7.2 固有词新词构词法 270
7.2.1 派生法 270
7.2.2 合成法 271
7.2.3 混合法 273
7.2.4 缩略法 274

7.3 汉字词新词构词法 275
7.3.1 派生法 275
7.3.2 合成法 279
7.3.3 混合法 281
7.3.4 缩略法 283

7.4 外来词新词构词法 285
7.4.1 派生法 285
7.4.2 合成法 285
7.4.3 混合法 286
7.4.4 缩略法 287

7.5 混种新词构词法 287
7.5.1 派生法 288
7.5.2 合成法 306
7.5.3 混合法 308
7.5.4 缩略法 309

7.6 小结 311

第八章 结语 313

参考文献 319

后 记 331

第一章 绪 论

1.1 研究目的和研究对象

韩国语是一种拥有很多关联性很强的复合词的语言，也就是说韩国语是造词能力强的语言。随着社会文化的变化需要对新事物、新概念命名时，韩国语可发挥造词能力强的特点促进新词的形成。语言的经济性原则决定了利用现有的词汇对新概念、新事物命名会更有效，更便于交流，而这些所谓的"新词"的构词有其规律所在。本书以现代韩国语中的固有词、汉字词、外来词、汉字成语、新词为研究对象，通过考察韩国语构词类型分析韩国语构词法的特点和形成过程，并通过分析各类型的单词来判断它们所属类型的造词能力，由此确立韩国语构词体系的全貌，这是本书的研究目的所在。

在词法学的框架下对构词法的研究以前主要从传统语法的角度进行，近来对构词法的研究主要从转换生成语法的角度进行，研究的角度不同，也带来了词法学在语法领域中地位的变化。具体表现在词法学在传统语法或者构造语法中被称为词法学或者词素学，是语法的核心领域，占据着重要地位。而在以句法学为核心的转换生成语法中，词法学的地位降为了词汇领域，其词法学的功能和范围被缩小。直到Chomsky（1970）以后，出现了无法用句法学解释的单词形成问题，如派生、合成等，人们重新意识到了以单词形成为主的词法学的重要性。所以，从1980年代开始，语言学者加大了对词法学、词汇领域的关注力度，对研究单词形成的规则等转换生成词法学也产生了浓厚的兴趣。

以这种潮流为背景，在韩国语研究中属于词法学下属领域的构词法研究引起了很多韩国语学者的关注，他们以传统语法为理论指导，取得了很多研究成果。在结构语法的框架中对韩国语构词法的研究主要聚焦于对现有单词的构造分析上。而在转换生成语法的框架中对韩国语构词的研究则是在所有语言现象都被规则支配的前提下进行的，也就是说转换生成语法理论指导下的韩国语构词研究是聚焦于将单词形成的规则精密化、系统化，研究这个规则的制约性。对构词法的研究前提是首先要对单词进行彻底分析，可以说分析单词形成的过程是研究构词法的必要条件，也是最基础的工作。

本书的研究目的就是通过分析构成韩国语词汇的固有词、汉字词、外来词、汉字成语、新词的构词法，来考察各种构词类型和组合的造词能力，最后确立韩国语构词全貌。具体方法是以韩国著名的国语学家李基文教授监修的《东亚新国语辞典》（斗山东亚，1997.）所收录的全部词条，辅以韩国国立国语院2014—2018年发布的967个韩国语复合词新词（不包含新词组）为主要研究对象，运用转换生成语法作为研究韩国语构词理论的基础，结合"21世纪世宗计划语料库"，使用定性、定量、统计分析等方法，通过设定各个词源构词法的标准、形成过程、各类型词的举例，对韩国语构词原理进行分析，揭示韩国语构词体系和每种词源构词类型的造词能力以及各种词源构词的共性和特性，最终确立相对全面的韩国语构词体系。

1.2 研究综述

到目前为止，对韩国语构词法进行的研究可分为三个大的方向，分别是在传统语法理论框架指导下进行的研究、在结构语法理论框架指导下进行的研究、在转换生成语法理论框架指导下进行的研究。

在传统语法理论框架指导下对韩国语构词法的研究始于周时经先生的《国语语法》（1910）、《朝鲜语语法》（1911）。周时经先生把韩国语单词的构造分为"기몸박굼，기몸헴，기뜻박굼"，其中"기몸박굼，기몸헴"可以理解为现代韩国语构词法中的派生法，"기뜻박굼"可以理解为现代韩国语构词法中的合成法。"기몸박굼"包含派生后缀和屈折后缀，在"기뜻박굼"中对与词缀结合后意义发生了变化的单词进行了说明，在"기몸헴"中对单纯词和复合词进行了说明。这不仅涉及了形态词汇学，还涉及了形态句法学，成为传统语法理论框架指导下对韩国语构词进行体系化研究的起点。但问题是在"기몸박굼"中没有区分派生和屈折，将派生词缀和转成词尾同等处理。此后，韩国著名的国语学家崔铉培（1937）、李熙昇（1955）从词法的角度对韩国语构词进行了研究。但这些学者的研究属于传统语法领域，是在词法论的指导下对单词的形成进行了分析，只是停留在了单词的词形构成、意义的变化这个层面上。

结构语法框架下对构词法的研究适用Gleason（1958），Hockett（1958）的理论。从词法学的角度对韩国语单词的研究也如雨后春笋般地出现了。如，李崇宁（1961）、许雄（1963）、安秉熙（1965）、李翊燮（1965）、金桂坤（1968）、金奎善（1970）、高永根（1974）、李周行（1981）、李相福（1990）等在结构语法理论的框架下从词法学的角度对韩国语单词进行了研究，以上的研究成果为辨别韩国语词素做出了非常大的贡献。

转换生成语法框架下对构词法的研究适用Chomsky（1970）、Halle（1973）、Jackendoff（1975）、Aronoff（1976）、Siegel（1979）、Selkirk（1982）、Scalise（1984）、Spencer（1991）的理论。为了能够解释韩国语单词形成的规律，韩国语学家在转换生成语法框架下尝试了对韩国语构词进行研究。与此相关的研究成果有：宋喆仪（1977、1985、1989、1992）、卢大奎（1981、1982）、徐正洙（1981、1990）、金仓燮（1981、1983、1984、1990、1994）、金光海（1982）、沈在箕（1982）、郑政德（1982）、闵贤植（1984）、蔡琬（1986）、黄炳淳（1986）、李秉根（1986）、李锡柱（1989）、郑元洙（1991、1992）、李翊燮（1992）、柴政坤（1993、1994）、高在咼（1994）、

姜真植（1994）、金廷恩（1995）、黄华相（2000）、宋元镛（2002）。

以上无论是在传统语法、结构语法还是在转换生成语法的框架下进行的研究，其研究对象都是韩国语固有词，无论研究对象还是所得结论都不全面，因为在韩国语词汇体系中固有词所占比例不足一半，汉字词占据了半壁江山，汉字词与固有词的构词体系不同，虽然汉字词的构词受汉文语法的影响，但在具体使用过程中，还受韩国语语法的制约，所以对汉字词构词进行研究也非常有必要。另外，韩国语中外来词的比例越来越多，汉字成语在韩国语词汇中也常见。近来，新词不断充实着韩国语词汇，对这些词的构词进行研究对全面、客观地确立韩国语构词体系是十分有必要的。因此，本书在转换生成语法的框架下，尝试从形态、语法、音韵、语义等角度分析韩国语中各种词源词汇的构词法，对用转换生成语法比较难解释的构词部分尝试在结构语法的框架下，从语义空白原理、语义融合原理、最大最小化原理去分析，从而确立了韩国语比较全面而客观的构词机制。

1.3 研究结构

本书共分八章，各章的主要内容可概括如下：

第一章解释为什么要研究韩国语构词，说明研究的目的和研究对象、研究方法，对有关韩国语构词的前期研究进行了综述，然后介绍本书的构成。

第二章首先介绍了研究韩国语构词的基本问题——词汇的种类，然后介绍了单词构成的基本要素，重新定义了词根、词干、词基、前缀、后缀。

第三章首先明确了韩国语固有词的范围，然后从标记特点、语义特点、发音特点等方面总结了韩国语固有词的特点。之后，以语法学中的转换生成语法作为指导理论，从形态论的有缘性，即，"形态添加"理论解释说明韩国语固有词的派生法。在固有词的合成法中首先明确了句法合成和非句法合成的标准，然后按照句法合成、非句法合成，之后又按照词类对各种构词的组合类型及造词能力对固有词做了全面的分析。最后分析了派生词的合成与合成词的派生两种构词方式。

第四章首先总结了韩国语中汉字词的主要来源。分别分析了与固有词构词法相同的派生法和合成法，与固有词不同的是汉字词的派生多形成独立性很强的名词，只有个别汉字词后缀能与双音节汉字词组合构成派生谓词的词根。在合成法部分分析总结了汉字词合成词的组合顺序及汉字词的构词特点。

第五章首先说明了外来词主要构词是通过借音法，这点是与固有词和汉字词的构词最大的区别。外来词也可通过派生和合成的方法来构词，除此之外，外来词还可通过缩略法、首字母组合法、混合法来构词，这些是与传统的韩国语构词法不同的地方。

第六章汉字成语部分以四字成语为例，对其构词从形态、结构、语义、来源、使用等方面进行了深入考察。由于韩国语属于黏着语，这就决定了被韩国语词汇体系吸纳的四字成语不能像在汉语中那样可以不受任何限制地充当句子中的各种成分，甚至可以单独成句，而是要受韩国语语法的制约，有很大的局限性，这充分体现了韩国语是黏着语的特征。

第七章新词部分按照词源分析了韩国语新词的构词类型。按照词源分析新词的数量可知固有词数量最少，汉字词次之，纯英语外来词比较多，数量最多的是"外来词+汉字词"这种组合类型的混种词。混种词中甚至还出现了由三种以上的词源组成的词。从构词的角度分析，大部分新词是通过合成法形成的，只有1/4左右的单词是通过派生而来，其中前缀派生的单词数量非常少。还有些新词是通过混生、缩略等构词形成。

第八章对前几章的分析进行全面总结，确立了较全面而客观的韩国语构词系统。

第二章 韩国语构词的相关问题

　　语言是社会交际的工具，它随着社会的发展而发展，随着社会的变化而变化。语音、词汇和语法是语言的三要素。三要素之间相互协调，相互制约，共同处在一个整体中。语音是语言的物质基础，是词和句子的物质外壳。词汇是语言的建筑材料，新词的构成必须符合构词规律。语法是语言的结构规律，词与词之间必须按照语言的结构规律才能组成可以被人们理解的句子。三者是相辅相成、协调共生的。但三者的变化、更新速度和发展轨迹却并非一致，其中变化最快的当属词汇。因为社会的进步使语言中的新词汇层出不穷，换句话说，只有不断地创造出新词汇，才能满足社会日新月异的变化。

　　韩国语是表音文字，词汇的形态变化丰富，词汇的分类方法也多种多样。下面我们将按照词汇的来源、词性和构词分别对韩国语的词汇进行分类。

2.1 韩国语词汇种类

2.1.1 根据词汇的来源分类

　　根据词汇的来源，即，根据韩国语词汇来源的系谱分类，韩国语的词汇大致可以分为：汉字词、固有词、外来词三种主要类型。

（1）汉字词

"汉字词（한자어）"是指从汉语中借用而来的词[①]，具有与汉语发音相近，字节数大体相同，意义相近的特点。如："국가（國家）""민족（民族）""상점（商店）"等。这类词在韩国语中占比很大[②]，也很重要。因为韩国语中有很多抽象概念或学术用语需要用汉字词来表达。韩国语中的汉字词除了大部分来自古汉语之外，还有相当一部分是在日本殖民期间从日语借用而来的，这些词汇大多是用来表达现代事物或概念的，如："자동차（自動車）""민주（民主）"等。韩国人完全按照韩国语的汉字音来标记从日语中借用的汉字词的发音，所以，如："とりけし（取消）""わりびき（割引）""にもつ（荷物）"这样有训读的汉字词也一概用韩国语的汉字音来读，即"취소（chui so）""할인（hal in）""하물（ha mul）"。除了从古汉语和日语中借用汉字词以外，韩国语中也有为数不多的自制汉字词，如："미안（未安）""시집（媤-）""대지（垈地）"等。

（2）固有词

"固有词（고유어）"是以韩国语固有的语言资料为基础创制的词汇，是纯韩国语，也称为韩国土语。这些词汇多是日常生活中常用的名词、动词、形容词、副词等。如：名词"나무（树）""물（水）""나라（国家）"等；动词"가다（去）""빌리다（借）""먹다（吃）"等；形容词"예쁘다（漂亮）""아프다（疼）""좋다（好）"等；副词"같이（一起）""그리고（和）""그렇지만（但是）"等。

（3）外来词

"外来词（외래어）"又称"外来语""借用语（차용어）"，是指除汉字词、固有词以外，从其他国家语言中借用而来的、用韩国语字母标记发音的单词。

[①] 汉字是公元前后传入朝鲜半岛的。
[②] 以《标准国语大辞典》（韩国国立国语院，斗山东亚，1999.）为例，韩国语中的汉字词所占比例为57.9%，固有词所占比例为40%，外来词所占比例为2.1%。

在韩国语中，所有不能转换成汉字书写的非固有词（混合词除外）都算外来词。这些词汇在第二次世界大战后迅速地扩充，其中，英语词汇最多。如："컴퓨터（computer）""커피（coffee）""오렌지（orange）"等。韩国语中的外来词多数都是从西方国家，如：英国、美国、德国、法国、意大利等国直接传入的，但也有少数外来词是经由日语传入的，如："빵（面包）"就是葡萄牙语"pão"被借入日语成了"パン"，然后再被借入韩国语的。

（4）其他

根据词汇的来源区分韩国语词汇除了汉字词、固有词、外来词这三大类之外，还有混种词、随着时代的发展出现的新词、随着网络技术的发展和普及出现的网络流行语，以及四字成语、俗谈等。

"混种词（혼종어）"又称"混种语"，是指由两个以上的词种（表现为词素）组成的复合词。广义的混种词还包括由来自不同语言的词素混合而成的词。其中，有外来词和固有词结合而成的复合词，如："나일론옷（nylon+옷）"；固有词和汉字词结合而成的复合词，如："꿀중기（꿀+中企）"；外来词和汉字词结合而成的复合词，如："톤체성（tone+體性）"；外来词与外来词结合而成的复合词，如："낫닝겐（英+日：not+ningen）"；在外来词之后添加固有词词缀（词尾）而成的派生词，如："드라이브하다（drive+하다）"，这种词汇的数量相当多；在汉字词之后添加外来词词缀而成的派生词，如："지방러（地方+er）"；在固有词之后添加外来词词缀形成的派生词，如："혼바비언（혼밥+ian）"等这样的例子也不少。在从西方语言中引入的单词后添加后缀"-하다"，作为动词使用的例子呈日益增加的趋势。

2.1.2 根据词汇的词性分类

根据韩国语词汇的语法功能，韩国语的词汇可以分成五组九类。即体词（名词、数词和代词）、谓词（动词和形容词）、关系词（助词）、修饰词（冠形词和副词）、独立词（感叹词）。

（1）体词

"体词（체언）"又称"体言"，包括名词、数词和代词，可以作句子中的

主语、宾语、补语，也可以和叙述格助词"-이다"结合做谓语。与印欧语言不同的是韩国语中属于体词的词语没有复数、性别的词形变化。

"名词"是用来表示事物名称的词汇。韩国语的名词没有语法上的性别，名词可以通过添加助词"-들"来获得复数形，如："사람들（人们）"。大多数汉字名词可以通过添加词缀"-하다"和"-되다"转换成动词或形容词，如：名词"행복（幸福）"添加词缀"-하다"后就可以转换成形容词"행복하다（幸福的）"；名词"고립（孤立）"添加词缀"-되다"后就可以转换成动词"고립되다（被孤立）"。当然，并不是只有汉字词可以通过添加词缀转换成动词或形容词。一些固有名词也可以通过添加词缀转换成动词或形容词，如：名词"말（话语）"添加词缀"-하다"后就可以转换成动词"말하다（说）"。

"数词"是用来称呼数目的词汇，分为基数词和序数词两种。两种数词都有汉字词和固有词两种形式。固有数词只能表达百位以内的数（从一到九十九），而汉字数词则可以表示零至百位以上的数。百位以内的数词到底何时使用固有数词，何时使用汉字数词的规律比较复杂。如：表达时间上的"几点"要用固有数词，表达时间上的"分"要用汉字数词。具体如："五点十五分"用韩国语表达应为"다섯시 십오분"，这里的"다섯"就是固有数词"五"，"십오"则是汉字数词"十五"。

汉字基数词："일（一）""이（二）""삼（三）""사（四）""오（五）""육（六）""칠（七）""팔（八）""구（九）""십（十）""십일（十一）""십구（十九）""이십（二十）""백（百）""천（千）""만（万）""억（亿）"等。

固有基数词："하나（一）""둘（二）""셋（三）""넷（四）""다섯（五）""여섯（六）""일곱（七）""여덟（八）""아홉（九）""열（十）""열하나（十一）""열아홉（十九）""스물（二十）""서른（三十）""마흔（四十）""쉰（五十）""예순（六十）""일흔（七十）""여든（八十）""아흔（九十）""아흔아홉（九十九）"等。

汉字数词与量词结合时，只在极个别的情况下词形会发生改变，而固有数词与量词结合时，词形则经常会发生改变。如：固有数词"三"的原形是

"셋",添加量词后,词形会变成"석""서""세"等。具体如:"석 단(三捆)""서 말(三斗)""세 사람(三个人)"。

韩国语汉字序数词的构成与汉语一样,只需在汉字基数词前添加汉字词"제(第)-"即可。如:"제일(第一)""제구십구(第九十九)"。固有序数词需在固有基数词后添加"-째"获得,如:"다섯째(第五)"等。

"代词"也叫"代名词",用于指称事物。韩国语的代名词根据用途的不同,分为人称代词、指示代词、疑问代词等。人称代词如:"나(我)""우리(我们)""너(你)";指示代词如:"이(此)""그(彼)";疑问代词如:"어디(何地)""언제(何时)""누구(谁)""무엇(什么)"等。

(2)谓词

"谓词(용언)"又称"用言",包含动词和形容词两大类,它们的原形以"-다"(包括"-하다"和"-되다")做词尾,如:"예쁘다(漂亮)""공부하다(学习)""고립되다(被孤立)",所以很容易将其从其他词类中分辨出来。在韩国语句子中,谓词要放在宾语的后面,这点与汉语的语序正好相反。

"动词"是用来表示事物的动作或临时状态的词汇。韩国语的动词可分为他动词(及物动词)与自动词(不及物动词)两种。如:"읽다(读)"是及物动词,其前面可以直接带宾语使用,而"고립되다(被孤立)"是不及物动词,其前面就不能直接带宾语使用。韩国语的两个动词可以通过添加词尾将之连接起来,作为一个整体动词使用。如:"내려가다(내리-+-어+가다)""들어오다(들-+-어+오다)"等。

"形容词"是用来说明体词的性质或状态的词汇。韩国语的形容词有修饰体词的功能,在做修饰成分时,形容词需放在体语之前,如:"엄연한 사실(엄연하-+-ㄴ+사실)",形容词"엄연하다(俨然的、明显的)"放在了体词"사실(事实)"的前面。但是,韩国语的形容词还可以像动词一样做谓语,此时它就必须像动词一样置于句子的末尾。如:"가풍이 엄하다(家规严)",形容词"엄하다(严格)"置于句子的末尾。

(3)关系词

"关系词(관계언)"又称"关系言",在韩国语中属于关系词的词类只有

助词一种。

韩国语的语法关系是依靠黏着在体词后的助词来反映的,所以在韩国语中助词被叫做关系词。助词是韩国语所有词类中最具黏着语特征的词类,也是最能体现韩国语语法特征的词类。根据助词的作用,可以将其划分为格助词、接续助词以及补助词三种。

格助词的"格"是指体词在句子中所处的地位。换句话说"格"就是资格,是体词以什么资格参加句子的构成及与其他词的关系。表示格的助词就是格助词。韩国语中的格助词可以通过黏着在体词后,来指定该体词在句子中的格。如:名词"한국(韩国)"黏附上主格助词"-이",该名词就成了名词的主格形"한국이",在句中就可做主语。格助词可以体现主格、叙述格、目的格、补格、所属格、副词格、呼格等多种格。

接续助词是用来连接两个以上体词的助词,表示所连接体词的关系是并列、同等的。其作用类似汉语的"和""与""以及"。

与格助词不同,多数补助词是有其含义的,它黏附在体词后,可以为体词添加意义。如:"부터"有"从……开始"的含义,添加在"학교(学校)"后,就能表达"从学校……"的含义。

(4)修饰词

"修饰词(수식언)"又称"修饰言",包括冠形词和副词两类,是专门用来限定、修饰体词或谓词的。

"冠词"用来修饰或限定体词,在句子中通常作定语。与西方国家的语言不同,韩国语的冠词并没有"定冠词"的作用,名词只有在需要时才使用冠词修饰,例如"이 책(这本书)"。

"副词"主要用来修饰谓词(形容词和动词)。韩国语中的副词要置于谓词前。

(5)独立词

"独立词(독립언)"又称"独立言",韩国语中属于独立词的词类只有感叹词。感叹词不会与句子中的任何语法成分发生关联,其在句子中的位置非常自由,因此,称之为独立词。

2.1.3 根据词汇的构词分类

构词法是运用语言中已有的构词材料，按照一定的构词模式构成新词的规律。张静（1980）认为："构词法是由两个或两个以上的词素构成新词的规律"，是新词汇产生的途径。更具体地说，构词法是指由词素构成词的规则，是对已有词的结构做语法分析，说明词内部结构中词素的组合方式。

从构词的角度分析，可将单词的种类分为"单纯词（단일어）"和"复合词（복합어）"两类。单纯词是指只有一个词素单独构成的词。这种词素是自由的不定位词素，其中，以单音节为主，也有双音节和多音节（以音译外来词为主）。如："코（鼻子）、키（身高；簸箕）、포도（葡萄）、거미（蜘蛛）、마리톤（马拉松）、올림픽（奥林匹克）"等。复合词是指由两个或两个以上的词素组合在一起构成的词。复合词还可根据构词法将其分为"派生词（파생어）"和"合成词（합성어）"两类。派生词是指在词根之前或之后添加词缀构成的词，如："헛수고（徒劳）""학자（学者）"等。其中，词缀又分为前缀和后缀，如："헛수고（徒劳）"中的"헛-（徒劳）""학자（学者）"中的"-자（者）"等。在韩国语中，前缀被称为"接头词（접두사）"，后缀被称为"接尾词（접미사）"。合成词是指由两个或两个以上的词素构成的词。如："부모（父母）""고무신（胶鞋）"等。

由于单纯词都是由一个词素构成的，因此，从构词法的角度没有必要过多解释说明。但需要说明的是韩国语的动词和形容词中的单纯词，如："오다（来）""먹다（吃）""곱다（美丽）""좋다（好）"等，由于都是由词干和词尾组成，所以看上去似乎是由两个词素构成，但构词法是一个与"屈折（굴절）变化"相对的概念，因此，屈折后缀，即，词尾不是构词法研究的范围，这些词我们作为单纯词处理。在本书中，我们将按照词汇的来源，以《东亚新国语词典》（李基文 监修，斗山东亚，1997.）为主要研究对象，辅以韩国国立国语院2014~2018年发刊的各年度《新词》和"21世纪世宗计划语料库"对固有词、汉字词、外来词、汉字成语、新词进行详细的分析说明。

2.2 韩国语单词构成的基本要素

本部分将对韩国语单词构成的基本要素进行说明，因为同一概念由于学者的使用习惯不同，对其称呼也不同。同一称呼，由于学者理解的角度不同，可能包含、适用的范围也不相同。所以为了避免这些分歧的产生，有必要对韩国语单词构成的基本要素进行具体地解释说明。

韩国语单词构成要素的核心部分是词根、词干和词基，除此之外，还有非核心部分的词缀。下面我们将先对构成韩国语单词的这些要素的概念进行说明，然后再对构词的种类进行详细地说明。

2.2.1 构成韩国语单词的各要素概念

词根（root）、词干（stem）、词基（base）是构成单词的核心要素，很多学者对这些要素的定义都有自己的见解，这些见解划分的界限不尽相同，包含的范围也不一致。如：

李翊燮（1968、1969、1975）接受霍凯德（Hockett，1958）的理论，对词根、词干和词基的概念做了如下的解释。

词根（어근）：不能直接与屈折词缀（词尾）结合，同时也不是独立形式的单词的核心部分。

词干（어간）：可以直接与屈折词缀（词尾）结合，或可以单独成为单词的核心部分。

词基（어기）：包括词干和词根的单词形式。

以上概念不仅适用于韩国语词汇中的固有词，对于汉字词也同样适用。

但金廷恩（2000：14-15）认为，把像"거므스름-（검-+-으스름-）""푸르데데-（푸르-+-으데데-）"等"词干+词缀"这种复合形态类型归为"词根"是十分牵强的。

南基心·高永根（1986：186）把词根和词干等同于不规则词根和规则词根。此时，不规则词根的含义是指词类不确定，与其他成分结合受到限制的部分；规则词根的含义是指词类明确，与其他成分结合自由的部分。

鲍尔（Bauer，1983:20-22）认为词干或词根经常与词基相同，同时，词干也可能是词根。这种观点将词根、词干和词基的概念混为一谈。

在本书中，词根、词干和词基的概念以李翊燮·(1968、1969、1975)的观点为依据，同时进行了略微的修改。具体如下所示：

词根：不能与屈折词尾结合、只有一种形态，以依存形式作为单词的核心部分。

词干：可以与屈折词尾结合，或者可以单独作为单词的核心部分。既可以是复合形态，其中包含派生词缀，也可以包含一个以上的词干。

词基：词根和词干的统称。

"词缀"又称"接辞（접사）"，是构成单词的要素中非核心部分的依存词素。在韩国语中词缀分为前缀和后缀。

"前缀"又称"接头辞（접두사）"，是附加于词根之前，构成新词的要素。前缀的特点是只起到限定词根的作用，不能改变词性。

"后缀"又称"接尾辞（접미사）"，是附加于词根之后，构成新词的要素。与前缀不同的是，后缀不仅可起到限定词根的作用，有时还可改变词性。

2.2.2 构词的种类

"语汇（어휘）"又称"词汇"，是一种语言里所有（或固定范围）的词和固定短语的总和，是词的集合体。"单语（단어）"又称"词"，是由一个以上词素构成的、具有独立资格的句子组成单位，是语言里能够独立运用、有一定意义的最小单位。如："거리（街）""집（家）""아주（很）"等。有些词还可进行具体分析，分析时所得的最小的具有词汇意义，或者语法意义的单位就是词素。在韩国语中，"词素"是用"형태소（形態素）"这个术语来表示的。如："외아들"就是由"외-"和"아들"两个词素构成的。

因单纯词不在我们构词法研究的对象范围内，在这里不赘述。占单词总数比重较大的复合词的构词法，大致可以分为派生法和合成法，以下将对派生法和合成法进行具体说明。

(1) 派生法

派生法是指由一个单词派生出其他单词的方法，其中又分为内部派生法、外部派生法和特殊派生法等。

① 内部派生法

内部派生法是指由一个单词的内部发生变化产生出另一个或其他数个不同意义单词的方法。内部派生法不仅会引起词义的变化，词形也会发生变化，有时还会改变词性。如：

1）

발（脚—名词）—밟다（踩—动词）

목（脖子—名词）—모가지（脖子—名词）

잘다（细—形容词）—짧다（短—形容词）、자르다（断—动词）

② 外部派生法

外部派生法是指单词内部不发生变化，由词根加上没有独立意义的前缀、后缀构成新的单词的方法。外部派生法又可分为前缀派生法和后缀派生法两种。如：

2）

날고기（生肉）　　　맏딸（大女儿）　　　첫사랑（初恋）

일꾼（干活好手）　　웃음（笑容）　　　　말씨（口音）

③ 特殊派生法

在韩国语派生词中，除了通过内部派生法和外部派生法形成的词之外，还有根据元音或者辅音的交替构成单词的方法。众所周知，韩国语中拟声拟态词及表示色彩的词汇特别发达，这些词有很大一部分是依据元音或者辅音的交替来表达情感、状态的细微变化。我们将这部分通过元音或者辅音的交替派生出其他单词的方法称为特殊派生法。如：

3）

동글동글—둥글둥글（圆圆地）　방긋방긋—벙긋벙긋（微笑）　야위다—여위다（消瘦）

（2）合成法

合成法是指由两个或两个以上的单词组成新词的方法。需要注意的是有些通过合成法构成的新词在意义上并非组成这个新词的原来各单词意义的合并，而是有了新的意义。如："하늘밥도둑"虽是"하늘（天空）"+"밥（饭）"+"도둑（窃贼）"的合成词，但其含义是"蝼蛄"。并且，有些单词在词形上也会产生变化。如：

4）

솔+나무→소나무（松树）　　　안+밖→안팎（内外）

韩国语构词法中的合成法又可分为句法合成法、非句法合成法、重叠合成法、混种法、缩略法、截取法等。

① 句法合成法

从语法的角度分析，有些合成词的构成方式和词组的构成方式相同，这种合成词通常被称为"句法合成词（통사적 복합어）"或"短语式合成词（구형 복합어）"。如：

5）

손+목→손목（手腕）　작은+아버지→작은아버지（叔叔）

② 非句法合成法

从语法的角度分析，有些合成词的构成方式与词组的构成方式不同，这种合成词通常被称为"非句法合成词（비통사적 복합어）"或"紧密式合成词（긴밀 복합어）"。如：

6）

코+물→콧물（鼻涕）　굳다+세다→굳세다（坚强）

③ 重叠合成法

通过同一词根的层叠构成的合成词叫做重叠合成词。在韩国语中重叠合成词以拟声拟态词为主，其数量和种类都非常多。重叠合成词的种类一般可分为三种。第一种是词基原封不动地层叠，通过这种方式合成的词叫做完全重叠合成词；第二种是词基的一部分层叠，通过这种方式合成的词叫做变形重叠合成词；

第三种是词基和词基之间插入某些其他要素再层叠，通过这种方式合成的词叫做插入重叠合成词。如：

7）

집+집→집집（家家户户）　　싱글+벙글→싱글벙글（笑眯眯）

쓰+디+쓰다→쓰디쓰다（极苦）

④ 混种法

混种法是从词汇的来源角度进行分析的一种构词方法。有固有词与汉字词结合形成的词、固有词与外来词结合形成的词、汉字词与外来词结合形成的词、外来词与外来词（来自不同国家语言）结合形成的词等。如：

8）

固有词与汉字词合成的词：밥+상（床）→밥상（饭桌）

固有词与英语合成的词：딸기+쨈（jam）→딸기쨈（草莓酱）

汉字词与英语合成的词：유학（留学）+센터（center）→유학센터（留学中心）

英语+日语合成的词：낫（not）+닝겐（ningen）→낫닝겐（外貌和能力都超常的人）

⑤ 缩略法

韩国语词汇中的外来词一般原形都比较长，发音较困难，因此韩国语在借用外来词时多采用缩略的方法。随着时代的发展，韩国语中较长的固有词或汉字词有的也被缩略成较短的音节。如：

9）

선생님→샘（老师）　　　남자친구→남친（男朋友）

⑥ 截取法

韩国语词汇中的外来词，一般原形都比较长，发音也比较长，因此韩国语在借用外来词或者混种词时多采用混合（截取）的方法。如：

10）

截断前部：껌（chewing gum）（口香糖）　　코트（over coat）（外衫）

截断中间：볼펜（ball point pen）（圆珠笔）　오므라이스（omelette rice）

　　　　　　（蛋包饭）

截断后部：노트북（notebook computer）（笔记本电脑）

　　　　　에어컨（air conditioner）空调

第三章　固有词构词法

3.1　固有词简介

（1）固有词的定义

韩国《标准国语大辞典》（韩国国立国语院，斗山东亚，1999.）是这样定义固有词的："固有词就是某种语言中自古以来就有的词或以这些词为基础新创制的词。"根据以上的定义，我们可以这样理解韩国语词汇中的固有词概念，是以韩国语固有的语言资料为基础创制的词汇。众所周知，从词汇来源的角度可将韩国语词汇分为汉字词、固有词和外来词三大类。韩国语词汇中除去汉字词和外来词，剩余的词汇就是固有词。固有词用韩文标记是"고유어"，也称"우리말""순우리말""토박이말""탯말"。因为固有词只能用韩文标记，所以固有词也被标记为"한글 낱말"或"한글"。但这种标记方法将语言和文字混为一谈。在韩国语词汇体系中，最基本的、最常用的日常用语大部分是用固有词。如：

11）

名词：달（月亮），밥（饭）

数词：하나（一），둘（二）

代词：무엇（什么），나（我）

动词：먹다（吃），자다（睡）

形容词：예쁘다（漂亮），좋다（好）

副词：자주（经常），아주（很）

（2）固有词的特点

从已有的统计资料可以看出，韩国语词汇中的固有词数量虽然不到整个词汇的一半，但固有词在韩国语中发挥着核心的作用，成为丰富和发展韩国语词汇的基础，特别是前缀和后缀大部分都是固有词。而且固有词中的动词、形容词、副词也很发达，特别是副词中的拟声拟态词特别发达，这点是韩国语词汇具有的重要特征。

① 标记特点

现代韩国语中的固有词汇基本是用韩文标记的，在训民正音创制之前，曾用吏读和乡札借用汉字的音和训标记固有词。

② 意义特点

随着汉字词被借用，意义相似的固有词与汉字词在词义的用法上产生了细微的差别。大部分固有词具有一般性、抽象性的意义特征，大部分汉字词具有具体性、细腻的意义特征。总之，固有词具有丰富的意义，并且更贴近韩国人的日常生活，因此被广泛使用。如："짓다"有如下十几种意义。

12)

밥을 짓다（做饭），집을 짓다（盖房子），시를 짓다（写诗），한숨을 짓다（叹气），미소를 짓다（露出微笑），농사를 짓다（种地），죄를 짓다（犯罪），무리를 짓다（成群结队），거짓말을 짓다（编造谎言），눈물을 짓다（眼泪盈眶），결론을 짓다（下结论），이름을 짓다（起名字）

③ 发音特点

a. 首音法则

韩国语词汇发音特点之一是作为单词首音的"ㄹ"除了在少数外来词中仍发[ㄹ]音之外，如：라디오（radio）、라인（line）等，在大多数固有词中"ㄹ"

不发音。在汉字词中，首音"ㄹ"或根据一定的规则脱落，或变为其他音，其书写方法也要求按照读音来写。

b. 元音和谐现象

元音和谐是韩国语音韵具有阿尔泰语系特征的表现。这种现象表现在发音组字、语法上的词尾添加以及固有词三个方面。

韩国语的元音分为"阳性元音（ㅏ，ㅗ）""中性元音（ㅡ，ㅣ）"和"阴性元音（ㅓ，ㅜ）"三大类。在用韩文字母组字的时候，六个单元音字母组成元音合体字母时须遵照"同性相吸"的原则。即，阳性元音与阳性元音组合，阴性元音与阴性元音组合，中性元音可以自由地与阳性元音或阴性元音组合。如："ㅘ""ㅝ""ㅚ""ㅟ"等。

在语法方面，也要遵照"同性相吸"的原则添加带有元音的词尾。如：对等阶词尾的两种形式"-아요"和"-어요"，前者是添加在含阳性元音的动词或形容词（汉字词不包含在内）的词干之后，后者是添加在含阴性元音的动词或形容词的词干之后。如：

13）

보다+-아요→보아요，두다+-어요→두어요

在韩国语的固有词汇方面，也能看到很多元音和谐现象，这种现象表现为多音节词汇前后音节的元音都是同性元音。如：

14）

딸랑딸랑（当啷当啷），줄줄（哗哗），뻘뻘（淋漓）

c. 韵尾现象

韩国语的韵尾共有27个，其中单韵尾有14个，双韵尾有13个，而韵尾的实际发音只有7种。汉字词只有6个单韵尾（ㄱ、ㄴ、ㄹ、ㅁ、ㅂ、ㅇ），规则相对简单，固有词的部分韵尾规则相对复杂。如："ㄷ""ㅌ""ㅈ""ㅊ""ㅅ""ㅆ"等作为收音时都发"[ㄷ]"音；固有词还具有汉字词和外来词所没有的双韵尾。如："ㄲ""ㄹㄱ""ㄳ""ㄵ""ㄶ""ㅆ""ㄼ""ㄾ""ㅀ""ㄻ""ㄺ""ㅍ""ㅄ"等。

3.2 固有词派生法

沈在箕（1990：4）把韩国语固有词的构词特征用"有缘性（유연성）"来高度概括，他认为有缘性应从音韵和形态两方面进行解释说明。音韵方面的有缘性可用"音韵交替"来解释说明。所谓音韵交替是指在一个单词的词素中音韵对立的现象。由于音韵交替使用的原因，大的方面可能会导致词汇意义的分化，小的方面可能会引起语感上的差别。这种音韵交替现象在元音和辅音中都会发生。形态论方面的有缘性可以用"形态添加"来解释说明。所谓形态添加就是指一个词素可以位于另一个词干词素前或后与之结合，形成一个新的词汇。这种形态添加的方法根据词素的意义是以对等的资格结合的，还是以从属的资格结合的又可分为合成法和派生法。

3.2.1 前缀派生

"前缀派生法"是指在词基上添加前缀生成单词的方法。这种派生词在形成过程中前缀不具有改变语法范畴的支配性功能，只具有限定与之结合的词基概念的功能。换句话说前缀不具有改变词基词性的功能，只起到添加或者限制词义的功能。从数量上来看，前缀的数量没有后缀多。判断前缀的标准是一个难题，因为固有词前缀的意义具有抽象性，对抽象性的理解因人而异。因此，在下文，我们将首先设定判断固有词前缀的标准，然后考察符合这个标准的固有词前缀都有哪些，再对由这些前缀派生出的派生词进行考察，最后讨论符合这些类型的派生词的造词能力。

3.2.1.1 设定前缀的标准

派生词由两种构成成分组成，即词缀和词基。在这两种成分中，添加在词基前面的成分叫做前缀。在当今韩国语学界，对前缀范围的争论异议较大。之所以如此难以确定前缀的范围，是因为在现代韩国语中被认为是前缀的词素，其起源大部分是由名词或者像动词词干这种实质性词素经过语法变化，最后变成现代韩国语单词的前缀的。刘昌惇（1971:361）认为，韩国语中原本并不存在前缀，合成词中的先行词起到了弱化词义或者转换词义的作用，这种作用就相当于前缀的功能。

前缀化的普及过程就是合成词的词基根据意义或者形态的变化丧失了作为词基的独立性的过程。换句话说，先行词基通过词义学、音韵学的词汇化，与原来的词基脱离了关系，与几个后行词基产生了密切的关系，成为不可分割的一部分。但是，当今韩国语学界的普遍观点是即使认同词基丧失了其原来的功能，被词缀化，但其还保留了作为词基的部分特征。所以，区分词基和词缀的界限比较模糊，难度也比较大。

我们认为，目前只用一种标准去设定韩国语前缀的范围是比较困难的，需要综合考虑各种标准，保证这个标准的综合性和全面性。为此，我们将从形态、分布、功能和意义四方面来考察前缀的设定标准。

标准1：形态方面，前缀具有使词汇的形态发生变化，与特定条件的词基结合的依存性特征。如：

15）

ㄱ.

맞-（表示"相当、相对"）：맞담배（面对面吸烟），맞바둑（实力相当的围棋比赛）

ㄴ.

엇-（表示"背、错、歪、斜、偏、稍微、有点"）：엇나가다（跑偏），엇갈리다（错过）

ㄷ.

드-（表示"很、非常"）：드높다（高昂），드세다（倔强）

15ㄱ）的"맞-"是副词"마주（面对）"经过融合性的形态变化过程，丧失了可以单独使用的资格，具有了依存性，与特定类型的词基结合；15ㄴ）的"엇-"是动词"어긋하다（错位）"的词根"어긋-"经过融合性的形态变化，具有了依存性；15ㄷ）的"드-"有学者认为是从动词"들다（快，锋利）"演变而来的，如果这种观点成立的话，"드-"也是经过形态变化演变而来的。

标准2：分布方面，前缀受分布的制约。如：

16）

ㄱ.

새-（表示"新"）：새것（新的东西），새댁（新娘）

ㄴ.

이듬-（表示"翌、次"）：이듬해（第二年），*이듬시간，*이듬집

16ㄱ）的"새-"是冠形词，属于语法范畴的构成，此时，冠形词如果与后面紧随的后行体词之间没有意义方面的限制，都可以添加；16ㄴ）的"이듬-"作为前缀与词基结合，属于词法方面的构成，在结合关系方面与16ㄱ）的语法方面的构成有差别。也就是说，一般情况下语法构成方式是否成立，是受限于与之可以结合的体词或者谓词的范围的。因此，派生词缀对于词基的词汇方面的选择制约性非常强，其结合作用仅仅局限于范围非常小的、符合条件的词基才会发生。因此，从分布方面来看，前缀呈现出具有很多空缺①的不规则形态的特征。

标准3：功能方面，前缀有不可分离性，起到修饰、限定的作用。如：

17）

ㄱ.

외-（表示"外公外婆家""独"）：외아들（独生子），*외 작은 아들

ㄴ.

뭇（表示"众多"）：뭇 백성（众多黎民百姓），뭇 착한 백성（众多善良的黎民百姓）

17ㄱ）的"외-"作为前缀，与词基"아들"结合，成为一个单词，其内部不能添加其他成分。因此，前缀和词基之间不能通过添加其他词而把该词的整体拆开；17ㄴ）的"뭇"是冠形词，其与之后的体词之间可以插入其他成分，也就是说，其与之后的体词是可以拆分的。

---

① 空缺这个词相当于Chomsky（1965）提出的"gap"这个概念。"gap"分为"accidental gap（偶然性空缺）"和"systematic gap（体系性空缺）"两种。前者适用于某种语言形式，但实际上并不存在；后者表示这种语言形式存在，但其却不适用于这种语言体系。诸如16ㄴ）的"이듬"那样，受词汇选择方面制约出现的空缺就属于"systematic gap"。

18）

ㄱ.

맏아들과 며느리（大儿子和儿媳）

ㄴ.

옛 집과 대문（以前的房子和以前的大门）

18ㄱ）的"맏-"作为前缀，与其后紧随的词基"아들"结合，形成修饰关系，而与"며느리"之间却没有形成修饰关系；18ㄴ）的"옛"是冠形词，通过语法方面的构成与"집과 대문"都构成了修饰关系，对其后的两个体词都产生作用。由此可知，前缀和冠形词与其后体词的构成关系是不同的[①]。

标准4：意义方面，前缀是实质性词素经过意义变化后被抽象化的单位。

19）

ㄱ.

돌감（生柿子），돌배（山梨）

ㄴ.

겉대중（粗略估计），겉늙다（显老）

19ㄱ）的"돌-"是前缀，与特定词基结合，意为"品质低、野生的"。与名词"돌（石头）"的本义相差较远，是被抽象化的单位；19ㄴ）的"겉"具有"表面看起来好像是……，仅从表面上看如同……"的意义，与名词"겉（外表、表面）"的意思相似。因此，金东灿（1987:57）认为"겉"在单词中是拥有实质意义的基本部分，词义的具体性和独立性都原封不动地保留着，从这点上来说，其更具有词基的特征，而不是前缀。

3.2.1.2　依靠前缀生成的派生词形成过程

本部分将选定符合前文设定标准的前缀来考察这些依靠前缀发生派生的词的形成过程，为了方便起见，我们将按照名词派生、动词派生、形容词派生、双重派生（由前缀与具有两种词性的词语组合产生的派生）、三重派生（由前缀与具

[①] 任洪彬（1989:173）把前缀只对直接结合的词基产生作用，而这个词基却不能成为语法构成的一部分的现象用"词汇高度制约"来解释说明。所谓"词汇高度制约"是指词汇内部的某些要素与语法构成的其他要素没有关系。

有三种词性的词语组合产生的派生）的顺序进行论述。

在派生词形成的过程中，前缀不具有改变词基语法范畴的支配功能，只具有修饰、限定词基意义的功能。因此，能与前缀结合的词基也仅限于名词、动词和形容词，前缀派生词的语法范畴也被限定在这些词性之中。

（1）名词派生

下面将列举一些与名词词基结合的前缀及其派生词的例子。

20）

ㄱ.

넛-：넛손자（姐姐的孙子），넛할머니（舅姥姥），넛할아버지（舅姥爷）

맏-：맏간（船尾的头一间舱），맏동서（大妯娌），맏딸（大女儿），맏며느리（大儿媳），맏물（当年新产的农产品），맏배（头仔），맏사위（大女婿），맏손자（大孙子），맏아들（大儿子），맏형（大哥）

밭-：밭부모（父亲），밭사돈（亲家公），밭상제（男丧家），밭양반（男主人），밭어버이（父亲），밭주인（男主人）

ㄴ.

핫-：핫어미（有夫之妇），핫아비（有妇之夫）

홀-：홀몸（单身），홀소리（元音），홀시아버지（鳏夫公公），홀시어머니（寡妇婆婆），홀어미（寡妇），홀아비（鳏夫），홀짐승（没有伴儿的公禽兽）

ㄷ.

골-：골샌님（老学究），골생원（迂夫子），골선비（冬烘书生）

불-：불깍쟁이（铁公鸡），불망나니（二混子），불여우（狐狸精）

ㄹ.

숫-：숫곡（新谷），숫백성（淳朴百姓），숫보기（老实人），숫사람（憨厚的人），숫색시（处女），숫음악（纯音乐），숫처녀（处女），숫총각（童男）

20ㄱ）的"넛-"是表示亲戚关系的前缀，有"姐姐或者姥姥家的亲戚"的含义，不能与其他表示亲戚关系的词汇自由结合。"맏-"具有"排序第一"

的含义，因此，可以与排序相关的亲戚关系的词汇自由结合。而且还可以跟与人没有关系的"간，물，배"的词基结合，这时候"맏-"的含义是"第一"。"맏-"与表示人的词基结合时，经历了意义的抽象化过程，同时还可以与人不相关的词基结合，因此可以说"맏-"是派生分布广、造词能力强的前缀。

"밭-"是"바깥（外面）"这个词的合体字。具有"夫妻中男方"的含义。与"밭-"的含义相对的是"안"，也就是说，"밭-"只能添加在有内外之分含义的词基前面（李智凉，1993：2），其结合关系具有局限性。

20ㄴ）"핫-"的含义是"有伴儿"，"홀-"的含义是"没伴儿"。"홀-"比"핫-"的派生分布更广。"홀-"还可以与人无关的"짐승，소리"结合，因此可以说"홀-"是造词能力强的前缀。

20ㄷ）中的两个前缀都具有"程度深"的意思。前缀"불-"与具有轻蔑意义的词基结合，表示程度深。

20ㄹ）"숫-"与人相关的词基结合时表示"朴实、纯真"的含义，当与人无关的词基结合时，具有"天真、本来、最开始"的含义。由此可知"숫-"的派生分布非常广。

以下是与属于自然生物的名词词基结合的前缀。

21）

ㄱ.

개-：개고사리（野蕨菜），개나리（迎春花），개난초（野兰花），개다시마（野海带），개맨드라미（野鸡冠花），개머루（山葡萄），개살구（山杏），개연꽃（萍蓬草），개풀（野草）

돌-：돌감（山柿子），돌고래（海豚），돌김（野紫菜），돌나물（垂盆草），돌미나리（野芹菜），돌미역（野裙带菜）

들-：들개（野狗），들고양이（野猫），들국화（野菊花），들기름（荏子油），들깨（野芝麻），들꿩（松鸡），들나물（剜野菜），들비둘기（野鸽子），들오리（野鸭）

어리-：어리하늘소（天牛），어리호박벌（雄蜂）

참-：참감자（红薯），참게（巨蟹），참고래（黑鲸），참깨（芝麻），참나리（红百合），참나무（槲树），참매（苍鹰），참배（白梨），참붕어（鲫鱼），참비둘기（家鸽），참새（麻雀），참조기（黄花鱼）

ㄴ.

메-：메밀（荞麦），메밥（粳米饭），메벼（粳稻），메쌀（粳米），메옥수수（粳玉米），메조（粳小米）

찰-：찰가난（穷得一言难尽），찰가자미（比目鱼），찰감（黏柿子），찰거머리（难缠的人），찰곡식（黏谷物），찰깍쟁이（吝啬鬼），찰떡（黏糕），찰밥（黏米饭），찰복숭아（油桃），찰옥수수（黏玉米），찰흙（黏土）

ㄷ.

올/오-：오사리（涨潮时提前捕捞到的鱼虾），오조（早熟粟），올감자（早熟马铃薯），올고구마（早熟红薯），올밤（早熟栗子），올벼（早稻），올보리（早熟大麦），올콩（早熟大豆），올팥（早熟小豆）

풋-：풋가지（小树枝），풋감（青柿子），풋거름（绿肥），풋고추（青辣椒），풋김치（小萝卜泡菜、小白菜泡菜），풋나물（新鲜青菜），풋담배（烘干的青烟叶），풋대추（青枣），풋바둑（围棋新手），풋벼（未成熟的水稻），풋병아리（刚孵化出的小鸡），풋사과（青苹果），풋사랑（爱情初萌），풋잠（打盹儿）

해/햅-：해깍두기（新腌制的萝卜泡菜），햅쌀（新米），햇감자（新马铃薯），햇고사리（新鲜的蕨菜），햇곡식（新谷物），햇과일（新鲜的水果），햇나물（新鲜青菜），햇누룩（新鲜的麸曲），햇담배（新烟），햇병아리（刚孵化出的小鸡），햇보리（新大麦）

ㄹ.

암-：암고양이（母猫），암꽃（雌花），암꿩（母山鸡），암나귀（母驴），암나무（雌树），암나비（雌蝴蝶），암나사（螺母），암노루（雌狍），암놈（母的），암단추（母扣），암말（母马），암무지개（副虹），암벌（母蜂），암범（雌虎），암사돈（亲家母），암소（母牛），암캐（母狗），암컷（母畜），암키와（牝瓦），암탉（母鸡），암평아리（小母鸡）

수-：수개（公狗），수고양이（公猫），수꽃（雌花），수꿩（公山鸡），

수나귀（公驴），수나무（雄树），수나비（雄蝴蝶），수노루（雌狍），수놈（公的），수단추（子扣），수말（公马），수벌（雄蜂），수범（雄虎），수소（公牛），수컷（公畜），수닭（公鸡），수평아리（小公鸡），숫기와（牡瓦），숫나사（螺扣），숫무지개（主彩虹），숫사돈（亲家公）

ㅁ.

갈-：갈거미（小蜘蛛），갈까마귀（小山老鸹）

쇠-：쇠고래（白头鲸），쇠기러기（白额雁），쇠딱따구리（啄木鸟），쇠똥구리（屎壳郎），쇠물돼지（江豚），쇠부엉이（猫头鹰），쇠솔딱새（北灰鹟），쇠오리（海雀），쇠우렁（田螺），쇠유리새（蓝歌鸲），쇠찌르레기（假画眉鸟），쇠파리（牛皮蝇）

ㅂ.

둘-：둘암말（不育母马），둘암소（不育母牛），둘암캐（不育母狗），둘암컷（不育母畜），둘암닭（不育母鸡），둘암돼지（不育母猪）

21ㄱ）中的"개-""돌-""들-""어리-""참-"是和动物、植物结合的前缀。前缀"개-,돌-,들-"除具有"野生的"含义外，还具有"质量低下""名不符实"等引申含义。这三个前缀几乎可以与所有的动植物名称结合，形成派生词，所以造词能力非常强。"어리-"具有"相似、近似"的含义，主要与表示昆虫名称的词结合。"참-"具有"品质非常好"的含义，可以说是"개-,돌-,들-"的反义词。"참-"也是几乎可以与所有表示动植物名称的词结合，是造词能力非常强的前缀。

21ㄴ）中的"메""찰"是与谷物名称结合表示品种的前缀。"메-"具有"没有黏性、韧性"的含义，可以派生成"메흙（粳土）""메곡식（粳谷物）"等新词。"찰-"含有"有黏性的"之意，除了与谷物的名称结合之外，它还可以与表示人的名词"깍쟁이（抠门鬼）"，抽象名词"가난（艰难）"结合，表示"严重的、特别厉害的"含义，表现出非常广的派生分布特征。

21ㄷ）中的"올/오""뭇-"和"해/햅-"是具有"早于正常时节"含义的前缀。"올-"主要与谷物名称结合，具有"早于正常时节成熟"的含义，还可以与"사리（大潮）"等自然现象结合。"해-"可以与水果、动物名称结合，

表示"当年第一次收获的"含义。"풋-"与事物名称结合，表示"还未成熟的"含义，除此之外，还可与表示人的名词或者一般名词结合，具有"毛糙的、不精通的"含义，其派生的分布非常广。

21ㄹ）中的"암-"与"수-"是表示性别的前缀，主要与动植物名称的词基结合，还可与一般的事物结合。此时"암-，수-"比喻具有雌性或雄性的特征，是专门为了区分动植物的性别而使用的。具有广阔的派生分布，可以说其造词能力比较强。

21ㅁ）与动植物名称的词基结合，具有"小的"含义。"갈-"只能派生出以上列出的"갈까마귀（小山老鸹）"和"갈거미（小蜘蛛）"这两个词，可以说"갈-"是一个失去了造词能力的前缀。而"쇠-"却呈现出广阔的派生分布，造词能力非常强。

21ㅂ）的"둘-"要与表示母的家畜、家禽的词结合，意为"不能下崽儿"。因此表示母的家畜、家禽的词几乎都可与之结合，"둘-"具有很强的造词能力。

（2）动词派生

以下是和动词词基结合的前缀及相关的派生词。

22）是与动词词基结合，具有强调词基含义作用的前缀。

22）

ㄱ．

나-：나대다（淘气），나덤벙이다（冒失），나뒹굴다（游手好闲），나엎어지다（翻倒），나자빠지다（四脚朝天）

ㄴ．

내-：내갈기다（抽打），내걸다（豁出去），내던지다（甩掉），내두드리다（敲打），내두르다（挥动），내떨다（颤抖），내몰다（驱赶），내박차다（粉碎），내뻗다（抖出来），내버리다（抛弃），내부딪다（冲撞），내쏘다（射出），내씹다（咀嚼），내지르다（迸出），내쫓다（驱逐），내팽개치다（撒弃），내휘두르다（玩弄），내흔들다（晃动）/

내닫다（飞奔），내돋치다（喷出），내뛰다（飞奔），내받다（驳斥），내

뿜다（奔涌），내치다（轰走）

ㄷ.

들-：들까부르다（甩动），들꾀다（云集），들끓다（沸腾），들날리다（远扬），들놀다（摇晃），들두드리다（敲击），들뒤지다（乱翻），들떠들다（喧嚣），들볶다（折腾），들부딪다（撞击），들비비다（硬挤）/

들이-：들이갈기다（抽打），들이꽂다（插进），들이끼다（塞进），들이닥치다（迫在眉睫），들이닫다（关紧），들이대다（顶住），들이덤비다（猛扑），들이덮치다（扑击），들이돋다（猛然升起），들이뛰다（狂奔），들이먹다（狼吞虎咽），들이몰다（紧赶），들이밀다（猛推），들이박다（钉进去），들이받다（撞），들이부수다（击碎），들이붓다（注入），들이비추다（照入），들이빨다（猛抽），들이쌓다（乱堆），들이쑤시다（乱捅），들이울다（号啕大哭），들이찧다（捣碎），들이치다（捣毁），들이퍼붓다（倾倒）

ㄹ.

처-：처걸다（关上，闩好），처내다（窜出），처넣다（投放），처닫다（锁紧），처담다（装得满满的），처대다（烧毁），처맡기다（交给），처먹다（狼吞虎咽），처밀다（猛推），처박다（钉紧），처싣다（塞满），처쟁이다（堆满），처지르다（乱烧）

ㅁ.

휘-：휘갈기다（潦草地写），휘감다（缠绕），휘날리다（翻卷），휘달리다（东跑西颠），휘돌다（转悠），휘두르다（摆布），휘두들기다（乱打），휘몰다（驱赶），휘몰아치다（席卷），휘적시다（湿淋淋），휘젓다（搅乱），휘주무르다（揉搓），휘지르다（又脏又皱）

ㅂ.

거머-：거머당기다（拉拽），거머들이다（揽入），거머삼키다（侵吞），거머안다（拥抱），거머잡다（揪住），거머쥐다（紧握），거머채다（一把抓住）

22ㄱ）的"나-"具有"乱、不管怎样、突然"的含义。加在具有"疏忽"含义的动词词基前，起强调的作用。因此，只有当动词的词基本身具有"疏忽"这

31

一含义时，如"구르다（滚）""넘어지다（摔倒）"，才可以加"나-"这个前缀。

22ㄴ）的"내-"也具有强调词基含义的功能。其有两种含义。第一种含义是与他动词结合，表示"任意、胡乱"的意思；第二种含义是与自动词结合，表示"奋力"的意思。这个前缀具有多种含义，因此，其派生的分布也比较广，是具有很强的造词能力的前缀。

22ㄷ）的"들-"既可以与自动词结合，也可以与他动词结合。具有"胡乱、非常、任意"的含义。"들이-"除了具有与"들-"相同的含义之外，还具有"突然、瞬间"的含义。因此，"들이-"比"들-"包含的意义更广，可以结合的词基更多样，比"들-"的造词能力更强。

22ㄹ）的"처-"具有"任意、严重"的含义，只能与他动词词基结合。"처-"在强调词基含义的同时，还赋予词基"低俗的"含义。这个前缀的造词能力也比较强。

22ㅁ）的"휘-"可以与自动词、他动词结合，具有"飞快、胡乱"的含义，其派生的分布比较广。

22ㅂ）的"거머-"具有"纠缠"的含义，这个前缀是从动词"감다（缠、绕）"演变而来的，作为前缀使用后，仍然保留了其词源的意义，起到了强调词基意义的作用。其造词能力比较强。

（3）形容词派生

以下是和形容词词基结合的前缀及相关的派生词。

23）是与形容词词基结合，起强调词基意义的前缀。

23）

ㄱ.

걸-：걸굳다（粗而硬），걸싸다（敏捷），걸차다（富饶）

ㄴ.

새-：새까맣다（乌黑），새노랗다（鲜黄），새말갛다（鲜亮），새맑다（明亮），새붉다（鲜红），새빨갛다（鲜红），새뽀얗다（雪白），새카맣다（漆黑），새파랗다（碧蓝），새하얗다（雪白）

샛-：샛노랗다（鲜黄），샛말갛다（鲜亮）

시-：시꺼멓다（漆黑），시누렇다（深黄），시뻘겋다（深红），시뿌옇다（灰蒙蒙），시퍼렇다（深蓝），시푸르죽죽하다（深绿），시허옇다（灰白）

싯-：싯누렇다（深黄）

23ㄱ）的"걸-"的基本作用是强调词基的状态或者程度非常严重。因此，只能与具有"力量大、状态强"含义的词基结合，其派生分布不广，因此，是造词能力不强的前缀。

23ㄴ）列举的前缀都是与表示色彩的形容词结合，表示"浓度深"的含义。"새-<시-"与"샛-<싯-"呈现出词干的差别，而"새-<샛-"与"시-<싯-"则呈现出颜色深浅的差别。23ㄴ）的前缀只能与结构是"形容词词基+-앟-"表示色彩的形容词结合，不能与所有表示色彩的形容词结合使用。

（4）双重派生

所谓的双重派生就是指与前缀结合的词基具有两种词性。具有这种特性的前缀和派生词的例子如下所示：

24）

ㄱ.

덧-：덧가지（枝杈），덧거름（追肥），덧구두（套鞋），덧그림（临摹画），덧니（虎牙），덧문（外层门），덧바지（套裤），덧소금（腌菜时上面撒的盐），덧양말（套袜），덧옷（外罩），덧저고리（罩衫）/

덧걸다（再挂），덧깔다（再垫），덧나다（加重），덧달다（醒后再也睡不着），덧덮다（重复盖），덧붙다（重叠），덧쌓다（重复垛），덧쓰다（描），덧입다（再加衣服），덧주다（再次给）

ㄴ.

데-：데생각（胡思乱想）/

데되다（不成器），데삶다（煮半熟），데알다（一知半解），데익다（半熟）

ㄷ.

뒤-：뒤범벅（杂乱）/

뒤꼬다（乱搓）, 뒤끓다（翻滚）, 뒤덮다（覆盖）, 뒤둥그러지다（扭曲）, 뒤바꾸다（颠倒）, 뒤받다（反驳）, 뒤섞다（混合）, 뒤엉키다（交织）, 뒤엎다（推翻）, 뒤집다（颠倒）, 뒤흔들다（动摇）

ㄹ.

맞-: 맞고소（反诉）, 맞담배（面对面吸烟）, 맞바둑（实力相当的围棋比赛）, 맞바람（迎面风）, 맞상대（面对面）, 맞수（对手）, 맞술（面对面喝酒）, 맞싸움（面对面吵架）, 맞장구（随声附和）, 맞장기（实力相当的象棋比赛）, 맞적수（对手）, 맞절（对拜）, 맞흥정（当面议价）/

맞걸다（互相钩住）, 맞겨루다（干仗）, 맞닥치다（相撞）, 맞당기다（两边拉扯）, 맞대다（相接）, 맞들다（两人抬）, 맞먹다（相当）, 맞물다（咬合）, 맞받다（顶头）, 맞붙다（相对）, 맞비기다（扯平）, 맞서다（面对面站着）, 맞잡다（携手）

ㅁ.

빗-: 빗금（斜线）, 빗면（斜面）, 빗변（斜边）, 빗줄（斜线）/

빗가다（偏离）, 빗나가다（偏离）, 빗놓다（放偏）, 빗대다（乱说）, 빗듣다（听走耳）, 빗뛰다（跑偏）, 빗맞다（打斜）, 빗먹다（锯斜）, 빗보다（看歪了）

ㅂ.

얼-: 얼간（不够分寸）, 얼갈이（冬耕）, 얼바람둥이（牛皮大王）/
얼버무리다（囫囵吞枣）, 얼보다（看不清）

ㅅ.

짓-: 짓고생（饱受疾苦）, 짓망신（大丢颜面）, 짓북새（乱哄哄）/
짓누르다（压抑）, 짓두드리다（乱敲）, 짓무찌르다（痛歼）, 짓밟다（践踏）

ㅇ.

치-: 치사랑（晚辈对长辈的爱）/
치감다（往上缠）, 치닫다（往上跑）, 치뜨다（举目）, 치매기다（倒排）, 치밀다（涌上）, 치받다（顶撞）, 치솟다（冲腾）

ㅈ.

헛-：헛간（库房），헛기침（干咳），헛말（空话），헛소리（胡话），헛소문（谣言），헛웃음（皮笑肉不笑）/

헛걸음（冤枉路），헛고생（白忙活），헛글（无用的学问），헛노릇（徒劳无用的事），헛발（失足），헛수고（白费劲），헛심（白费劲），헛일（无用的事）/

헛돌다（空转），헛되다（徒劳），헛듣다（听错），헛디디다（失足），헛보다（看错），헛잡다（抓错）

24ㄱ）"덧-"的含义是"在原来的基础上增加"，与名词的词基结合，具有冠形词的性质。而与动词词基结合时，则具有副词的性质。可以自由地与具有"设置""穿着"等含义的自动词、他动词结合，因此，可以说这个前缀是造词能力强的前缀。

24ㄴ）"데-"具有"不成熟的"含义，与名词词基结合产生的派生词只有"데생각（胡思乱想）"这一个词。这个前缀主要与动词词基结合使用。

24ㄷ）"뒤-"具有"乱来""非常""颠倒""相反"的含义。与名词的词基相比，这个前缀与自动词、他动词的词基更能自由地结合。

24ㄹ）"맞-"具有两种含义。第一种含义是"相当"，第二种含义是"面对面"。其派生的分布比较广，因此，可以说这个前缀是造词能力强的前缀。

24ㅁ）"빗-"也具有两种含义。第一种含义是"歪斜"，主要与名词的词基结合使用；第二种含义是"无奈失误"，与动词的词基结合，也具有"歪斜"的含义。当与动词的词基结合时，其派生的分布比较广，此时造词能力强。

24ㅂ）"얼-"具有"不清晰""大致""不成熟"的含义。可分别与名词词基和动词词基结合。

24ㅅ）"짓-"与名词词基结合，具有"非常"的含义；与动词的词基结合时，具有"任意""随便"的含义，与具有对宾语施加某种行为，使其在状态上有所变化这一含义的动词词基结合，派生出新的单词。

24ㅇ）"치-"具有"向上"的含义，与名词词基结合的例子只有"치사랑（晚辈对长辈的爱）"这一个单词；经常与动词词基结合，特别是与他动词的结

合更为自由。

24ㅈ)"헛-"具有两种含义。即,"错误的"和"没有意义的"。其派生的分布比较广,因此,是造词能力强的前缀。

以下是与动词和形容词的词基结合,派生成动词和形容词的例子。

25)

ㄱ.

검-: a. 검뜯다(揪扯),검잡다(揪住),검쥐다(紧攥)

b. 검세다(坚忍不拔),검쓰다(苦涩),검질기다(坚韧)

ㄴ.

드-: a. 드날리다(远扬),드던지다(乱扔),드솟다(涌出)

b. 드넓다(宽绰),드높다(高昂),드맑다(清澈),

드바쁘다(繁忙),드세다(强有力)

25ㄱ)"검-"可以与动词或者形容词的词基结合,派生成动词或者形容词。"검-"具有"过度的""非常"的含义,虽然可以把它视为是"거머"的缩略形,但以这种结合形出现的单词也只有上面举出的几个而已。

25ㄴ)"드-"可以与动词或者形容词的词基结合,派生成动词或者形容词。"드-"具有"非常"的含义,与动词的词基相比,这个前缀与形容词词基结合派生成形容词的例子略多些,但总体来说,它并不是一个造词能力强的前缀。

(5)三重派生

以下是能与名词、动词、形容词的词基结合,分别派生成名词、动词、形容词的三重派生的前缀,仅此一例。

26)

엇-

ㄱ. 엇각(斜角),엇결(树木的斜纹理),엇셈(抵消)

ㄴ. 엇가다(违背),엇갈리다(错过),엇나가다(跑偏),엇대다(话里带刺),엇막다(挡歪),엇먹다(锯斜),엇비치다(斜射)/

엇걸다(交织在一起),엇걸리다(搅在一起),엇기대다(顶撞)/

엇놀리다（轮换），엇바꾸다（轮流），엇섞다（花搭）/
엇디디다（踩空），엇듣다（听错），엇맞다（打歪）

ㄷ. 엇구수하다（淡香），엇비슷하다（相差无几）

26ㄱ）是与名词词基结合的例子，此时"엇-"的含义是"歪斜""相悖"；26ㄴ）是与动词词基结合的例子，此时"엇-"的含义有四种：分别是"相悖""交织""结合""无奈"。与动词词基结合时，此前缀呈现出强大的造词能力；26ㄷ）是与形容词的词基结合的例子，此时，"엇-"的含义是"一点儿"。

3.2.1.3　前缀派生法及造词能力

所谓的造词能力就是指构词能力的强弱。但我们认为这个标准很难做到客观。我们将通过比较的方法，考察每个词缀、每种组合类型的造词能力。利用这种相对比较的方法，尽管做不到绝对客观，但在一定程度上也能观察出每个词缀、每种组合类型的造词能力。按照词性和前缀类别考察前缀的造词能力结果如下：

按照词性，前缀派生法的造词能力顺序是："名词派生＞动词派生＞形容词派生"。

按照在同一词性中前缀的类别来考察各前缀的造词能力情况如下所示：

能够派生出名词的前缀的造词能力如下所示："한-＞암-，수-＞홀-＞쇠-，헛-＞맞-，참-＞풋-＞알-，해/햅-＞개-，날-，덧-＞들-，외-＞돌-，찰-＞맏-，맨-，숫-，올/오-＞군-，막-，민-＞어리-＞메-，핫-，홀-＞강-，돌-，밭-，얼-＞골-＞불-，빗-，엇-，옹-＞넛-，짓-＞갈-，뒤-，핫-＞데-，이듬-，치-"。可见，在派生名词的前缀中"한-"的造词能力相对最强，而"데-，이듬-，치-"的造词能力相对最弱。需要特别强调的是如上提及的，判断每种组合或者每个词缀的造词能力无法做到绝对客观，但通过定量的方法，在定性的前提下对前缀的造词能力进行比较，可以得出相对客观的结论。

能够派生出动词的前缀的造词能力如下所示："들이-＞내-＞치-＞뒤-，맞-＞엇-＞휘-＞처-＞덧-，빗-＞들-，짓-，헛-＞거머-，데-，얼-＞나-＞검-，드-"。可见在派生动词的前缀中"들이-"的造词能力相对最强，而

"검-, 드-"的造词能力相对最弱。

能够派生出形容词的前缀的造词能力如下所示："새->시->드->걸-, 검->샛-, 싯-, 엇-"。可见在派生形容词的前缀中"새-"的造词能力相对最强，而"샛-, 싯-, 엇-"的造词能力相对最弱。相对于派生名词和派生动词来说，能派生出形容词的前缀及派生出的形容词数量都相对较少。

以上我们通过两种方法考察了通过前缀派生法形成派生词的造词能力，即，各种词性的造词能力和在相同的词性中各个前缀的造词能力。前缀中"검-, 데-, 뒤-, 드-, 맞-, 빗-, 얼-, 엇-, 짓-, 치-, 헛-"可以参与两种词性的派生。

3.2.2 后缀派生

后缀派生法是指在词的核心部分词基后添加后缀生成单词的方法。派生后缀可分为三大类。第一类具有在形成的过程中限定与之结合的词基意义的功能，如："좁다랗다"的后缀"-다랗-"；第二类不仅具有第一类后缀具有的功能，还具有改变词基词性的功能，如："쓰개"的后缀"-개"；第三类只具有改变词基词性的功能，如："막히다"的后缀"-히-"。由于这三种类型的后缀同时具有实词和虚词的特征，所以在分析这些后缀时会比较困难。因此，在下文，我们将首先设定判断固有词后缀的标准，然后考察符合这个标准的固有词后缀都有哪些，最后讨论符合这些类型的派生后缀的造词能力。

3.2.2.1 设定后缀的标准[①]

在形成派生词的两个成分中，位于词基后的部分称为后缀。金廷恩（2000）将派生后缀与屈折后缀的差别整理如下：

① 派生后缀在分布中会出现很多空缺，而屈折后缀除了不完全动词之外，不出现空缺；

---

① 高永根（1972）将后缀的设定标准分为四个方面。即，（1）具有依赖性的后缀；（2）具有特殊性的后缀；（3）具有词汇性的后缀；（4）不受与助词或者词尾结合的限制的后缀。河致根（1993）将后缀的设定标准分为七个方面。即，（1）造词能力强；（2）在分布、意义及功能方面具有特殊性；（3）具有词汇性；（4）不受与词尾或者助词结合的限制；（5）词干与后缀之间不能分离；（6）具有依存性；（7）在句子中具有语法性的后缀叫做屈折后缀，具有词汇性的后缀叫做派生后缀。

② 派生后缀具有改变词基构词性质的功能，而屈折后缀完全不具有这方面功能；

③ 派生后缀可以在词基上增加词汇方面的意义，而屈折后缀只能增加语法方面的意义；

④ 派生后缀可以形成新的单词，但屈折后缀不具有这方面功能；

⑤ 在位置上，派生后缀比屈折后缀更靠近词基。

以上这些差别反映了派生后缀的特征。下文以这些特征为标准，从形态、功能、分布、意义四个方面对派生后缀进行说明。

标准1：形态方面，后缀具有依存性。

27）

ㄱ.

-거리-：중얼거리다（喃喃自语）

-스럽-：바보스럽다（傻气）

-이：먹이（粮食、饲料），길이（长短），개구리（青蛙）

ㄴ.

-히-：먹히다（被吃），잡히다（被抓）

ㄷ.

*-당하다：모욕당하다（受辱）

27ㄱ）中的后缀"-거리-，-스럽-，-이"不仅增添了词干的含义，而且还使词干的词性发生了改变；27ㄴ）的"-히-"只具有将动词从能动态变为被动态改变词性的功能；高永根（1972）将27ㄷ）视为后缀。我们认为"당하다"具有自主性，"모욕당하다"是两个词基组合在一起的合成词。

标准2：功能方面，后缀会使词性发生改变。

28）

ㄱ.

-개：덮개（被子、盖子），지우개（擦子），찌개（炖菜）

-기：밝기（亮度），크기（大小）

ㄴ.

-히-：먹히다（被吃）

-이-：먹이다（喂）

28ㄱ）是在动词的词基"덮-，지우-，찌-"和形容词词基"밝-，크-"的后面分别加上名词派生后缀"-개"和"-기"，使派生后的词性发生了变化；28ㄴ）在动词词基"먹-"的后面分别加上能使动词从能动态变为被动态的后缀"-히-"和从主动态变为使动态的后缀"-이-"。

标准3：分布方面，后缀会受到限制。

词基	后缀		
	-이	-음	-기
묻-（问）	×	○	×
죽-	×	○	×
달리-	×	×	○
던지-	×	×	○
몰-	○	×	×
먹-	○	×	×

动词词基"묻-，죽-"可与后缀"-음"结合，派生成名词"물음，죽음"，但却不能与"-이，-기"结合；动词词基"달리-，던지-"可与后缀"-기"结合；动词词基"몰-，먹-"可与"-이"结合，但却不能与其他后缀结合，因此，后缀在分布上呈现受限的特征。

标准4：意义方面，后缀既能给词基添加词汇方面的意义，也可起到限定词基意义的作用。

29）

ㄱ.

-다랗-：놓다랗다（极高），좁다랗다（狭窄），짤다랗다（很短），커다랗다（巨大）

ㄴ.

-개：덮개（被子、盖子）

덮다①：① 从上到下盖上。如：이불을 덮다.（盖被子）

② 盖上盖儿。如：솥뚜껑을 덮다.（盖上锅盖）

③ 遮掩。如：허물을 덮어 주다.（掩盖缺点）

④ 合上。如：책을 덮고 명상에 잠기다.（合上书冥想）

⑤ 覆盖有限的范围、空间或地区。如：구름이 하늘을 덮다.（云遮蔽了天空）

29ㄱ）的后缀"-다랗-"分别与形容词词基"높-，香-，짧-，크-"结合，加强词基意义的程度，29ㄴ）的词基"덮-"具有五种意义，与后缀"-개"结合后，生成了具有"被子、盖子"等含义的名词"덮개"，因此，在词义上起到了限定的作用。

3.2.2.2　依靠后缀生成的派生词形成过程

在这部分我们将选定符合前面设定标准的后缀来考察这些后缀派生词的形成过程。为了方便起见，我们将按照名词派生、动词派生、形容词派生、副词派生的顺序进行考察。

此前已做说明，依靠前缀派生法生成的词语，其词性与词基原来的词性一致。前缀只具有修饰、限定词基意义的功能，不具有改变词基语法范畴的支配功能。在数量上，韩国语派生后缀多达数百个，虽然它们都被称为派生后缀，但性质不同。首先，在造词能力方面有很大差异。有的后缀可以和许多词基较为自由地结合，也有不少后缀仅能和一两个词基结合。其次，后缀的功能多样。不仅可以添加语义，还可以改变词性。因此，后缀生成的派生词不仅数量众多，而且类型多样。

（1）名词派生

可以与后缀结合生成名词派生词的词基有名词词基、动词词基、副词词基、不完全词基②等。下面我们就按照词基的词性分别举例进行说明。

① 名词词基+后缀

下列30）中是和名词词基结合，起强调词基意义的后缀及相关的派生词。

---

① 引用宋喆仪（1992ㄴ：25）。

② 不完全词基是指与后缀结合的词基不能单独使用，词性不明确的词基。

30）

-가마리（表示性质涉及的对象）：걱정가마리（让人担心的家伙），맷가마리（挨揍的家伙），욕가마리（该挨骂的家伙）

-개（表示"简单的工具""人"）：귀지개（掏耳勺），아무개（某人）

-갱이（表示"零星的"）：알갱이（粒、个），나무갱이（木屑）

-거리：

ㄱ.（表示"原材料"）：국거리（做汤的原料、汤料），반찬거리（做菜的原料），웃음거리（笑料、笑柄）

ㄴ.（表示"由于炎症引起的疾病"）：목거리（脖子肿痛），볼거리（痄腮），턱거리（下巴肿大）

ㄷ.（表示"周期性的事"）：달거리（月经），이틀거리（双日疟），하루거리（隔日疟）

ㄹ.（表示"轻视"）：짓거리（行径；洋相），떼거리（耍赖），패거리（一伙）

-깔（表示"广义的模样、颜色"）：색깔（颜色），성깔（脾气），빛깔（色彩）

-께（表示"左右"）：그믐께（月底前后），네거리께（十字路口附近），보름께（十五左右）

-꾸러기（表示"有某种不良习惯的人"）：걱정꾸러기（忧心鬼、惹事鬼），겁꾸러기（胆小鬼），매꾸러기（受气包），변덕꾸러기（爱变卦的人），빚꾸러기（债台高筑的人），심술꾸러기（爱耍心眼儿的人），암상꾸러기（小心眼儿），억척꾸러기（拼命三郎），욕심꾸러기（贪心鬼），잠꾸러기（瞌睡虫），장난꾸러기（淘气包），청승꾸러기（一副穷酸相的人）

-꾼（表示"某类人"）：건달꾼（痞子），공부꾼（书呆子），농사꾼（庄稼汉），익살꾼（小丑），일꾼（好手），장사꾼（生意人），주정꾼（酒鬼）

-꿈치（表示"身体的弯曲处或关节外侧"）：뒤꿈치（脚后跟），발꿈치（脚后跟），팔꿈치（胳膊肘）

-내기（表示"某种人"）：새내기（新生、新手），서울내기（京城人），

시골내기（乡下人），신출내기（新手、生手）

-네（表示"一帮""家""同党"）：남정네（男人们），순희네（顺姬家），철수네（哲洙一伙）

-다구니/다귀（表示"尖""块"）：뼈다귀（一根根骨头），뿌다구니（尖儿），뿌다귀（尖儿），뿔다귀（角尖儿）

-데기（表示"与某种事情相关或具有某种特征的人"）：부엌데기（厨娘），소박데기（受丈夫冷落的女人）

-둥이/동이（表示"拥有某种性质或与某种性质相关的人"）：꼬마둥이（小兔崽子），막내둥이（老幺儿），바람둥이（花花公子），칠삭둥이（七个月的早产儿），팔삭동이（八个月的早产儿），해방둥이（解放那年出生的人），후둥이（双胞胎中后出生的小孩子）

-따리（表示强弱程度）：보따리（拍马屁，讨好别人的人）

-딱서니（表示强弱程度）：철딱서니（明事理）

-땀（表示强弱程度）：불땀（火力）

-때기（表示鄙称）：가마니때기（草袋子），거적때기（草席），귀때기（耳根子），나무때기（木棒），등때기（后背），배때기（肚子），볼때기（脸蛋儿），뺨대기（脸蛋儿），요때기（破褥子），철때기（明事理），팔때기（胳膊）

-뚱이（表示"块头"）：몸뚱이（躯体、块头）

-뜨기（表示对某些人的卑称）：서울뜨기（首尔佬），시골뜨기（乡下佬），촌뜨기（乡巴佬）

-매（表示"样子"）：눈매（眼神），몸매（身段），입매（唇型）

-박이（表示"有某种特性的人和事物"）：점박이（脸上或身上有斑点的人或动物），차돌박이（牛胸口肉）

-발（表示"连续""痕迹""出发"）：글발（题字、字样），부산발（从釜山出发），빗발（雨脚），핏발（血丝）

-뱅이（表示对人的卑称）：가난뱅이（穷光蛋），게으름뱅이（懒虫），안달뱅이（急性子的人），주정뱅이（酒鬼）

-배기（表示"看上去年龄大的""具有某种特征的"）：나이배기（面少而岁数大的），알배기（带子的鱼），점배기（有斑点的）

-보（表示对人的谑称）：꾀보（机灵鬼），떡보（吃糕能手），뚱뚱보（胖墩儿），말보（话匣子）

-부리（表示"脸或者脖子上长的凸起的包"）：혹부리（脸上长瘤子的人）

-붙이（表示"同族的""类"）：금붙이（金制品），일가붙이（亲戚，亲属）

-빼기（表示"顶"）：이마빼기（额头的俗称），재빼기（山顶）

-뻘（强调相应的辈分关系）：손아래뻘（晚辈），조카뻘（侄子辈儿），할머니뻘（奶奶辈儿）

-사리（表示"某个时期捕获的黄花鱼"）：그믐사리（农历月末捕获的黄花鱼），보름사리（农历每月十五捕获的黄花鱼），한식사리（寒食前后捕获的黄花鱼）

-새（表示"模样"）：금새（行情），모양새（样子），본새（本色）

-쇠（表示"从事某种事业的人"）：마당쇠（戴假面具跳舞的人），상쇠（民乐队里敲小锣的乐队指挥）

-스랑（表示"工具"）：쇠스랑（三齿铁耙）

-심（表示"力""劲"）：뒷심（靠山），뚝심（韧劲儿），뱃심（魄力，执拗劲儿），입심（健谈）

-씨（表示"状态"）：날씨（天气），마음씨（心地），말씨（口音），솜씨（手艺）

-아지（表示"崽""小的""低的"）：강아지（小狗崽儿），망아지（小马驹儿），바가지（瓢），소가지（心眼儿），송아지（小牛犊）

-아치（表示"做某种事的人"）：구실아치（找借口的人），벼슬아치（官员），장사아치（生意人）

-악서니（表示卑称：꼬락서니（熊样）

-앙이/엉이（表示卑称）：꼬랑이（尾巴的卑称），꾸덩이（坑洼）

-어치（表示"相当于……价值的东西"）：값어치（价值），천원어치（值一千元）

-웅（表示"上"）：지붕（屋顶）

-으머리（表示"头"）：끄트머리（端，头绪）

-이：

ㄱ.（表示"人"或"物"）：가살이（滑头），각설이（卖唱行乞的人），검정이（黑的），꾸러미（包、链），노랑이（黄色的东西，铁公鸡），맹문이（一无所知的人），반편이（呆子），복동이（乖宝宝），식충이（酒囊饭袋），얼간이（傻瓜）

ㄴ.（表示"具有某种特征的人"）：곰배팔이（拐子），곱사등이（罗锅儿），까막눈이（文盲），넙치눈이（对眼儿），딸깍발이（穷书生），사팔눈이（斜眼儿），애꾸눈이（独眼龙），육손이（六指儿），절뚝발이（跛脚），절름발이（跛脚）

-자기（表示"某些方面擅长的人"）：꾀자기（滑头）

-장（表示"石头""团"）：구들장（炕板石），구름장（浓云），먹장（乌云）

-장이（表示"拥有相关技术的人"）：간판장이（牌匾匠），관상장이（相面先生），그림장이（画家），글장이（作家），기와장이（瓦匠），노래장이（歌手），대장장이（铁匠），도배장이（裱糊匠），땜장이（焊工），사주장이（算命先生），석수장이（石匠），소리장이（职业歌手），손금장이（算命先生），연극장이（戏子），옹기장이（陶瓷匠），요술장이（魔术师），유기장이（柳条编艺匠），장판장이（炕油纸匠），점장이（算命先生），조각장이（雕刻家），칠장이（油漆匠），침장이（针灸大夫），토기장이（陶瓷匠）

-쟁이（表示"具有该性质的人"）：감투쟁이（戴乌纱帽的人），거짓말쟁이（爱说谎的人），겁쟁이（胆小鬼），게으름쟁이（懒虫），고집쟁이（老顽固），떼쟁이（赖皮鬼），멋쟁이（爱美的人），변덕쟁이（反复无常的人），사주쟁이（相面先生），욕심쟁이（贪婪的人），이야기쟁이（话匣子），익살쟁이（小丑），주정쟁이（酒鬼），트집쟁이（赖皮），흉내쟁이（好学舌的人）

-지（表示"腌渍的菜"）：오이지（黄瓜酱菜）

-지거리（表示不满、厌烦的口气）：농지거리（粗鲁的玩笑），욕지거리（辱骂）

-지기：

ㄱ.（表示"某些分量种子播种的面积"）：마지기（可播下一斗种子的地块），한섬지기（可以播下一石种子的地块）

ㄴ.（表示"守卫的人"）：문지기（门卫），산지기（守山人）

-질：

ㄱ.（表示使用某种工具做某种事情）：가위질（剪裁），곁눈질（斜视），고무래질（用木耙耙地），괭이질（用镐刨地），그물질（撒网），꼴뚜기질（伸出中指做出骂人的手势），끌질（用凿子凿），다리미질（熨烫），도끼질（用斧劈），도리깨질（用连枷打场），도마질（切墩），뒷발질（尥蹶子），망치질（用锤子打），되질（用升量），물레질（用纺车纺线），바느질（针线活儿），발길질（用脚踢），방망이질（捶打、忐忑），비질（清扫），삽질（用锹铲土），손가락질（指画、戳脊梁骨），손질（修理），솔질（刷），숟가락질（用勺吃饭），쟁기질（用犁耕地），주먹질（动拳头），톱질（拉锯），칼질（刀工），흙손질（用泥刀抹泥）

ㄴ.（表示对某种行为的卑称）：강도질（抢劫），계집질（已婚男人有外遇），고자질（打小报告），도둑질（盗窃），도망질（逃跑），동냥질（讨饭），말질（背后乱说），무당질（女巫作法），서방질（已婚女子有外遇），선생질（教书先生），실랑이질（纠缠），욕질（辱骂），이간질（挑拨离间），토악질（退赃），투정팔매질（耍赖皮）

ㄷ.（表示动作行为的反复）：노름질（赌博），다림질（熨衣服），다툼질（争吵），닦음질（擦），땜질（焊、缝补、修补），뜨개질（编织），말다툼질（吵嘴），바꿈질（交换），박음질（对针缝），부침개질（煎、烙、摊），싸움질（打架），지짐질（煎、烙）

-짜（表示"团""块"）：알짜（精华，真正的），통짜（整个）

-째：

ㄱ.（表示"连……一块""全部"）：겁질째（整个外壳），뿌리째（整个根部），통째（全部）

ㄴ.（表示"连续""一直"）：며칠째（一连几天），이틀째（两天）

ㄷ.（表示"第"）：첫째（第一），둘째（第二）

-쯤（表示"程度""左右"）：언제쯤（何时），그것쯤（那个），어디쯤（何地），내일쯤（大概明天）

-찌/지（表示"用贵金属或者玉等材质做成的环状装饰品"）：가락지（戒指），발찌（脚链儿），팔지（手镯）

-타리：울타리（篱笆）

-태기：망태기（大网兜）

-투성이（表示"数量多""某种状态的事物""人"）：거짓말투성이（谎话连篇），먼지투성이（满身灰尘），쓰레기투성이（垃圾成山），욕투성이（满口脏话），자갈투성이（满是石子），주근깨투성이（满脸雀斑），주름살투성이（满脸皱纹），피투성이（浑身是血），한문투성이（通篇都是汉文），흙투성이（满身是泥）

-퉁이/통이（表示"具有某种特征的人"）：고집통이（犟脾气），꾀퉁이（机灵鬼），미련퉁이（蠢家伙），배퉁이（大腹便便的人），심술퉁이（好嫉妒的人、捣蛋鬼）

-팽이（表示对人的卑称）：놈팽이（二流子），좀팽이（小气鬼）

-포（表示"稍多"）：날포（一天多），달포（一个多月），해포（一年多）

-충이（表示"非常喜欢某种东西""做某种事情的人"）：떡충이（吃糕能手）

-치（表示"多少分量的东西"）：그믐치（三十天的分量），보름치（十五天的分量），조금치（一点点）

-치기（表示"赌博""做某种行为的人"）：돈치기（赌博），소매치기（扒手），엿치기（赌条糖）

-희（加在人称代词的后面表示复数）：너희（你们），저희（我们）

通过上面30）中的例子我们可以看出，30）中的后缀只对词干的意义起到修饰、限定的作用，不能改变词干的语法范畴。以上的后缀中"-따리，-딱서니，-땀，-뚱이，-부리，-스랑，-악서니，-웅，-으머리，-자기，-지，-타리，-태기，-충이"派生的词只有一个，所以可以将之视为是丧失了造词能力的后缀。

后缀"-거리，-이，-지기，-질，-째"都是多义词缀。其中，"-거리"具有：① 原材料，② 由于炎症引起的疾病，③ 周期性的事，④ 轻视等意义，主要接在一般名词后。"-이"具有：① 人或物，② 具有某种特征的人等意义，主要接在一般名词或合成名词后。从上面所举的例子可以看出，此词缀接在合成名词后，派生出新词的分布更广。"-지기"具有：① 某些种子播种的面积，② 守卫的人等意义，接在一般名词后。"-질"具有：① 使用某种工具做某种动作，② 对某种行为的卑称，③ 表示动作的反复。特别是第③种用法接在以"-개，-음，-기"结尾的派生名词的后面，派生成新名词的造词能力非常强。"-째"与事物名词连用，表示"连……一块""全部"等含义；与时间名词连用表示"连续""一直"的含义；与数词连用表示"第"的含义。

对人、物或行为具有"轻视""鄙视"含义的后缀有"-거리，-때기，-뜨기，-뱅이，-보，-앙이/엉이，-장이，-쟁이，-질，-팽이"。与人或事物的特征相关的后缀有"-꾸러기，-꾼，-내기，-데기，-동이/둥이，-박이，-배기，-뻘，-쇠，-아치，-이，-지기，-투성이，-퉁이/통이，-충이，-치기"。由此可知大部分后缀都是与人或物相关。

② 动词词基＋后缀

下列31）中是和动词词基结合，起强调词基意义的后缀及相关的派生词。

31）

-개/게（表示"器具"）：가리개（屏风、挡板），깔개（垫子、席子），꽂개（插销），끌개（纺车），날개（翅膀），노리개（挂件、玩具），덮개（被子、盖子），베개（枕头），싸개（包袱皮），쓰개（头饰），씌우개（戴的、盖子），우스개（笑话），지게（背架），지우개（橡皮擦、擦子），집게（夹子），찌개（炖菜）

-거리（表示"东西"）：먹거리（吃的东西），볼거리（看点、看头儿）

-거지（表示"宴会"）：먹거지（酒席）

-광（表示卑称）：어리광（撒娇）

-기（表示"样子""物""行动"）：곱하기（乘法、乘），구르기（跺脚），기울기（倾斜度），꾸미기（布置、装饰），나누기（分享），내기（打赌），누르기（按），다지기（剁、捣、夯实），달리기（跑步），더하기（加法、加），던지기（投掷），뒤집기（翻转），듣기（听力），보기（观看），보태기（加法、加），빼기（减法、减），쓰기（写作），읽기（阅读），조르기（绞）

-깽이（对人的贬称）：말라깽이（瘦猴儿）

-내기（对人的贬称）：뜨내기（流浪汉）

-막（表示"具有某种特征的地方"）：내리막（下坡），오르막（上坡）

-매（表示"长相、样式"）：썰매（雪橇），열매（果实）

-으/ㅁ：

ㄱ.（表示"行为""事物的名词""动作的目的"）：가르침（教授），가뭄（旱灾），거침（阻碍），나무람（责备、挑剔），노름（赌博），뉘우침（悔悟），느낌（感觉），다룸（操纵），다짐（决心），도움（帮助），땜（焊、补），모임（聚会），물음（问题），믿음（信任），비빔（搅拌），새김（雕刻），셈（计算），시침（绷），싸움（吵架），앎（知道），울음（哭），졸음（困），죽음（死亡），흐름（阴），묶음（捆），볶음（炒），찜（炖）/

고름（衣服的飘带），그림（画），그을음（烟炱），얼음（冰），조림（炖制食品），주름（皱纹），짐（行李），튀김（油炸食品）/

걸음（步伐），꿈（梦），삶（生活），숨（呼吸），쌈（饭团），웃음（笑容），잠（觉），춤（舞蹈）

ㄴ.（表示"行为"）：굶주림（饥饿），보살핌（照料）/

되새김（反刍），비웃음（嘲笑）

-보（表示"具有某种性质或状态的人"）：먹보（馋鬼），울보（爱哭的孩子），째보（兔唇）

-뱅이（表示"具有某种特征的人"）：앉은뱅이（瘫子）

-쇠（表示"某种状态"）：모르쇠（装糊涂）

-암/엄（表示"结果"）：마감（最终、结束），무덤（坟墓），주검（尸体）

-앙이/엉이（表示事物的名称）：가랑이（叉），두렁이（小孩儿肚兜），지팡이（拐杖）

-애/에（表示"工具"）：나래（双桨、翅膀、耢），도래（门窗别子），마개（塞子），얼개（宽齿梳子），써레（耙子）

-어리（表示"具有某种特征的人"）：귀머거리（聋子），코머거리（齉鼻儿）

-이：

ㄱ.（表示"行为""事物的名词""动作的目的"）：구이（烧烤），겨이（招待），다듬이（捣衣服），더듬이（口吃），떨이（甩卖），벌이（赚钱），설거지（洗碗），삶이（生活），풀이（解释），흔들이（摇摆）/

놀이（游戏），들이（容积），막이（盖子），먹이（饲料、食物），훑이（撸东西用的夹子）

ㄴ.（表示"行为""事物的名词"）：꺾꽂이（插枝），나들이（串门），휘묻이（压枝）/

미닫이（推拉门），빼닫이（抽屉），여닫이（推拉门）

-저지（表示"人"）：안저지（保姆），업저지（保姆）

-질（表示某种动作的反复）：누비질（纳缝），다듬질（修整），더듬질（摸索），후리질（围网捕鱼）

-깨（表示"特定的地方"）：앉을깨（织布机底座）

-치기（表示某种行为）：들치기（行窃）

通过上面31）中列出的后缀我们可以看出，这些后缀添加在动词的词基后，改变了词干的句法范畴。以上词缀中"-거리, -거지, -광, -깽이, -깨, -내기, -뱅이, -쇠, -저지, -치기"只派生了一个词，所以可以将之视为是丧失了造词能力的后缀。后缀"-거리, -깨, -뱅이"的派生词"볼거리""앉을깨""앉은뱅이"是动词词基"보-"和"앉-"先连接了冠形词形词尾"-ㄹ""-

을""-은"之后，再添加后缀才形成的。所以，严格地说并不应该属于动词词基加上后缀派生而来的词，而是动词的词基先与冠形型连接后，再与后缀结合派生而来的。属于这种类型的词数量特别少，所以在本书中暂且把它们归为动词词基加后缀派生而来的词。

后缀"-암/엄，-애/에"的派生分布也非常有限，因此，它们也不属于造词能力强的后缀。

后缀"-개，-기，-으/ㅁ，-이"可以加在动词词基后，其派生分布特别广，所以这四个词缀是造词能力强的后缀。

后缀"-으/ㅁ，-이"的用法分别都有两种。其中"-으/ㅁ"第一种用法与动词词基结合，派生出的词可分为行为名词、事物名词和动作目的名词；第二种用法与合成动词或者派生动词的词基结合，派生出行为名词。词缀"-이"的第一种用法与动词词基结合，派生出的词可分为行为名词、事物名词和动作目的名词；第二种用法是与非句法合成动词词基结合，派生出行为名词和事物名词。

这些后缀添加在动词的词基后，派生出的名词大部分具有"工具、行为、人、某种状态、事物的名称"等含义。

③ 形容词词基＋后缀

下列32）中是与形容词词基结合，起强调词基意义的后缀及相关的派生词。

32）

-기（表示"尺度"）：굳기（硬度），굵기（粗细），기울기（倾斜度），밝기（亮度），빠르기（速度），크기（大小）

-다리（表示对人的鄙称）：늙다리（老家伙、老头子），작다리（矮子）

-둥이/둥이（表示"人"）：검둥이（黑蛋），덴둥이（烧伤的人、丑八怪），이쁘둥이（俊小孩儿、宝贝疙瘩），흰둥이（白人儿）

-으/ㅁ（把动词转化为抽象名词）：게으름（懒惰），괴로움（痛苦），기쁨（喜悦），두려움（害怕），미움（讨厌），반가움（高兴），부끄러움（羞耻），서러움（悲伤），슬픔（悲哀），아픔（伤痛），외로움（孤独），즐거움（乐趣）

-막（表示"时间"）：늦으막（晚年）

-뱅이（表示"东西"）：짤라뱅이（磨短了的东西、磨秃了的东西）

-보（表示对人的卑称）：약보（机灵鬼）

-쇠（表示对人的卑称）：구두쇠（吝啬鬼）

-앙이/엉이（表示"动物"或"植物"）：느렁이（雌孢子、母鹿），불겅이（红的）

-이（表示"尺度"）：굽이（弯儿），길이（长短），깊이（深浅），넓이（宽度），높낮이（高低），높이（高度），두께（厚度），부피（体积）

-지（表示"菜"）：짠지（咸菜）

-챙이（表示"体型小的东西"或"个子矮的人"）：잔챙이（最小最差的、不起眼儿的）

通过上面32）中列出的后缀可以发现，这些后缀添加在形容词的词基后，改变了词基的语法范畴。以上后缀中"-다리，-막，-뱅이，-보，-쇠，-앙이/엉이，-지，-챙이"派生的词只有一两个，所以可以将之视为是丧失了造词能力的后缀。

后缀"-기，-으/ㅁ，-이"可以加在形容词词基后，其派生分布特别广，所以这三个后缀是造词能力强的后缀。其中"-기"和"-이"与形容词词基结合后派生出尺度名词，"-으/ㅁ"与形容词词基结合后派生出抽象名词。

将例31）与例32）进行比较发现，可以与形容词词基结合派生出名词的后缀数量不及可以与动词词基结合派生出名词的后缀数量。

④ 副词词基＋后缀

下列33）中是和副词词基结合，起强调词基意义的后缀及相关的派生词。

33）

-께（表示"那时候"或"距离某个场所近的范围"）：먼저께（前几天、前不久）

-다지（表示"方向""物"）：가로다지（横向、门闩）

-바지/치기（表示"地方"）：막바지（尽头），막치기（尽头）

-부리（表示"具有某种特征的人""具有某种动物特性"）：딱부리（金鱼眼）

-쇠（表示对人的卑称）：덜렁쇠（冒失鬼）

-앙이/엉이（表示"东西"）：꼬부랑이（弯的东西），꾸부렁이（弯曲的东西），나부랑이（碎块儿），쭈그렁이（干瘪的东西）

-이（表示"人、动物或东西"）：개구리（青蛙），기러기（大雁），깜박이（汽车转向灯），껄렁이（二混子），껑충이（细高个儿），꾀꼬리（黄莺），꿀꿀이（贪婪鬼），뀌뚜리（蟋蟀），누더기（破衣烂衫），더펄이（冒失鬼），따오기（朱鹭），뜸부기（董鸡），맹꽁이（狭口蛙、糊涂虫），물렁이（软骨头），베짱이（梭鸡），부엉이（猫头鹰），비뚤이（心眼儿不正的人），뻐꾸기（布谷鸟），삐죽이（小心眼儿），살살이（阿谀奉承的人、滑头），쓰르라미（寒蝉），쌕쌕이（喷气式飞机），양옹이（酿酒缸），얼룩이（斑点），오뚝이（不倒翁），촐랑이（轻浮的人、淘气鬼），쿵쿵이（嚷嚷鼻子说话的人），털털이（马大哈、穷光蛋），합죽이（瘪嘴），헐렁이（轻浮的人）

-잡이（表示"行动"）：마구잡이（胡搞）

-장이（表示"专门从事某类工作的人"）：또드락장이（金箔匠）

-쟁이（表示对具有某种特征的人的蔑称）：콜록쟁이（咳嗽病秧子）

-질（表示某种动作或行为）：도리질（摇头），딸꾹질（打嗝儿），부라질（左右摇摆），해작질（扒拉）

以上例33）是与副词词基结合派生出名词的后缀及相关的派生词。从上面的例子可以发现这些所谓的副词词基本身几乎不能单独作为副词使用，或者说这些词基的词性比较模糊，有些只有层叠之后才具有作为独立副词使用的资格。从例33）中还可发现，可与后缀结合派生成名词的副词词基大部分都是拟声拟态词。在这部分后缀中，除了"-이"具有较强的造词能力之外，其余大部分的后缀都丧失了造词能力，只有个别的几个派生词而已。

⑤ 特殊词基+后缀

特殊词基是在组词时使用的词基。如：

34）

ㄱ.

-깨（表示"棍状"）：홍두깨（棒槌、牛臀尖、漏耕的地垄）

53

-깽이（表示"棍子"）：부지깽이（烧火棍）

-꾼（表示对人的贬称）：배상꾼（滑头），여리꾼（托儿）

-내기（表示"具有某种特点的人"）：수월내기（老好人）

-데기（表示对从事某种职业或具有某种性格的人的贬称）：새침데기（爱装蒜的人）

-뱅이（表示"具有某些不良特点的人"）：비렁뱅이（乞丐）

-보（表示"具有某种特征的人"）：곰보（麻脸），늦보（下贱的人），땅딸보（矮胖子），뚱뚱보（胖子），뚱보（胖墩儿）

-새（表示"样子、情况"）：푸새（上浆）

-쇠（表示"具有某种不良特点的人"）：뎅쇠（色厉内荏）

-아리（表示"小"）：메아리（回音），항아리（缸、坛子）

-아지（表示"具有某种特征的动物"）：미꾸라지（泥鳅）

-어리（表示"人"）：벙어리（哑巴）

-이（表示"具有某种特征的人"）：까불이（浪荡子），깐깐이（细心的人、认真的人），뚱뚱이（胖墩儿），멍청이（二百五），얌전이（斯文的人），언청이（兔唇），텁텁이（洒脱的人）

-장이（表示对具有某种特点的人的贬称）：개구쟁이（淘气鬼），뚜장이（拉皮条的人），무두장이（鞣皮的人）

-쟁이（表示"具有某种性质的人"）：꼼꼼쟁이（细心的人），만만쟁이（孬种）

-지기（表示"看守"）：교지기（看校门的人）

-질（表示"做、干"）：가댁질（追赶着玩儿），걸태질（搜刮），난질（私奔），따깜질（从大块中一点一点儿地弄下来），무두질（鞣皮），소드락질（抢夺），쏘개질（打小报告），앙감질（单腿跳），외욕질（恶心、干呕），투레질（小孩儿用嘴打嘟噜）

-충이（表示对具有某种性质的人的贬称）：빙충이（傻子）

-태기（表示"筛子"）：삼태기（簸箕）

-투리（表示"尽头"）：꼬투리（头绪、把柄），자투리（布头、边角）

-퉁이（表示"轻蔑"）：쟁퉁이（傲慢的人、小气鬼）

ㄴ.

-이（表示"具有某种特性的人"）：느리광이（慢性子），미치광이（疯子）

-질（表示"做、干"）：곤두박질（倒栽葱），달음박질（小跑），뜀박질（跳跃、奔跑），숨바꼭질（捉迷藏），쌈박질（打架）

以上例34）是特殊词基与后缀结合派生成名词的例子。之所以称为是特殊词基是因为这些词基不能单独使用，它们的词性不清晰。但这些特殊词基又分为两类，上面34ㄱ）中的词基是完全不具有独立使用的资格，只能与后缀结合使用，或者词基层叠后与后缀"-이"结合才具有独立词性，如"깐깐-""텁텁-"。34ㄴ）中的"느리광, 미치광, 곤두박, 달음박, 뜀박, 쌈박"都是词基后分别添加了后缀"-광"或"-박"之后，以这种复合的形态再作为词基使用的，这种复合形态的词基本身并不具备独立性，其词性也不明确，因此也是一种特殊词基。

除此之外，还有词缀和词缀结合形成名词的例子，如：

35）

막둥이（老幺），암수（雌雄），올챙이（蝌蚪；啤酒肚），풋내기（新手），핫퉁이（厚棉衣）

例35）中"암수"的构词形式是"前缀+前缀"，其余的构词形式都是"前缀+后缀"。但在韩国语构词体系中这种词缀与词缀的结合就如同谓词的冠形词形与后缀结合一样，并不是一种自然的结合。所以35）中的例子是韩国语构词中出现的极个别现象。

（2）动词派生

可与后缀结合派生成动词的词基有名词词基、动词词基、形容词词基、副词词基及特殊词基。这些词基与后缀结合派生的动词例词如下所示：

① 名词词基+后缀

金廷恩（1994:73）认为可与名词词基结合派生成动词的后缀只有"-치-"一个例子。如：

36）

-치-（具有强调程度的含义）：곱치다（加倍），뒤치다（翻过来），합치다（合并），해치다（伤害）

林从纲（2007：132）认为可与名词词基结合派生成动词的后缀除了"-치-"之外，还有"-지-"。如：

37）

-지-（表示性质或状态）：그늘지다（成荫），눈물지다（泪汪汪），밑지다（亏本），숨지다（绝命），但在现代韩国语中"-지-"并未被列入后缀的范围中。

② 动词词基+后缀

以下是可与动词词基结合派生成动词的后缀。

38）

ㄱ.

-구-（表示动作的使动态）：돋구다（提高；增加眼镜度数），솟구다（向上冲、往上蹿）

-기-（表示动作的使动态）：남기다（留下），넘기다（咽下、弄翻），맡기다（托付），벗기다（脱掉），숨기다（隐藏），안기다（使抱着），옮기다（挪、转移），웃기다（搞笑、逗笑）

-리-（表示动作的使动态）：걸리다（挂），날리다（放飞），놀리다（捉弄），돌리다（转），들리다（抬），들리다（让……听见），불리다（填饱肚子），살리다（挽救），울리다（弄哭；发出声响）

-우-（表示动作的使动态）：깨우다（唤醒），새우다（熬夜），비우다（空出），지우다（使背负）

-으키/이키-（表示动作的使动态）：돌이키다（掉头、回忆），일으키다（引起、掀起）

-이-（表示动作的使动态）：녹이다（融化；熔化），먹이다（喂养），보이다（让……看），속이다（欺骗），죽이다（杀死）

-이우-（表示动作的使动态）：세우다（立），태우다（点燃），재우다

（哄睡觉）

-추-（表示动作的使动态）：들추다（掀开、翻找）

-히-（表示动作的使动态）：썩히다（腐烂），앉히다（让……坐下），잡히다（抓住）

ㄴ.

-기-（表示动作的被动态）：담기다（被盛），뜯기다（被撕），빼앗기다（被抢），안기다（被拥抱），쫓기다（被驱赶）

-리-（表示动作的被动态）：깔리다（被铺着），날리다（被刮跑），뚫리다（被洞穿），들리다（被听见），열리다（被打开）

-이-（表示动作的被动态）：꺾이다（被折断），끼이다（被夹），보이다（看上去），볶이다（被炒），섞이다（被混合，被掺杂），쓰이다（被写下）

-히-（表示动作的被动态）：닫히다（被关上），먹히다（被吃掉），밟히다（被踩），얽히다（缠绕），잡히다（被捉住）

ㄷ.

-닐-（起强调作用）：거닐다（溜达），나닐다（飞翔），노닐다（闲逛），도닐다（打转转），부닐다（亲热、乖巧）

-드리-（起强调作用）：엎드리다（趴下）

-조리-（起强调作用）：읊조리다（吟咏）

-지르-（起强调作用）：뻗지르다（挺立），쏟지르다（倾倒、倾注），엎지르다（翻转）

-치-（起强调作用）：넘치다（溢出），놓치다（错过），덮치다（盖紧），부딪치다（碰撞），뻗치다（伸展）

38ㄱ）是与动词词基结合派生成使动词的后缀；38ㄴ）是与动词词基结合派生成被动词的后缀；38ㄷ）是与动词词基结合，不改变词基词性，起加强动词词义功能的后缀。通过38）所列出的派生词数量可知，使动态和被动态的后缀造词能力强，起加强词基词义作用的后缀则丧失了造词能力，派生出的动词也仅仅局限于38ㄷ）中所示的几个而已。

③ 形容词词基+后缀

以下是与形容词词基结合派生成动词的后缀。

39）

-기-（表示使动态）：검기다（变黑），굿기다（不顺、受阻）

-리-（表示使动态）：널리다（加宽），둥글리다（弄圆），몽글리다（把稻谷打干净）

-애-（表示使动态）：없애다（消除）

-우-（表示使动态）：걸우다（上粪肥田），바루다（弄正）

-이-（表示使动态）：기울이다（倾注、倾斜），깊이다（加深），높이다（提高），눅이다（软化；缓和）

-이우-（表示使动态）：데우다（热东西），키우다（抚养）

-추-（表示使动态）：갖추다（具备），곧추다（挺直、伸直），낮추다（降低、削减），늦추다（放慢、延缓），맞추다（配上、猜中），잦추다（催促）

-치-（表示使动态）：그르치다（搞错、弄坏）

-히-（表示使动态）：괴롭히다（使痛苦、心烦），굳히다（坚定），굽히다（弄弯；屈服），궂히다（伤害、弄坏），넓히다（加宽），늙히다（使……变老），더럽히다（弄脏），맑히다（使明亮），묽히다（稀释），밝히다（指明、阐明），붉히다（变红），좁히다（变窄）

上面39）中所举的是与形容词词基结合派生出动词的后缀及其相关的动词。从派生出的动词数量上来看"-이-""-추-"和"-히-"相对较多，可以称之为造词能力强的后缀，其余的都是造词能力弱的后缀。而且这些后缀与形容词词基结合后派生出的动词都具有使动词的意义特征。

④ 副词词基+后缀

以下40）所举的是与副词词基结合派生出动词的后缀及其相关的动词词例。

40）

-거리-（表示某种动作的反复或持续）：가르랑거리다（呼噜声），갈그랑거리다（呼噜呼噜响），그르렁거리다（呼噜呼噜响），깔깔거리다（嘎嘎），

第三章 固有词构词法

깔딱거리다（一个劲儿咔嚓），깩깩거리다（嗷嗷叫），깽깽거리다（嗷嗷叫），껄떡거리다（一个劲儿咕嘟），꼬르륵거리다（咕噜咕噜响），꼴깍거리다（一个劲儿咕嘟），꼴딱거리다（一个劲儿咕嘟），꼼틀거리다（一个劲儿咕嚷），꽥꽥거리다（嗷嗷叫嚷），꾸르륵거리다（咕噜噜响），꿀꺽거리다（呷啜），꿀떡거리다（一个劲儿咕嘟），꿍꿍거리다（一个劲儿哼哼），꿜꿜거리다（哗哗而流），끼룩거리다（嘎嘎叫），끽끽거리다（嗷嗷叫），낑낑거리다（哼哼唧唧），달가닥거리다（哐当哐当响），달가당거리다（当啷当啷响），달그락거리다（啪啦啪啦响），달그랑거리다（叮了当啷响），달카닥거리다（咔哒咔哒响），대각거리다（咔嚓咔嚓响），대그락거리다（咔咔响），댕그랑거리다（当啷当啷响），덜거덕거리다（哐当哐当响），덜커덕거리다（哐当哐当响），뎅그렁거리다（当啷当啷响），떵떵거리다（当当），똑딱거리다（咔嗒咔嗒响），뚜벅거리다（啪嗒啪嗒响），바드득거리다（咯吱咯吱响），발칵거리다（咕嘟咕嘟响），배각거리다（嘎吱嘎吱响），버걱거리다（咯吱咯吱响），버석거리다（沙沙作响），버스럭거리다（沙沙响），벌컥거리다（咕噜咕噜），벌떡거리다（噗通噗通地跳），보드득거리다（嘎吱嘎吱响），부걱거리다（噗噜噗噜响），부드득거리다（咯吱咯吱响），부스릭거리다（沙啦作响），비걱거리다（嘎吱嘎吱响），빠각거리다（嘎巴嘎巴响），빠드득거리다（咯吱咯吱响），삐걱거리다（咯吱咯吱响），삐끗거리다（别别扭扭），삐드득거리다（嘎吱嘎吱响），사각거리다（咔嚓咔嚓响），색색거리다（呼哧呼哧），쌀랑거리다（凉飕飕），썩둑거리다（咔嚓咔嚓响），아삭거리다（一个劲儿咔嚓响），어석거리다（咔嚓咔嚓响），어적거리다（咯吱咯吱），오지끈거리다（咔嚓咔嚓响），와각거리다（咔嚓咔嚓响），와삭거리다（沙沙作响），우지끈거리다（咔嚓咔嚓响），울걱거리다（咕噜咕噜响），웩웩거리다（嗷嗷叫；哇哇地吐），웽웽거리다（嗡嗡响），으르렁거리다（一个劲儿咆哮），자글거리다（咕嘟咕嘟响），자끈거리다（咔嚓咔嚓响），작작거리다（趿拉趿拉响），저벅거리다（欻欻响），절벅거리다（哗啦哗啦响），지글거리다（滋啦啦响），지끈거리다（咔嚓咔嚓响），짜르륵거리다（刺刺响），쨍그랑거리다（当啷当啷响），찌르륵거리다（咕噜咕噜响），차랑거리다（当啷当啷响），차르랑거리다（当啷当啷响），찰깍거리다（咔哒咔哒响）, 찰딱거리다（紧紧贴贴）, 찰락거리다（哗啦哗啦响）, 찰랑거리다（咣浪咣浪响）, 찰바닥거리다（哗啦哗啦响）, 찰싹거리다（吧嗒吧嗒响）, 처렁거리다（当啷当啷响）, 철렁거리다（哗啦哗啦响）, 철벅거리다（啪啦啪啦响）, 칼락거리다（咳咳）, 컬럭거리다（一个劲儿咳嗽）, 컹컹거리다（汪汪叫）, 콜록거리다（喀喀）, 쿨룩거리다（吭吭）, 타드랑거리다（当啷响）, 탈바닥거리다（吧嗒吧嗒响）, 탕탕거리다（当当响）, 터드렁거리다（噔噔响）, 털버덕거리다（吧嗒吧嗒响）, 텀벙거리다（噗通噗通响）, 텅텅거리다（当当响）, 톡탁거리다（咔嗒咔嗒响）, 통통거리다（咚咚响）, 툭탁거리다（梆梆响）, 퉁탕거리다（叮咣叮咣响）, 퉁통거리다（咚咚响）, 파드닥거리다（扑腾扑腾）, 팔딱거리다（怦怦直跳）, 팔락거리다（哗啦哗啦）, 팔랑거리다（哗啦哗啦）, 팔짝거리다（啪嗒啪嗒）, 퍼드덕거리다（扑腾扑腾）, 펄떡거리다（蹦蹬蹦蹬）, 펄럭거리다（哗哗地飘）, 펄렁거리다（哗啦哗啦）, 펄쩍거리다（啪嗒啪嗒）, 퐁당거리다（咕咚咕咚）, 푸드덕거리다（扑棱扑棱）, 풍덩거리다（扑通扑通）, 하하거리다（哈哈大笑）, 해해거리다（嘻嘻哈哈）, 허허거리다（呵呵笑）, 후루룩거리다（扑棱棱、呼噜噜）

40）是加在拟声词词基的后面派生成动词的例子, 表示同一动作的反复或连续。

41）

가들막거리다（神气十足）, 간닥거리다（一个劲儿晃动）, 간드랑거리다（摇曳）, 간드작거리다（轻轻地摆动）, 간들거리다（摇曳）, 갈근거리다（痒痒）, 갸우뚱거리다（摇摆）, 거들먹거리다（趾高气扬）, 거치적거리다（碍手碍脚）, 건들거리다（摇曳）, 겅정거리다（连蹦带跳）, 고불거리다（蠕动）, 곰작거리다（一个劲儿动弹）, 구기적거리다（揉搓）, 구깃거리다（捏皱）, 구무럭거리다（蠕动）, 구불거리다（蜿蜒）, 구시렁거리다（嘟嘟囔囔）, 굼실거리다（耸动）, 굼지럭거리다（蠕动）, 굽실거리다（点头哈腰）, 굽적거리다（哈腰）, 근질거리다（痒痒）, 기우뚱거리다（摇摇晃晃）, 기웃거리다（探头探脑、左顾右盼）, 까닥거리다（连连摆动）, 까댁거리다（连连晃动）, 까불거리다（摇晃）, 깍둑거리다（猛剁）, 깐작거리다（黏糊糊）, 깔쭉거리다

（毛毛糙糙），깜박거리다（一闪一闪），깜빡거리다（闪烁），깝신거리다（晃动），갑죽거리다（咋呼），깨지락거리다（慢吞吞），꺄룩거리다（一个劲儿伸脖子），꺼불거리다（摇晃），꺽둑거리다（猛剁），꼬박거리다（头一点一点的），꼬불거리다（蠕动），꼼작거리다（一个劲儿动弹），꼼지락거리다（一直动），꾸기적거리다（一个劲儿揉搓），꾸깃거리다（弄皱），꾸물거리다（慢吞吞），꾸벅거리다（头一点一点地），꿈적거리다（一个劲儿动弹），꿈지럭거리다（蠕动），꿈틀거리다（蠢蠢而动），꿈실거리다（卑躬屈膝），끄덕거리다（频频点头），끈덕거리다（晃动），끈적거리다（黏黏糊糊），끔벅거리다（一个劲儿眨巴），끼우뚱거리다（摇摆），끼웃거리다（探头探脑），끼적거리다（胡乱涂鸦），나불거리다（飘扬），날름거리다（一伸一缩），날큰거리다（软乎乎），너덜거리다（丝丝缕缕），너울거리다（起伏），넘실거리다（翻涌、荡漾），다팔거리다（飘动），더듬거리다（摸索），덩실거리다（手舞足蹈），도란거리다（低声细语），되작거리다（翻来覆去），두근거리다（忐忑不安），두런거리다（窃窃私语），두리번거리다（环顾四周），둥덩거리다（咚隆咚隆地敲），뒤뚱거리다（左右摇摆），뒤룩거리다（滴溜滴溜转），뒤적거리다（翻来翻去），뒤척거리다（东翻西找），들먹거리다（耸动），들썩거리다（呼扇），땅땅거리다（趾高气扬），떠듬거리다（吞吞吐吐），떠듬적거리다（摸来摸去），또닥거리다（捶打），또박거리다（从容不迫地走），매끈거리다（滑动、滑行），메슥거리다（恶心），물컹거리다（软软乎乎），미끈거리다（光滑），바글거리다（咕嘟咕嘟地沸腾），박신거리다（熙熙攘攘），박작거리다（喧闹），반둥거리다（游手好闲），반득거리다（一闪一闪），반들거리다（无所事事），반질거리다（游手好闲），반짝거리다（闪烁），발름거리다（翕动），방글거리다（笑盈盈），방긋거리다（笑吟吟），방실거리다（笑吟吟），배틀거리다（踉踉跄跄），밴둥거리다（游手好闲），밴들거리다（游手好闲），뱅글거리다（温柔地微笑），버글거리다（咕嘟咕嘟沸腾），버둥거리다（挣扎），벅신거리다（熙熙攘攘），벅적거리다（闹哄哄），번둥거리다（吊儿郎当），번득거리다（一个劲儿地忽闪），번들거리다（游手好闲），번질거리다（油光锃亮），벌렁거리다（不停起伏），벌름거리다（一张一合），벙글거리다

（咧嘴笑），벙긋거리다（咧嘴微笑），보각거리다（噗噗地冒泡），복작거리다（闹嚷嚷），볼록거리다（一鼓一鼓），부글거리다（水咕噜咕噜沸腾），북적거리다（拥挤喧哗），불룩거리다（一鼓一鼓），불쑥거리다（突然伸出），비뚝거리다（一瘸一拐），비뚤거리다（歪歪斜斜），비비알씬거리다（一晃一晃、一闪一闪），적거리다（直搓），빈둥거리다（游手好闲），빈들거리다（好逸恶劳），빙글거리다（笑眯眯），뺀들거리다（滑溜溜），삐뚝거리다（一瘸一拐），삐뚤거리다（歪歪斜斜），사부랑거리다（絮絮叨叨），산득거리다（直打冷战），산들거리다（轻轻摆动），살랑거리다（习习、荡漾），새근거리다（翕张鼻息），새롱거리다（撒娇；贫嘴），새살거리다（叽叽嘎嘎有说有笑），샐룩거리다（一个劲儿抽搐），생글거리다（微微一笑），선득거리다（一个劲儿打寒噤），선들거리다（微风习习），설겅거리다（嘎吱嘎吱地嚼），설렁거리다（习习；荡漾），소곤거리다（喁喁而语），수군거리다（喊喊喳喳），슴벅거리다（眨眼），시근거리다（喘粗气），시부렁거리다（絮絮叨叨），시큰거리다（酸痛），식식거리다（气喘吁吁），실룩거리다（一个劲儿抽搐），싱글거리다（笑眯眯），썰렁거리다（习习；荡漾），씨근거리다（气喘吁吁），아기똥거리다（摇摇晃晃），아기작거리다（蹒跚地走），아슬랑거리다（慢悠悠地走），아장거리다（步履蹒跚），알랑거리다（阿谀奉承），알짱거리다（闲逛），앙앙거리다（哭闹耍赖），야기죽거리다（冷嘲热讽），얄긋거리다（晃动），어기적거리다（蹒跚地走），어른거리다（晃晃悠悠），어름거리다（磨蹭），어릿거리다（晃晃悠悠），어슬렁거리다（慢悠悠地走），어정거리다（悠哉悠哉），얼씬거리다（一闪一闪），오물거리다（蠕动），옥신거리다（乱哄哄），옹알거리다（一个劲儿嘀咕），우물거리다（支支吾吾），우쭐거리다（一耸一耸），욱신거리다（阵阵刺痛），울렁거리다（怦怦心跳），움직거리다（直动弹），웅얼거리다（喃喃自语），자금거리다（牙碜），자드락거리다（纠缠不休），종알거리다（嘟囔），중얼거리다（嘟嘟囔囔），지그럭거리다（嘟嘟囔囔），지금거리다（牙碜），지껄거리다（吵嚷），지드럭거리다（纠缠），직직거리다（趿拉趿拉），짜금거리다（津津有味地吃），짭짭거리다（啧啧地

第三章　固有词构词法

哐着嘴），쩝쩝거리다（一个劲儿哐嘴），컹컹거리다（汪汪叫），콜콜거리다（汨汨），쿨쿨거리다（哼哼地叫），파닥거리다（直扑棱），퍼덕거리다（扑腾扑腾地跳），풀떡거리다（蹦蹦跳跳），풀쩍거리다（进进出出），할근거리다（气喘吁吁），해죽거리다（莞尔），헐근거리다（上气不接下气），홀짝거리다（小口小口地喝；不停抽泣），홀쩍거리다（不断抽泣），히죽거리다（嬉皮笑脸），히히거리다（嬉皮笑脸）

41）是加在拟态词词基的后面派生成动词的例子，表示同一动作的反复或连续。

42）

-이-（表示动作的使动或被动）：

ㄱ.

까딱이다（轻轻晃动），깜박이다（闪烁），깜작이다（眨巴），꼬박이다（头一点一点），꼬빡이다（头一点一点），꼼작이다（动弹），꾸벅이다（头一点一点），꾸빽이다（头一点一点），꿈적이다（动弹），끄덕이다（点头），끄떡이다（点头），끔적이다（眨眼），달랑이다（轻浮），덜렁이다（毛手毛脚），덤벙이다（轻浮、轻率），반득이다（闪烁），반뜩이다（一闪一闪），반짝이다（闪烁），번득이다（闪光、闪亮），번뜩이다（闪光），번쩍이다（闪亮），빤작이다（闪闪发光），빤짝이다（闪耀），뻔적이다（忽闪），뻔쩍이다（闪耀）

ㄴ.

간질이다（胳肢），고부리다（弯曲），구부리다（使弯曲），꼬부리다（弄弯），꾸부리다（弯曲），노닥이다（闲聊），달싹이다（耸动），답작이다（干涉），뒤척이다（东翻西找），딸싹이다（耸动），뜰썩이다（耸动），속닥이다（窃窃私语），움직이다（动摇、变化），퍼덕이다（扑腾），한닥이다（摇曳），허덕이다（手脚乱动），헐떡이다（气喘吁吁），헤작이다（扒拉）

以上是添加后缀"-이-"派生出的动词的词例。其中42ㄱ）是词基本身具有独立性；42ㄴ）是词基本身不具有独立性，而且词性也不清晰，但如果词基层叠，其就具有了副词的词性，因此把这部分词基也归属于副词词基。

需要说明的是以上由添加后缀"-거리-"和"-이-"派生而来的动词中有些是用汉语无法解释的。众所周知，韩国语中的拟声拟态词非常丰富，这部分词与汉语是无法一一对应的，那些用汉语无法准确解释的词在此不再列出。

43）

-치-（表示强势）：마주치다（邂逅），더치다（病情加重；惹怒）

43）是添加后缀"-치-"派生的动词词例。这些词的词基都是具有独立性的副词。

⑤ 不完全词基+后缀

以下44）所举的是与不完全词基结合派生出动词的后缀及相关的动词。

44）

-거리-（表示某种动作的反复或持续）：비아냥거리다（讽刺、挖苦），시시덕거리다（嘻嘻哈哈）

-구-（表示动作的使动态）：망구다（弄坏），암구다（交配），엉구다（凑成），헹구다（漂洗）

-그리-（表示动作的使动态）：간동그리다（整理利索），뭉뚱그리다（随便包裹起来），웅숭그리다（蜷缩），찡그리다（皱眉）

-리-（表示动作的使动或被动态）：꼴리다（窝气），시달리다（受煎熬）

-이-（表示动作的使动或被动态）：간종이다（归纳、整理），망설이다（踌躇），지껄이다（吵吵嚷嚷）

44）中词基不具有独立性且词性不清晰，派生的动词数量也不多，可以视这部分后缀为造词能力弱的后缀。

（3）形容词派生

可以与后缀结合派生成形容词的词基有：名词词基、动词词基、形容词词基、副词词基、不完全词基等。以下就按照具体类别进行详细地说明。

① 名词词基+后缀

以下是名词词基与后缀结合派生成形容词的例子。

45）

-스럽-（表示具有某种属性或特征）：

第三章　固有词构词法

ㄱ.
어른스럽다（成熟），좀스럽다（小心眼儿），촌스럽다（土气）

ㄴ.
걱정스럽다（担心、劳神），게걸스럽다（贪吃），고민스럽다（烦恼），고생스럽다（辛苦），고집스럽다（固执），공포스럽다（恐怖），교만스럽다（傲慢），구차스럽다（穷困），궁상스럽다（寒酸），극성스럽다（热衷），근심스럽다（发愁），능청스럽다（装模作样），다행스럽다（庆幸），덕스럽다（仁厚），만족스럽다（满足），방정스럽다（轻浮），변덕스럽다（变化多端），복스럽다（有福相），사랑스럽다（可爱），사치스럽다（奢侈、阔绰），수다스럽다（哆嗦），심술스럽다（心术不正），악착스럽다（拼命），억지스럽다（无理取闹；牵强附会），염려스럽다（挂念），예사스럽다（习以为常），용맹스럽다（勇猛），험험스럽다（危险），유난스럽다（特殊），의문스럽다（可疑），의심스럽다（可疑），이상스럽다（反常），자랑스럽다（引以为豪），자연스럽다（自然），자유스럽다（自由），정성스럽다（真诚的），죄스럽다（负罪的），주접스럽다（贪吃），창피스럽다（难为情），탐스럽다（令人喜爱），평화스럽다（和平的），행복스럽다（幸福的），호사스럽다（豪华的），혼란스럽다（混乱的）/

귀염성스럽다（可爱），믿음성스럽다（可信的）

-답-（表示具有某种性质、特征）：꽃답다（像花一样漂亮），기물답다（像器物一样），사람답다（像人样），숙녀답다（像淑女一样），신사답다（像绅士一样），학생답다（像学生一样）

-롭-（表示"是"或"值得"）：

ㄱ.
가소롭다（可笑），경사롭다（值得庆祝），권태롭다（倦怠），명예롭다（光荣），신기롭다（好奇），신비롭다（神秘），영예롭다（光荣的），영화롭다（荣华富贵），예사롭다（平凡），위태롭다（危殆），은혜롭다（恩惠），이롭다（有益的），의롭다（正义的），자비롭다（慈悲的），자유롭다（自由的），지혜롭다（智慧的），평화롭다（和平的），향기롭다（有香味的），해롭

다（有害的），호화롭다（豪华的）

ㄴ.

대수롭다（了不起），보배롭다（珍贵的），수고롭다（辛苦的），슬기롭다（聪慧的）

ㄷ.

새롭다（新的）

-접/쩝-（表示具有某种特征）：빛접다（理直气壮），일쩝다（厌烦）

-적/쩍-（表示具有某种感觉）：멋적다（别扭、尴尬），의심쩍다（可疑），객쩍다（无聊）

45）是名词词基添加后缀派生出的形容词词例。"-스럽-"使词基具有某种属性或特征的含义，"ㄱ"中所列举的是具体名词作词基的例子；"ㄴ"分为两部分，第一部分是抽象名词作词基的例子，第二部分是派生名词作词基的例子。从上面的例子可以看出"-스럽-"与汉字词词基的结合较为自由。

"-답-"直接接在体词之后，表示词基具有某种性质、特征。可以较自由地与大部分名词词基结合。

"-롭-"是使词基具有"是"或"值得"之意的词缀。"ㄱ"是与汉字词词基结合的例子；"ㄴ"是与固有词词基结合的例子。"ㄷ"中的"새롭다"的构词类型可以分析成是"冠形词+后缀"，但宋喆义（1992:207）认为"这一类型未被列为正式的韩国语单词构词体系之中，所以如将"새"作为名词使用，可以将这种构成视为是由名词作为词基形成的词汇化（惯用型/词组）"。

② 动词词基+后缀

46）是动词词基与后缀结合，派生成形容词的例子。

46）

-브-（表示具有某种状态）：고프다[①]（饿），믿브다（可靠），아프다（疼）

[①] "고프다，아프다"是"앓-，곯-"与后缀"-ㅂ-(브)"结合，分别形成"알프-，골프-"，再经过"ㅇ>ㅡ"的变化及"ㄹ"脱落的过程，最后变成"아프-，고프-"。但"ㄹ"在"ㅍ"前脱落并非普遍现象，所以宋喆义在（1992ㄱ）中将这种现象称之为"音韵论的词汇化产物"。

-압/업-（表示具有某种性质或状态）：무렵다（痒），미덥다（信得过），반갑다（高兴），아깝다（可惜），즐겁다（愉快）/

두렵다（害怕），마렵다（想解手），무겁다（沉），무섭다（可怕），부끄럽다（害羞）

46）是动词词基与后缀结合，派生成形容词的例子。"-브-，-압-"是公认的丧失了造词能力的后缀。由后缀"-압-"派生而来的"두렵다，마렵다，무겁다，무섭다，부끄럽다"这些词的词基"두리-，마리-，무기-，무싀-，부끄리-"在共时性上并不存在，所以这些词属于词法词汇化产物。

③ 形容词词基+后缀

47）是形容词词基与后缀结合派生成形容词的例子。

47）

-갑-（表示具有某种性质或状态）：달갑다（心甘情愿），차갑다（凉）

-다랗-（表示某种属性很强）：

ㄱ.

가느다랗다（纤细），굵다랗다（粗），기다랗다（颀长），널다랗다（宽），쟌다랗다（细小的），좁다랗다（狭窄），짧다랗다（短短的）

ㄴ.

곱다랗다（靓丽），깊다랗다（很深），높다랗다（很高），커다랗다（硕大）

-앟/엏-（表示"非常"）：

ㄱ.

노랗다（亮黄色），누렇다（暗黄色），까맣다（漆黑），꺼멓다（黑乎乎）

ㄴ.

동그렇다（溜圆），둥그렇다（圆），말갛다（清澈），멀겋다（稀薄、微清），싸느랗다（凉飕飕），써느렇다（凉）

-브-（表示具有某种状态）：가냘프다（细弱），기쁘다（高兴），바쁘다（忙碌），서슬프다（惆怅），슬프다（悲痛），어설프다（稀疏），어여쁘다（婀娜），헤프다（不耐用；大手大脚）

-압/업-（表示具有某种状态）：구덥다（牢靠），서럽다（悲惨）

以上47）是形容词词基与后缀结合，派生成形容词的例子。由"-갑-"这一后缀派生出的形容词只有"달갑다, 차갑다"这两个词。以上列出的由"-브-"派生的词"가냘프다, 기쁘다, 나쁘다, 바쁘다, 서슬프다, 슬프다, 어설프다, 어여쁘다, 예쁘다, 헤프다"的词基"-가냘ㅎ-, -깊-, -납-, -밭-, -서긇-, -슳-, -어설ㅎ-, -어엿-, -헤ㅎ-"在共时性上并不存在，所以后缀"-갑-, -브-"是丧失了造词能力的后缀。而"슬프다, 기쁘다, 바쁘다"这些派生词由于其词基消失，从共时性的角度来说也无法构成这些词，因此这些词属于词法词汇化产物。

"-다랗-"意为"非常、颇"。此后缀经常与表示空间的形容词结合，上面所举的例子中"ㄱ"部分的词义拥有对立义，而"ㄴ"部分的词具有褒义①。

"-앟/엏-"②意为"非常"。上面所举的例子中"ㄱ"部分是与表示色彩的形容词结合而成；"ㄴ"部分是与表示形态的形容词结合而成。

④ 副词词基+后缀

以下48）是副词词基与后缀结合派生成形容词的例子。

48）

-압/업-：간지럽다（痒），근지럽다（发痒），매끄럽다（圆润、滑溜），미끄럽다（滑），보드랍다（柔和），부드럽다（柔和），시끄럽다（嘈杂），어지럽다（发昏），쟁그럽다（令人厌恶），징그럽다（令人厌恶）

以上48）是副词词基与后缀结合派生成形容词的例子。虽然这些派生词的词基本身并不具有独立性，且词性不清晰，但如果词基叠加，就成为副词，所以在这里将这些词基视为副词。后缀"-압/업-"与拟态词词基结合具有强大的造词能力。

⑤ 不完全词基+后缀

以下49）是不完全词基与后缀结合派生成形容词的例子。

---

① 林枝龙（1985）引入标记的概念，认为在派生词形成过程中无标记项比有标记项呈现出更为积极的一面。

② 宋喆义（1983：545）认为从历时性的角度来说"-앟/엏-"是由"-아/어ㅎ-"发展而来的。

第三章 固有词构词法

49)

ㄱ.

-답/땁-（表示具有某种性质、特征）：실답다（真实），아름답다（美丽），아리땁다（娇媚）

-롭-（表示"是"或"值得"）：괴롭다（难受、痛苦），까다롭다（挑剔、难对付），날카롭다（锋利），대수롭다（了不起），따사롭다（暖和），번거롭다（麻烦、复杂），애처롭다（可怜），종요롭다（要紧）

-스럽-（表示具有某种属性或特征）：가념스럽다（寒酸），갑작스럽다（突然），개감스럽다（贪吃），거북스럽다（别扭），거추장스럽다（累赘），걸쌍스럽다（痛快），괴덕스럽다（咋呼、胡来），구접스럽다（脏乱、龌龊），굴침스럽다（执拗、执着），귀굼스럽다（土里土气），귀살스럽다（乱糟糟），귀접스럽다（脏兮兮；卑贱），그악스럽다（凶恶；顽强），깜찍스럽다（乖巧、耍滑），깨끔스럽다（洁净），뇌꼴스럽다（不顺眼），덴덕스럽다（不舒服、不得劲儿），뒤퉁스럽다（鲁莽），뒤웅스럽다（蠢笨），뚝별스럽다（暴躁），매몰스럽다（冷漠），맨망스럽다（轻佻），모지락스럽다（厉害、凶狠），몰강스럽다（冷酷无情），발칙스럽다（让人讨厌），뻔뻔스럽다（厚颜无耻），사박스럽다（狠毒、凶狠），산망스럽다（轻浮、小气），살뚱스럽다（狠毒），상스럽다（庸俗），새삼스럽다（特别、新奇），생급스럽다（突然；不可思议），생청스럽다（找别扭），시원스럽다（爽快、凉爽），시통스럽다（傲慢、放肆），쑥스럽다（难为情），암팡스럽다（刚强、倔强），앙증스럽다（小巧玲珑），앙칼스럽다（尖刻；拼命），앙큼스럽다（别有用心），야지랑스럽다（涎皮赖脸），약스럽다（性情怪僻），얄망스럽다（乖僻、古怪），얌전스럽다（斯文），엄펑스럽다（狡诈），엉뚱스럽다（出格、意外），오감스럽다（轻妄、莽撞），오도깝스럽다（莽撞、愣头愣脑），왕청스럽다（毫不相干、差别很大），왜퉁스럽다（荒唐、离谱），우람스럽다（巍峨、伟岸），우악스럽다（愚笨、粗鲁），유체스럽다（自负），을씨년스럽다（阴沉、凄惨），음충스럽다（阴险），이물스럽다（阴险），자갑스럽다（少年老成），자닝스럽다（惨不忍睹），정갈스럽다（干净、整洁），타끈스럽다（吝啬、贪婪），탄명스럽다

(含糊不清), 탐탁스럽다 (惹人喜爱), 투깔스럽다 (粗糙), 투박스럽다 (粗笨、粗鲁), 툽상스럽다 (粗野), 퉁명스럽다 (生硬), 헌걸스럽다 (气宇轩昂), 호도깝스럽다 (轻佻)

-압/업- (表示具有某种状态): 귀엽다 (可爱), 너그럽다 (宽厚、宽容), 노엽다 (恼怒), 더럽다 (脏), 버겁다 (吃力), 부럽다 (羨慕), 어렵다 (困难), 깔끄럽다 (刺痒、別扭), 껄끄럽다 (刺痒、粗糙)

-앟/엏- (表示"非常"): 벌겋다 (红), 파랗다 (绿、蓝), 퍼렇다 (碧绿、碧蓝), 하얗다 (雪白), 허옇다 (乳白), 빨갛다 (暗红), 뽀얗다 (白皙), 뿌옇다 (灰蒙蒙)

-적/쩍- (表示具有某种感觉): 갱충쩍다 (鲁钝), 겸연쩍다 (羞愧), 괴이쩍다 (可疑、怪异), 귀살쩍다 (麻烦), 맥쩍다 (无聊、难为情), 미심쩍다 (可疑), 미안쩍다 (抱歉), 수상쩍다 (神秘兮兮), 해망쩍다 (愚不可耐)

-갑/겁- (表示具有某种性质或状态): 살갑다 (宽厚、和颜悦色), 헐겁다 (肥大)

ㄴ.

-스럽- (表示具有某种属性或特征): 거북살스럽다 (很別扭), 곱살스럽다 (俊俏), 먹음직스럽다 (看着好吃), 모지락스럽다 (粗暴), 믿음직스럽다 (可靠), 밉광스럽다 (反感), 밉살머리스럽다 (可恨), 밉살스럽다 (讨厌), 아니꼽살스럽다 (令人作呕), 얄밉상스럽다 (谲诈), 우스꽝스럽다 (滑稽), 예쁘장스럽다 (漂亮)

-하-① (表示具有某种属性或特征): 가무스름하다 (微黑), 갸쭉스름하다 (纤长), 거무스름하다 (黑黢黢), 고부스름하다 (显得有点弯曲), 굵직하다 (粗大), 기름하다 (稍长), 길쭉스름하다 (稍长), 길찍하다 (稍

---

① "하다"的分布领域非常广,而且其功能也多种多样,因此许多学者曾以"하다"为对象进行过研究。大体上可以将"하다"的研究成果分为两大种。第一种,在句子中作为独立成分使用时,其是独立的单词;而作为构成成分使用时,则是后缀;第二种,认为"하다"在所有条件下都是独立的单词(徐正洙: 1975)。基于"하다"作为独立的单词被使用的情况非常多,所以在本书中,在形容词派生部分当其与不完全词基结合时将其视为后缀,其余情况都将其作为独立的单词处理。

长），나지막하다（低矮），나직하다（低），납작스름하다（扁平），널찍하다（宽敞），넓적스름하다（稍宽），노르스름하다（蛋黄色），높직하다（相当高），누르스름하다（焦黄），도톰하다（稍厚），동그스름하다（微圆），두툼하다（厚实），듬직하다（稳重），땅딸막하다（矮胖），말그스레하다（微清），말그스름하다（略清），말끔하다（整洁），먹음직하다（看起来好吃），멀그스름하다（较清），멀찍하다（稍远），바람직하다（有望），벌그스름하다（绯红），볼그스름하다（浅红），불그스레하다（红扑扑），불그스름하다（泛红），봄직하다（值得一看），비스름하다（大体相似），삐뚜름하다（有点歪），야트막하다（低矮），야틈하다（低矮、浅），얄브스름하다（又软又薄），얄찍하다（有点儿薄），열브스름하다（较薄），예쁘장하다（俊秀），자그마하다（稍小），짜름하다（稍短），짤막하다（简短），큼직하다（偌大），푸르데데하다（黛绿色），푸르뎅뎅하다（蓝灰色），푸르스름하다（豆绿色），푸르죽죽하다（青灰色），허름하다（破旧、褴褛）

以上49）是不完全词基与后缀结合，派生成形容词的例子。49ㄱ）部分是单一形态的形容词词基；49ㄴ）部分是带有派生词缀"-막-，-으데데-，-으뎅뎅-，-으름-，-으스름-，-으스레-，-으죽죽-，-음，-직/찍-，-장-"的复合形态的词基。以上与后缀结合的词基不能单独使用，且词性不清晰，所以在这里将之归为不完全词基之中。

（4）副词派生

能与后缀结合形成副词派生词的词基有名词词基、动词词基、形容词词基、副词词基、不完全词基等。下面将按照词基的词性对派生的副词进行举例说明。

① 名词词基+后缀

以下50）是名词词基与后缀结合派生成副词的例子。

50）

-껏（表示"尽"或"一直"）：마음껏（尽情），욕심껏（随心所欲），이제껏（至今），정성껏（精心），힘껏（尽力）

-내（表示"整个""一直"）：가으내（整个秋天），겨우내（整个冬天），봄내（整个春天），여름내（整个夏天），일년내（一年），끝내（终于），

끝끝내（一直）

-이（副词后缀）：

ㄱ.

간간이（间或），겹겹이（层层），골골이（每个村庄），곳곳이（到处），길길이（暴跳如雷），나날이（日益），낱낱이（一个一个地），다달이（逐月），땀땀이（一针一线），면면이（各个方面），모모이（方方面面），목목이（每个关口），몫몫이（每份），방방이（每个房间），번번이（每次），샅샅이（到处），색색이（各个），쌍쌍이（双双对对），알알이（一粒粒），앞앞이（各自面前），연년이（年年），올올이（一条条、一根根），일일이（逐个），점점이（星星点点），줄줄이（一排排），집집이（户户），짬짬이（有空就），철철이（每个季节），촌촌이（每村），켜켜이（层层），틈틈이（一有空就），판판이（每盘），푼푼이（一分一分）

ㄴ.

가닥가닥이（每一股），가락가락이（一根一根），걸음걸음이（一步一步），사람사람이（人人）

-소/수：몸소（亲自），손수（亲自、亲手）

以上50）是名词词基与后缀结合，派生成副词的例子。"-이"可与名词层叠词基结合派生出副词，其中"ㄱ"部分的词基是单音节名词层叠后形成的词基，"ㄴ"部分的词基是双音节名词层叠后形成的词基。① 后缀"-소/수"完全丧失了造词能力。

② 动词词基+后缀

以下51）是动词词基与后缀结合派生成副词的例子。

51）

-오/우（表示程度、频率、范围）：너무（过分、太），도두（高高地），도로（重新、继续），두루（都、方方面面），마주（相对、面对）

-음（表示程度）：마침（恰好）

---

① 蔡琬（1986:54-60）提出单音节名词重复音节后必须与后缀"-이"结合，双音节名词重复音节后与后缀"-이"的结合却不是必须的，而是选择性的。

以上51）是动词词基与后缀结合派生成副词的例子。后缀"-음"从共时性角度来说已丧失了造词能力。

③ 形容词词基+后缀

以下52）是形容词词基与后缀结合派生成副词的例子。

52）

-껏（表示"尽"）：실컷（尽情）

-ㅅ（副词派生后缀）：그릇（错误、歪）

-사리（表示"很"）：쉽사리（轻而易举地），어렵사리（艰难地）①

-오/우（表示程度、频率、范围）：고루（平均、兼），되우（够），매우（十分），바로（正确、一直、就是），바투（紧紧、短暂），자주（常常）

-이（副词派生后缀）：

ㄱ.

같이（一起），게을리（懒洋洋），고이（好好地、珍重地、安然地），곧이（原原本本），굳이（硬是、坚决），길이（长久），널리（广泛地），높이（高高地），달리（不同、另外），많이（多，非常），멀리（远远地），쉬이（轻而易举、时间不长），옳이（正确地），적이（颇为、稍微），좋이（称心如意、好好地、颇为），빨리（赶紧）

ㄴ.

가까이（靠近、密切），부드러이（柔软、热情），어지러이（眩晕地、混乱、脏乱），즐거이（快乐地）/

구슬피（悲伤地），슬피（悲痛地），어여삐（美丽）

ㄷ.

남부끄러이（丢脸），배불리（饱），수많이（很多），재빨리（迅速地），적잖이（不少、很）

ㄹ.

가소로이（可笑地），괴로이（痛苦地），번거로이（繁琐地、吵闹地），자

---

① 宋喆义（1992ㄱ：37-38）认为"**쉽살하다**（非常简单），**어렵살하다**（非常难）"是词根"쉽살-，어렵살-"与副词派生词缀"-이"结合之后形成的。

유로이(自由地)/

갑작스러이(突然地), 능청스러이(假惺惺地)

ㅁ.

가느스름히(微细、苗条), 거무스름히(微黑、发暗), 노르스름히(黄澄澄), 둥그스름히(圆乎乎地), 붉으스름히(红彤彤地), 푸르스름히(浅绿、浅蓝)

以上52）是形容词词基与后缀结合派生成副词的例子。后缀"-것, -ㅅ, -사리"从共时性角度来说已丧失了造词能力。"-이"是造词能力强、派生分布很广的后缀。其中"ㄱ"部分是以单纯形容词作为词基的例子；"ㄴ"部分是以"-압/업-"和"-브-"结合派生的形容词为词基的例子；"ㄷ"部分是以合成形容词为词基的例子；"ㄹ"部分是以"-롭-"和"-스럽-"结合派生的形容词为词基的例子；"ㅁ"部分是以"-으스름하-"结合派生的形容词为词基的例子。"ㅁ"部分之所以出现了"-히"的形态，是由于以"-하-"结尾的形容词词基与后缀"-이"结合而来。

④ 副词词基+后缀

以下53）是副词词基与后缀结合派生成副词的例子。

53）

-금（加在一些副词后，起强调作用）：다시금（重新），이따금（间或）

-내（表示"一直""整个"）：못내（一直），마침내（终于）

-암치（起强调作用）：일찍감치（及早）

-에/애（副词后缀）：방그레（莞尔），방시레（嫣然），뱅그레（微微笑），뱅시레（抿嘴腼腆地笑），벙그레（咧嘴笑），벙시레（咧嘴笑），빙그레（笑眯眯），빙시레（微微一笑），상그레（莞尔一笑），생그레（笑眯眯），성그레（嫣然一笑），싱그레（微笑）

-오/우（表示程度）：마구（胡乱）

-욱（表示程度）：더욱（更加）

-이（表示程度）：가뜩이（满满地），길쭉이（细长），넓죽이（扁平），더욱이（更加），듬뿍이（满满地），따로이（另外），방긋이（莞尔），별로이

（另外），빙긋이（微微一笑），빵긋이（嫣然），삐죽이（微露），산뜻이（轻松、利落），사뿐이（轻盈地），선뜻이（轻松、利落），생긋이（嫣然一笑），싱긋이（微笑），쌩긋이（微笑），씽긋이（微笑），오뚝이（突兀、高耸），일찍이（提早），히죽이（咧嘴笑）

以上53）是副词词基与后缀结合派生成副词的例子。其中"-에/애，-이"是造词能力强的后缀，其余的后缀都丧失了造词能力。

⑤ 不完全词基+后缀

以下54）是不完全词基与后缀结合派生成副词的例子。

54）

ㄱ.

-오/우（表示程度）：거꾸로（颠倒），비로소（才），허투루（随随便便），휘뚜루（随便）

ㄴ.

-이（副词后缀）：굵직이（粗大），깊숙이（深深地），나즈막이（低矮地），납작이（扁平），높직이（高高地），느즈막이（很迟），멀찍이（远远地），모름지기（应该），묵직이（沉甸甸地），야트막이（浅浅地），큼직이（非常大）/

깨끗이（干净地）

ㄷ.

-껏（表示"尽""一直"）：기껏（尽力，好不容易）

以上54）是不完全词基与后缀结合派生成副词的例子。其中54ㄱ）与54ㄷ）部分是与单纯形态的词基"거꿀, 비롯, 허툴, 휘뚤"及"기"结合而成的副词；"ㄴ"部分除了"깨끗이"一词之外，其余的都是与派生词缀"-숙-，-작-，-직-，-찍-"结合而成的复合形态词基形成的副词。这些词的词基不能单独使用，且词性不清晰，所以可以将之归属于不规则词基之中。

以上54）是词基与后缀结合派生成副词的例子。下面所举的例子是没有词基，构词类型是"后缀+后缀"的例子

55）

내내（始终）

55）"后缀+后缀"这种构词类型在韩国语构词体系中并非自然结合的，从共时性角度来分析，它仅仅是韩国语构词过程中出现的极少数例子而已。

3.2.2.3 后缀派生法及造词能力

后缀派生法的造词能力大的方面可按照词性，小的方面可按照词基、后缀的类别进行比较说明。由于派生成名词的后缀和派生成动词的后缀功能不同，所以它们派生成不同的句法范畴，因此可以将派生成不同句法范畴的后缀进行比较，推测其造词能力。还有一种方法是按照词基、后缀的不同进行造词能力分析，这种分析的前提是在同一词性中进行比较。我们认为在同一词性中对单词的造词能力进行考察比单纯地对词基、后缀进行比较、推测其造词能力的方法更有效。

按照词性，后缀派生法的造词能力强弱顺序是："名词派生＞动词派生＞副词派生＞形容词派生"。

按照在同一词性中词基、后缀的性质考察其造词能力情况如下所示：

与后缀结合能够派生出名词的词基类型按照数量由多到少的顺序如下所示："名词词基＞名词+不完全词基＞名词+动词词基＞动词词基、动词+不完全词基、名词+动词+形容词+不完全词基＞名词+形容词词基、动词+形容词词基、名词+动词+形容词+不完全词基＞形容词词基、不完全词基、名词+副词词基、名词+数词词基、名词+数词+不完全词基、名词+动词+不完全词基、名词+动词+副词+不完全词基、名词+动词+形容词+副词词基"。可见，与派生词词性一致的名词词基的数量最多，但却很难总结出造词能力强的词基与其所属后缀的造词能力之间的关系。因为与造词能力强的词基结合的后缀中既有造词能力强的后缀，也有造词能力弱的后缀；同样与造词能力弱的词基结合的后缀中既有造词能力强的后缀，也有造词能力弱的后缀。

与后缀结合能够派生出动词的词基类型按照数量由多到少的顺序如下所示："动词词基、动词+形容词词基＞副词+不完全词基＞形容词词基、不完全词基、动词+不完全词基、动词+形容词+不完全词基＞名词+动词+形容词+副词词基"。可见，与派生词词性一致的动词词基的数量最多。

与后缀结合能够派生出形容词的词基类型按照数量由多到少的顺序如下所示："名词+不完全词基＞形容词+不完全词基＞名词词基、形容词词基、不完全词基、动词+形容词词基、动词+副词+不完全词基"。可见，"名词+不完全词基"的数量最多。

与后缀结合能够派生出副词的词基类型按照数量由多到少的顺序如下所示："副词词基＞形容词词基＞名词+形容词+副词+不完全词基＞名词词基、动词词基、名词+动词词基、名词+不完全词基"。通过此总结可以很容易地观察出与派生词词性一致的副词词基的数量最多。

3.2.3 特殊变化派生

特殊派生法在单词形成的类型中属于派生法的范畴，但这种派生不是依靠词缀实现的，是拥有相同形态的单词在意义上具有相关性，而语法范畴却不同。虽然通过特殊派生法形成的单词数量没有之前考察过的通过前缀派生法、后缀派生法形成的单词数量多，但在韩国语单词形成过程中这种特殊派生法却占据着派生法类型中的一席之地。

以下将对特殊派生法的概念进行说明，然后将考察属于这种派生的单词的形成过程，最后将对属于这种派生法形成的单词的造词能力进行分析。

3.2.3.1 特殊变化派生的概念

在韩国语传统语法中曾被称为是词类的转化（崔铉培：1965）或者词类的通用（洪起文：1947；高永根：1974）的特殊变化派生有如下三种概念。即，词类转化（Conversion）、特殊词缀派生（Zero-derivation）、特殊变化派生（Zero-modification）。虽然这三种概念意义相似，但却有如下几点差别。

第一，Conversion（Leech 1981:215，Bauer 1983:32）的意义是"词类的转化"，属于词汇学的范畴，不包含在单词形成过程中的派生的意义。

第二，Zero-derivation就是指零词缀的派生，其立足点是设定零形态的词缀。

具有类似以下模式的单词就属于这种派生。

$$\begin{bmatrix} 밤낮（名词）+Φ（零形态的词缀）\rightarrow 밤낮（副词）\\ 신-（动词）+Φ（零形态的词缀）\rightarrow 신（名词）\\ 크-（形容词）+Φ（零形态的词缀）\rightarrow 크-（动词）\end{bmatrix}$$

此概念可以在设定零词素的条件下对拥有相同形态，而语法范畴却不同的单词进行系统而有规律地说明，但同时也会产生一些问题。因为"밤낮, 신, 크-"这几个词分别是由名词变为副词、动词变为名词、形容词变为动词，它们的语法范畴都发生了变化，此时很难认定被使用的词缀是相同的词缀。这是因为尽管有些词缀形态相同，但在单词构词的过程中发挥的功能却不同。

第三，"Zero-modification"指无词缀派生。即，不添加词缀而创造出新单词的一种方法，是派生的一种。与本书中提到的特殊变化派生是同一概念的术语。

因此，特殊派生就是指某些单词在形态上无变化，在词义上保持一定的关系，而语法范畴却发生改变的一种派生类型。以下将对特殊变化派生从名词派生、动词派生、副词派生三种类型进行考察说明。

3.2.3.2 特殊变化派生词的形成

以上对特殊变化的定义进行了说明，通过特殊变化派生形成的单词之间可以说具有派生关系。但特殊变化派生的关键问题就是如何确定派生的方向。即，如何区别通过特殊变化派生形成的单词中哪些是派生后形成的单词，哪些是派生之前的词基，这个问题至今没有定论。因为特殊变化派生并非仅有单一方向，因此，为了能够说明特殊变化派生，就必须要设定词基。针对词基设定这个问题学者们有很多见解，笔者认为不可避免地需要依靠直观判断，因此难免会有主观性。

在本书中，笔者在设定词基时尽可能地兼顾考虑与特殊变化派生词相关的单词的特征，但有些地方仍是凭直观判断，具有一定的主观性。

（1）名词派生

在特殊变化派生中实现名词派生的词基有副词词基、动词词基。以下56）是通过特殊变化派生形成的名词词例。

56）

ㄱ.

여기（这里），거기（那里），잘못（错误），가까이（近处）

ㄴ.

삐삐（传呼机），얼룩（斑点、污痕），왈가닥（假小子）

以上是副词词基经过特殊变化派生而成的名词。56ㄱ）的"여기, 거기"从历时性角度可以解释成由中世韩国语"이어긔, 그어긔"将其中的处格助词"-의"分解出来形成的副词。但用历时性语言现象解释共时性语言现象，这种做法牵强附会；"잘못"的构词类型是"副词+副词"，在韩国语中，合成词的词性是由后面的构成成分决定的，因此，"잘못"的词性可以视为副词；"가까이"可以解释成由副词派生而成的名词，但我们认为将其解释成是由形容词词干"가깝-"与副词派生后缀"-이"结合成的派生副词，比将其解释成由形容词干"가깝-"与名词派生后缀"-이"结合而成的派生名词更合理。因为名词派生后缀"-이"主要与表示程度的形容词结合。56ㄴ）是由拟声拟态副词经过特殊变化派生形成的名词。

57）

ㄱ.

가물-：가물（旱灾），깁-：깁（细绢），꾀-：꾀（心机、诡计），누비-：누비（茧），띠-：띠（带子），막-：막（棚子、帷幕），뭉치-：뭉치（团），빗-：빗（梳子），신-：신（鞋），안-：안（里），일-：일（事儿），재-：자（尺子），켜-：켜（层），틀-：틀（框），품-：품（胸怀）

ㄴ.

너머（那边），받자（娇惯、迁就），싸구려（便宜货），차렷（立正）

以上57ㄱ）是动词词基经过特殊变化派生而成的名词，这种变化类型主要出现在中世韩国语中，在现代韩国语中几乎不会出现动词词基经过特殊变化派生成名词的现象；57ㄴ）是动词的活用形经过特殊变化派生出的名词。

（2）动词派生

由特殊变化派生而成动词的词基只有形容词词基，这些词基具体如58）

所示：

58）

굳-：굳-, 길-：길-, 누지-：누지-, 늙-：늙-, 늦-：늦-, 무르-：무르-, 밝-：밝-, 붉-：붉-, 설-：설-, 어둡-：어둡-, 있-：있-, 크-：크-

以上58）是形容词词基经过特殊变化派生而成的动词词基。这些动词词基都不具有他动词的功能，只具有自动词的特征。这些由形容词词基经过特殊变化而具有动词的功能可通过以下59）活用形或者通过其与副词的修饰关系来确定。

59）

크-（形容词）：크다, 크구나, 큰나무, *나무가 빨리 크다.

크-（动词）：큰다, 크는구나, 크는 나무, 나무가 빨리 큰다.

如59）所示，动词可作为现在形词尾活用或者被副词"빨리"修饰，但形容词却不可以。在这里"빨리"是只能修饰动词的副词。

（3）副词派生

由特殊变化派生而成副词的词基有名词词基、形容词词基、动词词基等。以下是派生出的副词词例。

60）

ㄱ.

그저께（前天），글피（大后天），내일（明天），모레（后天），밤낮（昼夜），본디（本来、原本），어제（昨天），오늘（今天），요사이（最近），요세（最近），요즈음（最近），잠간（一会儿），제법（非常），지금（现在），참（真），처음（第一次、最先），한참（一阵儿）

ㄴ.

날로（日益），날마다（每天），대체로（大体、一般来说），때로（有时候、间或），마음대로（随心所欲），무시로（随时），불시에（不时、意外地），얼마나（多少、多么），억지로（勉强），이나마（就这点），이에（鉴于、基于），자고로（从来），절대로（绝对），정말로（果真），주로（主要），진실로（的确）

以上60）是名词词基经过特殊变化派生而成的副词词例。这些时间名词经

80

过特殊变化派生出了副词的功能，在现代韩国语中这种特殊变化派生是极具造词能力的。（李玄圭，1981:103；沈在箕，1982:404-408；李秉根，1986:404-405）。

在本书中将60ㄴ）这种名词与助词结合后具有副词功能的形态归为"名词+助词"类型的名词词基中。有学者把"名词+助词"类型中的助词作为词缀处理，由于助词没有派生的功能，所以在本书中把这种类型作为特殊变化派生处理。

61）

ㄱ.

느리-：느리（慢），더디-：더디（缓缓），아니-：아니（不、甚是）

ㄴ.

그래서（그러하- + -여서）（所以），그러니까（그러- + -니까）（所以），그러므로（그러- + -ㅁ으로）（所以），그런데（그러- + -ㄴ데）（但是），그렇지만（그러하- + -지만）（但是），그리고（그리- + -고）（并且），무심코（무심하- + -고）（无意间），미처（및- + -어）（未及），이렇게（이러하- + -게）（这样），차마（참- + -아）（不堪）

以上61）是形容词词基经过特殊变化派生而成的副词词例。61ㄴ）是形容词的词基与词尾结合而成的副词，在本书中，将"形容词词基+词尾"的这种形态也归为形容词词基。有学者把"形容词词基+词尾"形态中的词尾处理成后缀，但笔者认为由于词尾不具有派生功能，所以把"形容词词基+词尾"的这种派生类型也作为特殊变化派生处理。

62）

ㄱ.

갖추-：갖추（齐全），낮추-：낮추（低矮地），내리-：내리（往下、一直），늦추-：늦추（退后、松），덜-：덜（少），삼가-：삼가（谨），익히-：익히（熟悉地）

ㄴ.

갈수록（가- + -ㄹ수록）（越来越），결단코（결단히- + -고）（一定、

绝对），나아가서（나아가-＋-아서）（进而、而且），눌러（누르-＋-어）（马上），되게（되-＋-게）（非常），되도록（되-＋-도록）（尽量），따라서（따르-＋-아서）（因此），이어（잇-＋-어）（接着）

以上62）是动词词基经过特殊变化派生而成的副词词例。62ㄴ）是动词词基与词尾结合而成的副词，在本书中，将"动词词基+词尾"的这种形态归为动词词基。有学者把"动词词基+词尾"形态中的词尾处理成后缀，但笔者认为由于词尾不具有派生功能，所以把62）的这种派生类型作为特殊变化派生处理。

3.2.3.3 特殊变化派生法及造词能力

特殊变化派生法的造词能力与我们之前介绍的依靠词缀进行派生的造词能力不同，我们无法考察在形态上不发生变化，且意义具有相关性，而词性发生变化的单词依据词缀进行派生的造词能力。但我们可以从大的方面按照词性类别，小的方面按照词基的类别来考察特殊变化派生法的造词能力。按照词性统计特殊变化派生法派生的副词最多，其次是派生成名词，派生成动词较少。像这样副词派生的造词能力最强的现象是由于韩国语大部分时间名词和"名词+助词"构词类型可以通过特殊变化派生成副词的缘故所致。从整体上来看，由这种构词法形成的单词数量与由其他构词法形成的单词数量相比非常少。

考察同一词性中各种词基的造词能力可知，由动词词基派生成名词的数量最多，其次是由副词词基派生成名词的数量。因此，派生成名词的词基中动词词基的派生能力较副词词基强；能派生成动词的词基只有形容词词基，因此没有可比性；由名词词基派生成副词的数量较由动词词基及形容词词基派生成副词的数量要多。总体来说，根据特殊变化派生法派生而成的单词数量并不多，发生特殊变化派生的词基种类也不丰富，这些词基的造词能力差别也不大。

可发生特殊变化派生的词基词性与派生成的单词词性不同，这是由于特殊变化派生具有无须添加词缀且派生而成的单词词性不同于词基词性的特征。

3.2.4 内部变化派生

内部变化派生法是通过元音交替、辅音交替使单词的形态、意义产生变化的一种构词法。内部变化派生法在构词类型中大的范畴属于派生的范畴，小的范畴其与特殊变化派生法都属于不依靠词缀的派生法。与特殊变化派生法不同的是内部变化派生法不会发生词性的变化，只能产生意义变化。因此，从不依靠词缀而发生派生的角度来说特殊变化派生法与内部变化派生法具有共同点，但在功能方面这两种派生法又是相互对立的。

　　以前，一般只从语音的角度去研究内部变化派生法，但由内部变化派生法派生的单词在形态、意义方面又是有区别的，因此在本书中将其归为派生的类型之中。

　　以下将从内部变化派生的概念、属于内部变化派生的单词及属于内部变化派生词的造词能力三个方面分别进行研究。

　　3.2.4.1　内部变化派生的概念

　　在以往的韩国语研究中将"까맣다：꺼멓다, 깔깔：껄껄, 악착스럽다：억척스럽다"这些单词视为是元音交替变化而成，将"감감하다：깜깜하다：캄캄하다"这些单词视为由辅音"ㄱ：ㄲ：ㅋ"交替而成。这些单词的基本意义没有发生变化，只在语感上有微小的差别。因此，在以往的韩国语研究中，只从语音的角度对这些单词进行了研究。

　　以上单词在形态、意义方面具有紧密的关系，同时，在形态、意义方面又是有区别的。因此，不仅可从语音的角度对这些单词进行研究，还可以从构词的角度对其进行说明。从语音的角度分析以上例举的"까맣다：꺼멓다, 감감하다：깜깜하다：캄캄하다"这些单词，只能说在语感上有差别。而语感差别包含于意义差别之中，因此，这些单词也可以视为是不同的单词。

　　在形态、意义方面具有紧密关系的单词，通过元音交替、辅音交替，在形态及意义方面产生了差异，成为了不同的单词。在本书中，把这种构词法称为内部变化派生法。属于由这种内部变化派生法形成的单词大部分是拟声、拟态、色彩等具有象征性意义的单词。内部变化派生类型有元音交替和辅音交替两种。

　　3.2.4.2　内部变化派生词的形成

　　如上所示，所谓内部变化派生是指在形态、意义上具有紧密关系的单词通过元音交替、辅音交替在意义方面产生了差异，变成不同形态的单词。这种构词法就是内部变化派生法。因此，从历时的角度来说，曾被视为在语音方面对立的

"낡다：늙다，남다：넘다"是由元音"ㅏ：ㅡ，ㅏ：ㅓ"交替而成的。但这两组单词内部在意义方面没有任何联系，因此，在现代韩国语中不能将其视为由内部变化派生而来的单词。

这种内部变化派生在派生词形成方面与特殊变化派生相同，很难判断派生的方向。因为不易区分哪个单词是词基，哪个单词是派生词。崔铉培（1955：706-709）认为在由元音交替形成的单词中，有阳声元音的单词是词基，在由辅音交替形成的单词中，有松音的单词是词基，但笔者认为单词的声音是随着时间渐渐变强的。所以，在本书中，笔者把反映此现象的语感小的单词设定为存在内部变化派生关系的单词的词基。

（1）**元音交替法**

元音交替法是在形态、意义方面具有紧密关系的单词通过元音交替的方法，形成形态略有差异，语义基本相同，但语感强弱有所不同的构词法。元音交替法的造词能力比辅音交替法的造词能力强。在本书中，对于由阳性元音与阴性元音交替形成的两个单词，我们把由阳性元音交替形成的单词设定为词基。以下是由元音交替法形成的内部变化派生词。

63）

a. ㅏ：ㅓ

까끌까끌：꺼끌꺼끌（刺痒、粗糙）

깔깔：껄껄（哈哈）

깡충깡충：껑충껑충（蹦蹦跳跳）

반들반들：번들번들（光亮光亮地）

반듯반듯：번듯번듯（端端正正地）

방긋방긋：벙긋벙긋（笑盈盈地）

사박사박：서벅서벅（嘎吱嘎吱）

쌀캉쌀캉：썰컹썰컹（嘎吱嘎吱）

알록달록：얼룩덜룩（五彩斑斓）/

가맣다：거멓다（黝黑）

가무스름하다：거무스름하다（微黑）

까맣다：꺼멓다（乌黑）

까무스름하다：꺼무스름하다（微黑）

발갛다：벌겋다（红彤彤）

발그스름하다：벌그스름하다（绯红）

발긋발긋：벌긋벌긋（斑红）

빨갛다：뻘겋다（深红）

파랗다：퍼렇다（湛蓝）

하야스름하다：허여스름하다（灰白）

하얗다：허옇다（白皙）/

가꾸로：거꾸로（倒、颠倒）

가짓말：거짓말（谎话）

다듬다듬：더듬더듬（结结巴巴）

달가닥：덜거덕（咔嗒）

달칵：덜컥（咣当）

바각：버걱（嘎巴）

바글바글：버글버글（噗噜噗噜）

바삭：버석（咯吱）

싸늘하다：써늘하다（冰凉）

탕탕：텅텅（哐哐）

파뜩：퍼뜩（刹那间）

판판하다：펀펀하다（平坦）

하하：허허（哈哈）

할갑다：헐겁다（宽松）

b. ㅏ：ㅜ

말랑말랑：물렁물렁（松软）

말캉말캉：물컹물컹（软塌塌）

빠드득：뿌드득（咯吱咯吱地）

파르스름하다：푸르스름하다（淡绿、浅蓝）

파릇파릇: 푸릇푸릇(绿油油)/
말끄러미: 물끄러미(目不转睛地)
바지런하다: 부지런하다(勤快)

c. ㅏ : ㅡ

가득가득: 그득그득(满满当当)

가득하다: 그득하다(满满的)

간닥간닥: 근덕근덕(摇晃)

간질간질: 근질근질(痒痒)

까댁: 끄덱(微微点头)

까딱: 끄떡(轻晃)

깜박: 끔벅(闪烁)

깜빡: 끔뻑(眨巴)

깜작: 끔적(眨巴)

나근나근: 느근느근(摇曳)

날름: 늘름(飞快地)

따끔따끔: 뜨끔뜨끔(火辣辣地)

사르르: 스르르(慢慢地)

삼박삼박: 슴벅슴벅(咔嚓)

아드득: 으드득(咯吱)

하늘하늘: 흐늘흔늘(晃晃荡荡)

한들한들: 흔들흔들(摇摇晃晃地)

할긋할긋: 흘긋흘긋(一瞟一瞟)/

간지럽다: 근지럽다(发痒)

간질간질: 근질근질(痒痒)

갉다: 긁다(抠、刮)

날씬하다: 늘씬하다(苗条)

달콤하다: 들큼하다(甜蜜)

따뜻하다: 뜨뜻하다(温暖)

따습다：뜨습다（暖和）

살갑다：슬겁다（宽厚）

쌉쌀하다：씁쓸하다（发苦）

d. ㅏ：ㅣ

빠각：삐걱（嚓）

사부랑사부랑：시부렁시부렁（唠唠叨叨）

자그락자그락：지그럭지그럭（叽叽咕咕）

자글자글：지글지글（咕嘟咕嘟）

자금자금：지금지금（牙碜）

자끈：지끈（咔嚓）

자드락자드락：지드럭지드럭（纠缠）

작신작신：직신직신（纠缠不休）

잔득잔득：진득진득（黏黏糊糊）

잘끈：질끈（勒紧貌）

잘착잘착：질척질척（泥泞）

짜르륵：찌르륵（刺刺地响）

짱알짱알：찡얼찡얼（哼哼唧唧）

차랑차랑：치렁치렁（轻轻摆动）

할긋할긋：힐긋힐긋（一瞟一瞟）/

잘기다：질기다（柔韧）

짭짜름하다：찝찌름하다（咸丝丝儿）

짭잘하다：찝찔하다（咸丝丝儿）

e. ㅐ：ㅔ

깨지락깨지락：께지럭께지럭（磨磨蹭蹭）

쨍그랑：쩽그렁（嗷嗷叫）

대구르르：데구르르（咕噜噜）

대굴대굴：데굴데굴（咕噜咕噜）

대그락：데그럭（咔咔）

댕강: 뎅겅(当啷)

댕그랑: 뎅그렁(当啷当啷)

때그락: 떼그럭(咔嗒)

땡그랑: 땡그렁(当啷)

매슥매슥: 메슥메슥(恶心貌)

애햄: 에헴(呃吭)

쟁그랑: 젱그렁(当啷)

해작해작: 헤적헤적(扒拉来扒拉去)

해죽해죽: 헤죽헤죽(嫣然)

f. ㅐ : ㅢ

해끔하다: 희끔하다(白净)

해뜩해뜩: 희뜩희뜩(斑白)

해말갛다: 희멀겋다(白净)

해말쑥하다: 희멀쑥하다(白皙)

해반닥해반닥: 희번덕희번덕(扑腾扑腾)

g. ㅐ : ㅣ

개신개신: 기신기신(有气无力)

깨갱: 끼깅(嗷嗷)

깩깩: 끽끽(嗷嗷)

깰깰: 낄낄(咯咯)

깽깽: 낑낑(哼哼)

대롱대롱: 디룽디룽(摇摇晃晃)

매끌매끌: 미끌미끌(滑溜溜)

배각: 비걱(嘎吱)

배끗: 비끗(不顺貌)

배뚝배뚝: 비뚝비뚝(摇摇摆摆)

배뚤배뚤: 비뚤비뚤(摇摇摆摆)

밴둥밴둥: 빈둥빈둥(游手好闲貌)

밴들밴들：빈들빈들（游手好闲貌）

뱅글뱅글：빙글빙글（眯眯笑）

빼쭉빼쭉：삐쭉삐쭉（露出貌）

새근새근：시근시근（呼哧呼哧）

새롱새롱：시룽시룽（嘻嘻哈哈）

새살새살：시설시설（叽叽嘎嘎）

새큰새큰：시큰시큰（酸酸地）

샐긋샐긋：실긋실긋（一眯一眯）

샐기죽샐기죽：실기죽실기죽（晃晃悠悠）

샐룩：실룩（抖动）

샐쭉：실쭉（嘴一撇）

생글생글：싱글싱글（乐呵呵）

쌕쌕：씩씩（呼呼喘粗气）

쌜긋쌜긋：씰긋씰긋（一撇一撇）

재깔재깔：지껄지껄（吵吵嚷嚷）

재잘재잘：지절지절（叽叽喳喳）

짹짹：찍찍（叽叽喳喳）

팽그르르：핑그르르（滴溜溜）

해죽해죽：히죽히죽（莞尔）

해해：히히（嘿嘿）/

매끄럽다：미끄럽다（光滑）

매끈하다：미끈하다（光滑）

맹근하다：밍근하다（温乎）

새콤하다：시쿰하다（酸不溜儿）

새큼하다：시큼하다（微酸）

h. ㅑ：ㅕ

야무지다：여무지다（结实）

야위다：여위다（瘦）

얌치: 염치(廉耻)

야트막하다: 여트막하다(浅薄)

얇다: 엷다(薄)

i. ㅑ : ㅣ

갸름하다: 기름하다(修长)

갸우듬하다: 기우듬하다(稍歪)

갸우뚱하다: 기우뚱하다(歪斜)

갸울다: 기울다(倾斜)

갸울이다: 기울이다(歪斜)

갸웃갸웃: 기웃기웃(一摇一摇)

걀쭉걀쭉: 길쭉길쭉(纤长)

걀쭉하다: 길쭉하다(修长)

꺄룩꺄룩: 끼룩끼룩(一伸一缩)

빠드득: 뻐드득(嘀嘀)

얄긋얄긋: 일긋일긋(晃动貌)

j. ㅗ : ㅓ

조것: 저것(那个)

조기: 저기(那里)

k. ㅗ : ㅜ

꼬르륵: 꾸르륵(咕噜)

꽁꽁: 꿍꿍(硬邦邦)

동글동글: 둥글둥글(圆圆)

똑딱: 뚝딱(滴答)

보글보글: 부글부글(咕嘟咕嘟地)

보드득: 부드득(嘎吱)

소곤소곤: 수군수군(叽叽咕咕)

오동통하다: 우둥퉁하다(胖嘟嘟)

오지직: 우지직(咔嚓)

조르륵：주르륵（咻溜）

조작조작：주적주적（摇摇晃晃）

졸졸：줄줄（潺潺）

토닥토닥：투덕투덕（梆梆地响）

톡탁：툭탁（滴滴答答）

통통：퉁퉁（咚咚）

퐁당：풍덩（扑通）

호로록：후루룩（噗噜噜）

호호：후후（呼呼）

홈착홈착：훔척훔척（摸来摸去）/

노랗다：누렇다（黄色的）

노르스름하다：누르스름하다（淡黄）

노릇노릇：누릇누릇（黄灿灿）

볼그스름하다：불그스름하다（淡红）

볼긋볼긋：불긋불긋（斑红）

뽈그스름하다：뿔그스름하다（淡红）/

고기다：구기다（揉皱）

고리다：구리다（臭）

고부리다：구부리다（弯曲）

고부스름하다：구부스름하다（弯曲）

고부장하다：구부정하다（微驼）

꼭：꾹（紧紧地）

도탑다：두텁다（深厚）

도톰하다：두툼하다（厚实）

동그랗다：둥그렇다（圆）

동그스름하다：둥그스름하다（微圆）

동글다：둥글다（圆）

보드랍다：부드럽다（柔和）

보슬비：부슬비（毛毛雨）

소복하다：수북하다（满满）

쪼그리다：쭈그리다（蜷缩）

l. ㅗ：ㅜ

화끈：후끈（火辣辣地）

화다닥：후다닥（呼啦啦）

m. ㅘ：ㅝ

와삭와삭：워석워석（沙沙）

쫠쫠：쥘쥘（哗哗）

콸콸：퀄퀄（哗哗）

와각와각：워걱워걱（咔嚓咔嚓）

왈가닥왈가닥：월거덕월거덕（哐当哐当）

활짝：훨쩍（豁然）

환하다：훤하다（明亮）

n. ㅚ：ㅟ

되똑되똑：뒤뚝뒤뚝（摇摇晃晃）

되뚱되뚱：뒤뚱뒤뚱（摇摇摆摆）

되룩되룩：뒤룩뒤룩（滴溜滴溜、胖乎乎）

되룽되룽：뒤룽뒤룽（摇摇晃晃）

욍：윙（嗡）

회창회창：휘청휘청（晃悠悠）

o. ㅛ：ㅕ

요기：여기（这里）

p. ㅛ：ㅠ

뾰로통：쀼루퉁（气呼呼）

뾰족이：쀼죽이（尖尖地）

q. ㅛ：ㅣ

요것:이것（这个）

以上63）是通过元音交替法经过内部变化派生而成的词例。这些词大部分是拟声、拟态、色彩等具有象征意义的词，此外还有一部分具有其他象征意义的词。这些词都是由"阳性元音：阴性元音"交替形成，阳性元音在语感上具有"明快、清澈、轻盈、小、短、锐利"的特征，阴性元音在语感上具有"低沉、混浊、沉重、大、长、钝拙"的特征。这种元音交替派生的方向在之前已做过说明，即，把阳性元音作为词基，往阴性元音的方向派生。

（2）辅音交替法

辅音交替法是指在形态、意义方面具有紧密关系的单词通过辅音交替的方法，派生成另一单词的构词法。以下是由辅音交替法形成的内部变化派生词。

64）

a. ㄱ：ㄲ

가불가불：까불까불（轻贱、摇摇晃晃）

가치작가치작：까치작까치작（碍手碍脚）

간닥간닥：깐닥깐닥（摇摇晃晃）

강동강동：깡동깡동（蹦蹬蹦蹬）

갸우뚱：꺄우뚱（歪斜）

갸웃갸웃：꺄웃꺄웃（一摇一摇）

고물고물：꼬물꼬물（蠕动）

고불고불：꼬불꼬불（弯弯曲曲）

곱실：꼽실（点头哈腰）

구깃구깃：꾸깃꾸깃（皱皱巴巴）

구부정구부정：꾸부정꾸부정（微驼）

굼실굼실：꿈실꿈실（蠕动、荡漾）

대각대각：대깍대깍（咔嗒咔嗒）

자금：자끔（牙碜）

할긋할긋：할끗할끗（一瞟一瞟）/

가맣다：까맣다（黑）

가무스름하다：까무스름하다（微黑）

가뭇가뭇：까뭇까뭇（斑黑）

거멓다：꺼멓다（黢黑）

거무스름하다：꺼무스름하다（黑黝黝）

거뭇거뭇：꺼뭇꺼뭇（斑斑点点）/

구부리다：꾸부리다（弄弯）

b. ㄱ：ㅋ

가랑가랑：카랑카랑（呜噜呜噜）

달가닥：달카닥（咔嗒）

살강살강：살캉살캉（嘎吱嘎吱）

새근새근：새큰새큰（微微酸痛）

시금하다：시큼하다（微酸）

웅그리다：웅크리다（蜷缩）

c. ㄲ：ㅋ

깜깜하다：캄캄하다（漆黑）

꼴각：꼴칵（咕嘟）

꽐꽐：콸콸（哗哗）

꽝꽝：쾅쾅（咣咣）

발깍：발칵（咕嘟）

새까맣다：새카맣다（漆黑）

시꺼멓다：시커멓다（黑乎乎）

d. ㄱ：ㄲ：ㅋ

감감하다：깜깜하다：캄캄하다（渺茫、暗淡）

강장강장：깡짱깡짱：깡창깡창（蹦蹦跳跳）

덜걱덜걱：덜꺽덜꺽：덜컥덜컥（咣当咣当）

잘가닥：잘까닥：잘카닥（咔嚓）

e. ㄷ：ㄸ

가든가든：가뜬가뜬（轻便）

다듬다듬：따듬따듬（摸摸索索、停停顿顿、结结巴巴）

달가닥 : 딸가닥（咔嗒）

달그락 : 딸그락（咔嗒）

달막달막 : 딸막딸막（一耸一耸）

달싹달싹 : 딸싹딸싹（一耸一耸）

대그락 : 때그락（咔咔）

댕강 : 땡강（当啷）

댕그랑 : 땡그랑（当啷当啷）

데구르르 : 떼구르르（咕噜噜）

동글동글 : 뚱글뚱글（圆圆地）

둘둘 : 뚤뚤（轱辘轱辘）

산득 : 산뜩（一激灵、一哆嗦）/

아득하다 : 아뜩하다（渺茫）

f. ㄷ : ㅌ

나달나달 : 나탈나탈（飘动貌）

담방 : 탐방（扑通）

덥석 : 텁석（猛地）

g. ㄸ : ㅌ

땅땅 : 탕탕（当当响）

뚱뚱하다 : 퉁퉁하다（肥胖）

뭉뚝하다 : 뭉툭하다（短粗）

시금떨떨 : 시금털털（又酸又涩）

h. ㄷ : ㄸ : ㅌ

달가당 : 딸가당 : 탈가당（咣当）

댕댕 : 땡땡 : 탱탱（当当）

도닥도닥 : 또닥또닥 : 토닥토닥（轻轻地拍打）

i. ㅂ : ㅃ

깜박 : 깜빡（闪烁、眨巴、迷糊）

바각바각 : 빠각빠각（嘎巴嘎巴）

바지직：빠지직（哧哧）

반득：빤득（一闪一闪）

발긋발긋：빨긋빨긋（斑红）

발끈：빨끈（勃然）

방긋방긋：빵끗빵끗（笑盈盈地）

방실방실：빵실빵실（笑盈盈地）

배끗：빼끗（不顺貌）

벙긋벙긋：뻥긋뻥긋（咧嘴微笑）

비뚤비뚤：삐뚤삐뚤（歪歪斜斜）

비죽비죽：삐죽삐죽（尖尖貌）/

발갛다：빨갛다（鲜红）

발그스름하다：빨그스름하다（绯红）

벌그스름하다：뻘그스름하다（淡红）

부옇다：뿌옇다（灰蒙蒙）/

가분하다：가뿐하다（轻松）

j. ㅂ：ㅍ

나불나불：나풀나풀（飘动貌）

바르르：파르르（噗啦啦）

반둥반둥：판둥판둥（游手好闲貌）

발딱：팔딱（突突地）

부르르：푸르르（噗噜噜）

k. ㅃ：ㅍ

빵빵하다：팽팽하다（紧绷）

l. ㅂ：ㅃ：ㅍ

바드득：빠드득：파드득（扑哧）

반둥반둥：빤둥빤둥：판둥판둥（游手好闲貌）

밴둥밴둥：빤둥빤둥：팬둥팬둥（游手好闲貌）

밴들밴들：빤들빤들：팬들팬들（游手好闲貌）

뱅글뱅글：뺑글뺑글：팽글팽글（滴溜溜地）

보드득：뽀드득：포드득（嘎吱）

빙그르르：뺑그르르：핑그르르（滴溜溜）

사분사분：사뿐사뿐：사푼사푼（轻盈地）

m. ㅈ：ㅉ

깜작：깜짝（眨巴）

아작：아짝（嘎吱）

아질아질：아찔아찔（晕晕乎乎）

오졸오졸：오쫄오쫄（轻轻地蠕动）

잔득잔득：짠득짠득（黏黏糊糊）

잘똑잘똑：짤똑짤똑（一瘸一拐）

잘록잘록：짤록짤록（一瘸一拐）

잘름잘름：짤름짤름（一瘸一拐）

잘쏙잘쏙：짤쏙짤쏙（一瘸一拐）

잘잘：짤짤（沙啦沙啦）

재각：째각（哒哒）

쟁강：쨍강（喀啷）

조르륵：쪼르륵（咻溜）

졸깃졸깃：쫄깃쫄깃（劲道）

졸졸：쫄쫄（潺潺）

종달종달：쫑달쫑달（嘟嘟囔囔）

진득진득：찐득찐득（黏黏糊糊）/

질금질금：찔금찔금（哩哩啦啦）

n. ㅈ：ㅊ

아장아장：아창아창（一摇一晃）

잘바닥：찰바닥（哗啦啦）

잘바당：찰바당（咚咚）

잘박：찰박（吧唧吧唧）

잘방：찰방（咚咚）

잘싸닥：찰싸닥（吧嗒）

잘싹：찰싹（吧嗒）

잘카당：찰카당（当啷）

잘카닥：찰카닥（咔嚓）

o. ㅉ：ㅊ

짝짝：척척（噼里啪啦）

찡얼찡얼：칭얼칭얼（连哭带闹）

p. ㅈ：ㅉ：ㅊ

겅정겅정：껑쩡껑쩡：껑청껑청（一蹦一跳）

자르랑：짜르랑：차르랑（当啷）

잘가닥：짤가닥：찰가닥（啪嗒）

잘가당：짤까당：찰카당（当啷）

잘그랑：짤그랑：찰그랑（当啷）

잘랑：짤랑：찰랑（哐啷）

졸랑졸랑：쫄랑쫄랑：촐랑촐랑（哗啦哗啦）

q. ㅅ：ㅆ

새근새근：쌔근쌔근（呼哧呼哧）

생긋생긋：쌩긋쌩긋（嫣然）

소곤소곤：쏘곤쏘곤（喁喁耳语）

바삭：바싹（沙拉拉）

사각사각：싸각싸각（咔嚓咔嚓）

삭삭：싹싹（沙沙）

아삭：아싹（咔嚓）

싱긋싱긋：씽긋씽긋（微笑）

사부랑사부랑：싸부랑싸부랑（多嘴多舌）

삭둑：싹둑（咔嚓）

살강살강：쌀강쌀강（嘎吱嘎吱）

98

살랑살랑：쌀랑쌀랑（荡漾、不断地轻轻摇动）

삼박삼박：쌈박쌈박（咔嚓咔嚓）

샐긋샐긋：쌜긋쌜긋（一撇一撇）

샐룩：쌜룩（抖动）

생글생글：쌩글쌩글（乐呵呵）

以上64）是通过辅音交替法，经过内部变化派生而成的词例。这些词大部分是拟声、拟态、色彩等具有象征意义的词。这些词是由"松音：紧音、松音：送气音、紧音：送气音、松音：紧音：送气音"交替形成，这种辅音交替主要出现在第一个音节，偶尔也会在第二个音节出现。辅音交替的语感顺序是"松音<紧音<送气音"。这种辅音交替派生的方向在之前已做过说明，即，把语感小的单词作为词基，派生成语感大的单词。

3.2.4.3 内部变化派生法及造词能力

内部变化派生法是形态、意义上具有紧密关系的单词通过元音交替法、辅音交替法转换成其他单词的构词法。内部变化派生法与特殊变化派生法相同，都属于不依靠词缀的派生法。

以下首先将从元音交替法和辅音交替法两个大的类型对内部变化派生法的造词能力进行整体的比较，然后再根据交替法内部的元音交替、辅音交替的具体类型进行比较分析。

（1）元音交替法和辅音交替法的数量及具体类型

元音交替法18种：ㅏ：ㅓ，ㅗ：ㅓ，ㅏ：ㅡ，ㅐ：ㅣ，ㅏ：ㅣ，ㅐ：ㅔ，ㅑ：ㅣ，ㅘ：ㅝ，ㅏ：ㅜ，ㅚ：ㅟ，ㅐ：ㅓ，ㅑ：ㅕ，ㅐ：ㅔ，ㅗ：ㅓ，ㅘ：ㅝ，ㅛ：ㅠ，ㅕ，ㅛ：ㅣ

辅音交替法17种：ㄱ：ㄲ，ㅈ：ㅉ，ㅂ：ㅃ，ㄷ：ㄸ，ㅅ：ㅆ，ㄱ：ㅋ，ㅈ：ㅊ，ㅈ：ㅉ：ㅊ，ㄲ：ㅋ，ㅂ：ㅃ：ㅍ，ㄱ：ㄲ：ㅋ，ㅂ：ㅍ，ㄷ：ㅌ，ㄸ：ㅌ，ㄷ：ㄸ：ㅌ，ㅉ：ㅊ，ㅃ：ㅍ

以上是元音交替法和辅音交替法可派生的具体类型。元音交替法有18种类型，辅音交替法有17种类型，派生的形态数接近。

下面我们考察一下元音交替法和辅音交替法内部各种类型的造词能力。

(2) 元音交替法

元音交替法内部各类型派生的造词能力按照由强到弱的顺序是："ㅏ : ㅓ > ㅗ : ㅜ > ㅏ : ㅡ > ㅐ : ㅣ > ㅑ : ㅣ > ㅒ : ㅖ > ㅑ : ㅣ > ㅛ : ㅕ, ㅏ : ㅜ > ㅚ > ㅙ : ㅚ, ㅑ : ㅕ, ㅒ : ㅖ > ㅗ : ㅓ, ㅘ : ㅜ, ㅛ : ㅠ > ㅚ : ㅕ, ㅛ : ㅣ"，"ㅏ : ㅓ"类型的造词能力最强，其后是"ㅗ : ㅜ""ㅏ : ㅡ"类型。这一现象与15世纪以7个元音为基础的元音和谐展现出的对立体系一致。但在现代韩国语中"·"消失，"ㅡ"的组对字母"ㅏ"代替了"·"的位置。这三组造词能力强的类型在现代韩国语的元音体系中都属于后舌元音群，可见它们属于相同的系列。造词能力弱的"ㅛ : ㅕ""ㅛ : ㅣ"类型不属于同一系列，可以说是由无关的元音组合成的一对儿。在元音交替法内部出现的18种交替类型中具有词基都是阳性元音，派生词都是阴性元音，词基的元音比派生词的元音开口度大的特征。

(3) 辅音交替法

辅音交替法内部各类型派生的造词能力按照由强到弱的顺序是："ㄱ : ㄲ > ㅈ : ㅉ > ㅂ : ㅃ > ㄷ : ㄸ > ㅅ : ㅆ > ㅈ : ㅊ > ㄱ : ㅋ > ㅈ : ㅉ : ㅊ > ㄲ : ㅋ > ㅂ : ㅃ : ㅍ > ㄱ : ㄲ : ㅋ > ㅂ : ㅍ > ㄷ : ㅌ > ㄸ : ㅍ > ㄷ : ㄸ : ㅌ > ㅉ : ㅊ > ㅃ : ㅍ"。像"ㄱ : ㄲ, ㅈ : ㅉ, ㅂ : ㅃ, ㄷ : ㄸ, ㅅ : ㅆ"这种"松音 : 紧音"类型的造词能力强，"松音 : 送气音""紧音 : 送气音"类型的造词能力弱。

3.2.5 派生词的派生特点

在派生词形成的过程中，前缀不具有改变词基语法范畴的支配功能，只具有修饰、限定词基意义的功能。因此，与前缀结合的词基只能被限定在名词、动词、形容词的范围内，前缀派生词的语法范畴也仅限于此。在数量上，韩国语后缀的数量远远多于前缀，后缀的功能也比前缀多，不仅可以添加意义，还可以改变词性。因此，后缀生成的派生词不仅数量众多，而且类型多样。

3.2.6 常见的造词能力强的固有词前后缀

造词能力强的固有词前后缀按照派生词的词性归纳总结如下：

名词前缀	
前缀	意义
개 -, 돌 -, 들 -	野生的；质量低劣的
날 -	未熟的；没有经过加工的
덧 -	添加
맏 -	排序第一
맞 -	面对面、实力相当
맨 -	光着、赤着
쇠 -	小的
수 -	公的
숫 -	朴实、纯真；本来、最开始
알 -	光、小
암 -	母的
올 / 오 -	早于正常时节成熟
외 -	外公外婆家的；独
찰 -	有黏性
참 -	品质非常好
풋 -	还未成熟的；毛糙的；不精通的
한 -	大的；正
해 / 햅 -	当年第一次收获的
헛 -	白、空、虚
홑 -	单

动词前缀	
前缀	意义
내 -	任意、胡乱、奋力
덧 -	添加

（续表）

动词前缀	
前缀	意义
뒤 -	很、胡乱、颠倒
들 -, 들이 -	胡乱、非常、任意
맞 -	相当、相对
빗 -, 엇 -	倾斜
짓 -	非常、猛
처 -	任意、严重
치 -	往上、向上
헛 -	错
휘 -	飞快、胡乱

形容词前缀	
前缀	意义
새 -, 시 -	浓度深

名词后缀	
后缀	意义
- 개	器具
- 기	样子、物、行动、名词化
- 꾸러기	有某种不良习惯的人
- 꾼	喜欢、擅长做某事的人、聚集的人
- 님	对人的尊称
- 동이 / 둥이	拥有某种性质、与某种性质相关的人
- 때개, - 앙이 / 엉이	鄙称
- ㅁ / 음	名词化
- 보, - 뱅이, - 쟁이, - 장이	对人的鄙称

（续表）

名词后缀	
后缀	意义
-새	模样
-이	人或物、具有某种特征的人
-질	使用某种工具做某种事情、对某种行为的卑称、动作行为的反复

动词后缀	
后缀	意义
-거리-	某种动作的反复或持续
-기-, -리-, -우-, -이-, -히-	动作的使动态或被动态
-치-	强调

形容词后缀	
后缀	意义
-다랗-	某种属性很强
-롭-	是、值得
-브-	具有某种状态
-스럽-, -압/업-, -하-	具有某种属性或特征
-앟/엏-	非常

副词后缀	
后缀	意义
-내	整个、一直
-에/애, -오/우, -이	程度、频率、范围
-히	形容词变副词

3.3 固有词合成法

"合成法"是由词基和词基按照一定的顺序组合成词语的方法，由合成法构成的词就是合成词。如："앞뒤（前后）""쇠고기（牛肉）""접칼（折叠刀）""모래벌판（荒沙地）"分别是由两个或两个以上的词基按照不同的方式组合而成的合成词。根据合成法中词基之间组合方式的不同，合成法可分为句法合成法和非句法合成法。

所谓的"句法合成（Syntactic Compounding）"是指两个或两个以上的词基在组合时，其排列顺序及组合规律符合韩国语句法规则的合成法。如"맛있다（好吃）"一词分别由名词词基"맛"与形容词"있다"以主谓结构的形式组合而成。这些词基在组合时，其排列顺序与韩国语的词序一致，组合方式符合韩国语的句法规则，这种合成方法即为句法合成法。

"非句法合成（Asyntactic Compounding）"是指两个或两个以上的词基在组合时不受韩国语句法规则限制的合成方法。如，"접칼（折叠刀）"是由动词词基"접-（折叠）"与名词词基"칼（刀）"直接组合而成，这种组合方式不符合韩国语句法规则。因为韩国语的谓词与体词结合时，必须以冠形词形词尾为媒介，即"접-"和"칼"之间要添加冠形词形词尾"-은"，也就是说这个词按照句法合成应该变成"접은칼"才符合规范。所以，"접칼"的合成法是非句法合成法。

需要强调的是通过句法合成形成的合成词经常会与词组混淆，因此识别合成词并非易事。所以，在本书中首先会设定合成词的标准，以便区分合成词与词组。将符合这个标准的合成词分为句法合成和非句法合成分别进行考察，然后分析这些合成词构词类型的造词能力。

3.3.1 设定合成词的标准

合成词的构成成分组合样式繁多，它们的组合样式有时会与词组混淆。因为句法合成词其结构本身与词组相似，很难将之与词组明确区分开来。所以，判断合成词与词组标准的问题曾是研究合成法的主要关注点，与此相关的研究成果也不少。关于合成词与词组的区别韩国国语（韩国语）界自20世纪60年代起就展开了研究，其中，许雄（1966）指出合成词的语义与合成之前单独使用时是不同的；金奎善（1970）提出了休止与连接、重音、音素变化、词的排列顺序、内部扩张、语义惯用等区别标准；李周行（1981）提出从有无合分写、重音、词序、音素变化、构成成分之间是否可以插入其他成分、语义是否发生变化等角度来区分合成词与词组；徐正洙（1981）指出金奎善（1970）提出的"休止与连接、重音、音素变化、词的排列顺序、内部扩张、语义惯用"标准缺乏普遍性，只适用部分合成词，区分合成词与词组应从深层的语义关系来判断。金锡得（1988）、李锡柱（1989）把语义变化视为合成词的主要特征；徐正洙（1990）从结构关系（词基之间结合的紧密性）、语义关系（前后词基语义融合）的角度指出如果前后两个词基融合出新词义便是合成词，否则便是词组；姜缙植（1994）则提出，形态、句法是否存在可拆分性、是否受修饰词的使用限制；语义上是否发生变化，以及是否发生音韵的变化、词序排列是否可以发生变化等区分标准；李翊燮（2004）提出可分离性、合分写、休止、语义变化是区别合成词与词组的标准；南基心·高永根（2005）提出了是否具有合分写、是否具有可分离性、是否可以休止等区别合成词与词组的标准。

  合成词的结合形式如此丰富，其与词组的区分标准也有多种。而且合成词与词组的区分也不只是单独适用某一种标准，还可以综合适用其他标准。然而，在以上提出的各标准中，有些很难认为是区分合成词与词组的普遍标准。因为这些标准中涉及了"连接""非分切音素""音韵变化"等比较难以把握的因素。

（1）连接

65）

  ㄱ. 산 꽃（山上开的花）——词组

  ㄴ. 산꽃（金达莱花）——合成词

  "산 꽃"是依据开放连接形成的，"산꽃"是依据闭锁连接形成的。实际上用开放连接和闭锁连接来区分词组和句子的标准很难辨别两者之间的差异。

(2) 非分切音素

66)

ㄱ. 고무신（胶鞋） /komusin/ : 고무 신 /komu+sin/

ㄴ. 감나무（柿子树） /kamnamu/ : 감 나무 /kam+namu/

根据重音和音长来区分合成词与词组的这一标准很牵强。因为在韩国语中是否存在重音和音长的差异还没有定论，大部分重音的转移实际上是诱发话者心理感情变化的要素。因此，也很难将非分切音素视为普遍标准。

(3) 音韵变化

67)

ㄱ. 音韵脱落：소나무（松树），마소（牛马）

ㄴ. 音韵添加：솔방울（松塔），물엿（糖稀）

ㄷ. 音韵变化：숟가락（勺子），섣달（腊月）

67ㄱ）中发生的音韵脱落现象不仅在合成词中可见，像"바느질（女工）←바늘+-질"，"하느님（上帝）←하늘+님"等派生词和"드니←들-+-니"谓词与词尾的结合形态中也可见。因此，也很难将这种现象视为区分合成词和词组的普遍标准。

67ㄴ）中发生的音韵添加现象不仅在合成词中可见，像"할 바（要做）"，"할 일（要做的事情）"等谓词冠形词形与体词的结合形式中也可见，所以也不能将这种现象视为区分合成词和词组的普遍标准。

67ㄷ）中发生的音韵变化是非常受限的现象，在相同构词类型的"설날（春节）""풀숲（草丛）"等合成词中却没有发生这种音韵变化，所以也很难将这种现象视为区分合成词和词组的普遍标准。

因此，上面列出的三种音韵变化现象不仅会发生在相同环境的合成词结合过程中，在派生词、词组中也会发生，所以，不能将之视为是区分合成词和词组的普遍标准。

一般来说，合成词在语音、语义、语法、构词上与词组有着显著的区别。因此，在此书中我们将从语音、语义、语法、构词顺序四方面对合成词和词组进行区分。

① 语音方面

从语音形式上来看，合成词的语音结构具有整体性，其内部一般不允许有停顿，而词组内部则可以有语音的停顿。

② 语义方面

从语义上看，合成词虽然是由两个或两个以上的词根组合而成，但合成词的语义并不都是这些词根语义的简单相加，而是这些词根语义相互融合产生的新义，这种语义是专指的。而词组的语义往往是其构成成分语义的简单相加。如：

68）

큰집에서 제사를 지냈습니다.（在大伯家祭祀了。）

69）

명수는 큰 집에 삽니다.（明洙住大房子。）

68）中的"큰집"是合成词，它并不指大房子，而是专指父亲长兄所居住的房子。69）中的"큰 집"是词组，意为"面积大的房子"。

合成词语义的专指性是指合成词在语义结构上不具有扩展性，而词组的语义结构是可以扩展的。换句话说，合成词的两个词基之间不能插入其他修饰成分，词组的构成成分之间则可根据表达的需要添加一些修饰成分。如：

70）

명수는 큰 나무 집에 삽니다.（明洙住在大的木房子里。）

与69）相比，70）中的"집"前多了修饰词"나무"，句子仍成立。但68）中的"큰집"则是一个不可分割的结构，不能插入任何成分。

③ 语法方面

从语法上来看，合成词词基的组合具有直接性，其中有些特殊组合结构，如谓词词基与名词直接组合而成的"접칼（折叠刀）"以及拟态副词与名词直接组合而成的"산들바람（和风、微风）"等，这些组合结构在词组中是不允许的，但它们却是合成法构词的一种方式。另外，合成词不具有陈述性，词组却不然。如：

71）

큰집（大伯家）→＊집이 크다.

72)

큰 집（大房子）→ 집의 면적이 크다.

④ 构词顺序方面

从构词顺序上来看，构成合成词的两个词基的顺序一般是固定的，但词组中词的排列顺序却是自由的。如：

73)

ㄱ. 밤낮（昼夜）— *낮밤　　　　　밤과 낮 — 낮과 밤

ㄴ. 여기저기（四处）— *저기여기　　여기와 저기 — 저기와 여기

3.3.2　句法合成

3.3.2.1　句法合成的概念

"句法合成（Syntactic compounding）"是指两个或两个以上的词基在组合时，其排列顺序及组合规律符合韩国语句法规则①的合成法。由这种方法构成的单词就是句法合成词。从另一个角度来说，句法合成词也指各成分组合在一起，难以与句法合成词组区分的单词。因为对"句法合成"这一概念的解释和理解各学者不尽相同，为了更好地分析合成词，下面我们首先考察一下代表性学者对"句法合成"这一概念的解释。

许雄（1975）认为："除了两个词干直接连接在一起的单词之外都是句法合成"，也就是说，除了谓词的词干没有词尾的参与直接连接在一起的组合之外，都可视为是句法合成，大部分合成词属于句法合成。可以说这是最广义的句法合成解释。李翊燮·任洪彬（1983）认为"句法合成是可在词组中出现的组合方式"，只有与词组几乎一致的组合方式才能称为句法合成。这种对句法合成概念的解释与许雄（1975）相比，可以说是设置了诸多的限制。南基心·高永根（1985）认为句法合成就是构成合成词的各成分的排列方式，也就是韩国语常规单词的排列法和与之相同的组合。本书将采用南基心·高永根（1985）所示的句法合成概念。除此之外，成耆哲（1969）把音节的添加和脱落视为句法合成。李

---

① 构成合成词的各成分的排列符合韩国语排列法的普遍规律，构词组合自然顺畅。

锡柱（1989）把音韵的变化排除在句法范畴之外。以下我们将通过实例考察句法合成的概念。

74）

ㄱ. 콧물（鼻涕），손등（手背），등불（灯光）

ㄴ. 좁쌀（小米），수캐（公狗），안팎（里外、夫妇），사흗날（三日、第三天）

ㄷ. 부나비（灯蛾），소나무（松树）

ㄹ. 쥘손（把手），디딜방아（踏碓）

ㅁ. 개돼지（狗彘），사람사람（人人），진달래꽃（金达莱），면도칼（剃须刀）

ㅂ. 줄넘기（跳绳），끝맺음（结尾、结语）/ 갈림길（岔道），디딤돌（踏脚石）

ㅅ. 빌어먹다（乞食），타고나다（天生）

ㅇ. 각방쓰다（分居），손쉽다（容易）

ㅈ. 거저먹다（白吃），잘되다（好）

74ㄱ）~74ㄷ）中的例子不仅有名词与名词两个词基结合，同时还有音韵的添加、变化和脱落现象发生。金光海·金东植（1993）认为音韵的添加、变化、脱落现象一般不会在名词词组中出现，这些单词属于非句法合成词。但我们认为音韵的添加、变化、脱落等音韵变化现象是会在合成词和词组中任意产生的音韵现象，很难将之视为区分合成词与词组的标准。因此，74ㄱ）~74ㄷ）所示的例子可以视为是任意产生的音韵变化现象，是由两个名词词基结合而成的，这符合韩国语单词自然排列法，所以在本书中将其视为是句法合成。

74ㄹ）是先行词基与冠形词形词尾结合后，修饰其后的名词，二者结合构成的单词。这种构成符合韩国语一般性质的句法法则，所以属于句法构成；74ㅁ）的构成属于"名词词基+名词词基"；74ㅂ）的先行词基或者后行词基是派生名词，也属于句法合成；74ㅅ）是先行词基与连接词尾结合后与后行词基结合的单词；74ㅇ）是名词词基与动词词基结合构成的单词；74ㅈ）是副词词基与动词词基结合构成的单词，其构成方式也是句法合成。

因此，句法合成就是构成合成词的各个词基的结合方式符合韩国语的句法法则，"动词、形容词词基（冠形词形）+名词词基、名词词基+名词词基、动词词基（连接形）+动词词基、名词词基+动词词基、副词词基+动词词基"这些组合方式符合韩国语句法法则，属于句法合成。具有如上合成类型的合成词之间出现的音韵现象是随意的，在本书中作为句法合成处理。

3.3.2.2　句法合成形成的合成词

句法合成就是构成合成词的词基的结合方式符合韩国语句法法则（具有普遍性的单词排列法，构词方式是相对自然的结合法则）。符合这种方式形成的合成词有合成名词、合成动词、合成形容词、合成副词等。

（1）合成名词

按照句法合成形成的合成名词的合成类型有："名词词基+名词词基、数词词基+数词词基、副词词基+副词词基、冠形词词基+名词词基、动词词基（冠形形）+名词词基、形容词词基（冠形词形）+名词词基"等。属于这种类型的合成名词如下所示：

① 名词词基+名词词基

"名词词基+名词词基"结合形成的句法合成名词的类型又可细分为以下类型："名词词基（Φ）+名词词基、名词词基（属格形）+名词词基、名词词基（潜在的派生名词）+名词词基、名词词基（Φ）+名词词基（潜在的派生名词）、名词词基（潜在的派生名词）+名词词基（潜在的派生名词）"等。

名词词基（Φ）[①]+名词词基

75）

ㄱ.

가락국수（粗面条），가래떡（长条年糕），가래엿（条糖），가래침（痰涎），가래톳（鼠蹊部淋巴腺肿），가로글씨（横向文字），가로무늬（横纹），가로줄（横线），가루비누（洗衣粉），가루사탕（糖粉、白糖），가루약（药粉），가마솥（铁锅），가슴지느러미（胸鳍），가시덤불（荆棘遍布、坎坷），

[①] "先行词基（Φ）"是指没与"助词、词缀、词尾"等结合的先行词基。

第三章　固有词构词法

가시밭（荆棘丛、坎坷），가시버시（夫妻俩儿），가시벌레（荆棘虫），가위춤（剪刀跳），가을날（秋天），가을철（秋季），가자미젓（鲽鱼酱），가죽끈（皮绳），가죽띠（皮带），가죽신（皮鞋），갈비뼈（肋骨），갈퀴코（耙裤、接耙齿的部位），감나무（柿子树），감자떡（土豆糕），갓김치（腌芥菜），갓끈（纱帽带），갓두루마기（纱帽和长袍），갓망건（纱帽和网巾），갓털（冠毛），강물（江水），개고기（狗肉），개구리밥（浮萍），개구리참외（青皮香瓜），개구멍（狗洞），개미허리（水蛇腰、细腰），거름종이（滤纸），거미줄（蜘蛛网），거미집（蜘蛛窝），거짓말（谎话），겉감（面料），겉고름（传统韩服的外衣衣带），겉껍질（外壳、表皮），겉눈（假装闭或似闭不闭的；曲尺的勾边刻度），겉대중（大约），겉보리（皮麦、未脱壳的大麦），겉어림（估计、大约），겉옷（外衣），겉잎（外叶、边叶），겉저고리（外衣），겉짐작（估计），겉치마（外裙、裙子），게거품（白沫、唾沫，比喻咬牙切齿），게딱지（蟹壳、蜗居），겨울날（冬日），겨울철（冬季），겹눈（复眼），겹바지（夹裤），겹사돈（重亲家、亲上加亲），겹옷（夹袍子），겹저고리（夹袄），곁가지（枝杈、分枝），곁말（借喻、行话），곁방（侧室），계집아이（丫头），계집종（丫鬟、侍女），고래고기（鲸鱼肉），고래기름（鲸鱼油），고리눈（环眼、瞪圆的眼睛），고리마디（环节），고무신（胶鞋），고의적삼（男子韩服的单衣单裤），고추나물（小连翘），고추바람（刺骨的寒风），고추씨（辣椒子），고추잠자리（红蜻蜓），광대뼈（颧骨），구름다리（天桥、高架桥），구슬땀（汗珠），국물（汤），굴조개（蛎黄），그물눈（网眼），그믐날（晦日、阴历三十），금비녀（金钗），기름걸레（油拖布），기름때（油污），기름종이（油纸），기와집（瓦房），길녘（路边），깃저고리（无领衣、婴儿衣），깃털（羽毛、翎毛；皮毛；表象），까치눈（趾裂，脚趾褶裂的症状），까치발（踮脚；搁板架），깨떡（芝麻饼），깨엿（芝麻麦芽糖），깨풀（铁苋菜），꼬리말（卷尾猴），꼬리뼈（尾骨），꼬리지느러미（尾鳍），꼴뚜기젓（短蛸酱），꽃가루（花粉），꽃게（花蟹、梭子蟹），꽃구름（彩云），꽃나무（花木），꽃다발（花束、花环），꽃동산（花园），꽃망울（花蕾、花骨朵），꽃물（原汤；用花染色；血丝），꽃방석（绣花垫子），꽃밭（花海、花圃），꽃

봉오리（花蕾、花骨朵），꽃송이（花朵），꽃잎（花瓣），꽃집（花店），꾀병（裝病），꿀벌（蜜蜂），끝물（最后一茬、末季），나무그릇（木制器皿），나무다리（木桥），나무배（木船），나무주걱（木饭勺），나무줄기（树干），나무토막（木块），나물밥（菜饭），나이테（年轮），낚시찌（浮标），낚시터（钓鱼台），낮도깨비（白日鬼、缺德鬼），낮도둑（白日窃贼、贪心鬼），낮잠（午觉），낯가죽（脸皮），낯빛（脸色、神情），노루발（狍蹄；鹿蹄草），논머리（水田田头），논밭（田地），놋그릇（黄铜器皿），놋대야（铜盆），놋쇠（黄铜），농사철（农时），누룩곰팡이（米曲霉），누에고치（蚕茧），누이동생（妹妹），눈까풀（眼皮），눈꼴（贼眼）눈망울（眼珠），눈물（泪水），눈밭（雪地），눈보라（暴风雪），눈비（雨雪），눈사태（雪崩），눈송이（雪花），눈코（眼睛鼻子），느타리버섯（平菇），다락집（阁楼），달무리（月晕），닭띠（属鸡），닭집（鸡窝），담배꽁초（烟头），담배쌈지（烟袋），닻줄（锚链），대추씨（枣核），덩굴나무（蔓藤树木），도깨비불（鬼火），도끼눈（怒目），도끼집（简易木房），도둑고양이（野猫），도둑글（偷着学的知识），도둑놈（小偷），도둑장가（秘密娶妻），도토리나무（橡树），도토리묵（橡子凉粉），돈맛（钱瘾），돈타령（唠叨钱的事），돌계집（石妇），돌고래（海豚），돌기둥（石柱），돌기와（石瓦），돌대가리（木瓜、死脑筋），돌무더기（石堆），돌솥밥（石锅饭），돌옷（青苔），동냥젖（讨奶吃），돛배（帆船），돼지감자（菊芋），돼지고기（猪肉），돼지우리（猪圈），두꺼비집（保险盒），뒤끝（结尾），등마루（脊梁），둥지느러미（背鳍），딸아이（女儿），땀샘（汗腺），떡가루（糕粉），떡고물（蘸料；豆面；好处费），떡국（年糕汤），떡쌀（糯米），떡잎（子叶），똥물（粪便水），똥오줌（大小便），똥집（大肠；体重），똥통（粪桶），똥파리（黄粪蝇），마당발（扁平足），막내딸（小女儿），막내며느리（小儿媳妇），막내아들（小儿子），막내아우（最小的弟弟），말고삐（马缰），말굴레（马笼头），말굽（马蹄），말꼬리（话尾、结束语），말대꾸（顶嘴），말마디（每句话、语节），말솜씨（口才），말참견（插话），말허리（正在说的话），매사냥（鹰猎人），매화나무（梅树），머리말（序），머리뼈（头骨），머리털（头发），머리통（脑袋），먹물（墨水、有

학식자), 먹줄(墨线), 멸치젓(鳀鱼酱), 모기떼(蚊阵), 모래밭(沙滩), 모래벌판(沙滩), 모래주머니(沙袋), 모래톱(沙滩), 모래흙(沙土), 모시조개(黄蛤), 목구멍(咽喉), 목소리(嗓音), 목젖(小舌), 몸꼴(体型、身材), 몸무게(体重), 몸통(身躯), 무김치(萝卜泡菜), 무채(萝卜丝), 문밖(门外), 물걸레(湿抹布), 물밑(水平线之下；幕后), 물벼락(泼水), 물아래(下游), 물안개(水雾), 물약(液体药品), 물오리(野鸭), 물위(水面、上游), 물장난(玩水), 물장사(有偿供水、卖酒), 물장수(卖水的人), 물통(水桶), 밀국수(小麦面条), 밀떡(白面糕), 밀보리(稞麦), 밑구멍(底洞、肛门), 밑바닥(底面), 밑바탕(根本、底子), 바깥일(外面的工作), 바늘귀(针眼儿), 바둑돌(围棋子；小鹅卵石), 바둑무늬(棋子纹), 바람꽃(银莲花、尘雾), 바위옷(苔藓), 바지저고리(衣裤；白痴；乡巴佬), 바지춤(裤腰), 발목(脚脖子), 발자취(脚印；业绩), 발장구(用脚打水), 발장단(用脚打拍子), 발톱(脚趾甲), 밤낮(日夜), 밤눈(夜间视力), 밤안개(夜雾), 밤이슬(夜露), 밥그릇(饭碗), 밥맛(饭的味道), 밥물(米汤), 밥솥(饭锅), 밥장사(开饭店), 밥주걱(锅铲), 밥주머니(饭囊、胃), 밥투정(挑食), 방아쇠(扳机), 방울새(金翅雀), 밭농사(耕种旱田), 밭도랑(地边水沟), 밭벼(旱稻), 밭보리(旱大麦), 배추김치(辣白菜), 버선목(布袜筒), 버선발(光穿袜子), 버선볼(布袜补丁), 벌판(原野), 베옷(布麻衣), 베틀(旧式织布机), 벼락감투(飞黄腾达), 벼락부자(暴发户), 벼락불(闪电), 보름날(望日), 보리밥(大麦饭), 복숭아나무(桃树), 봄날(春日), 봄철(春季), 부엌일(炊事), 불벼락(突如其来的猛烈射击、狠狠训斥), 불씨(火种), 불질(点火；发动战争), 비늘조각(鳞片), 비바람(风雨), 빵집(面包房), 뼈마디(关节), 뽕밭(桑田), 사과나무(苹果树), 사내아이(男孩), 산나물(山中野菜), 산비탈(山坡), 산토끼(山兔), 산허리(山腰), 살구꽃(杏花), 삼베(麻布), 새가슴(鸡胸；胆小鬼), 새그물(鸟网), 새벽달(晓月), 새벽밥(早饭), 새우등(驼背), 새우젓(虾酱), 새집(新家；新媳妇；鸟巢), 새총(鸟枪), 샘물(泉水), 세로글씨(竖写的字), 세로줄(竖线、单音节

线），세상일（世事），소금장수（盐贩子），소나기밥（暴食），소리글자（表音文字），속껍질（内皮层），속마음（内心），속바지（内裤），속버선（内袜），속살（被衣服遮住的肌肤、不显眼的胖肉），속옷（内衣、衬衣），속잎（新叶），속저고리（女式衬衣），속적삼（汗衫、衬衣），속치마（衬裙），손때（手垢），손목（手腕），손발（手足、手下），손아래（晚辈），손위（比自己年龄大或地位高的人），손톱（指甲盖），솔가지（松枝），솔나무（松树），솔방울（松塔），솔밭（松林），솔잎（松叶），솜옷（棉衣），솜털（纤毛），솜틀（弹花机），쇠고리（铁钩），쇠막대기（铁棍），쇠못（铁钉），쇠몽둥이（铁棒），쇠사슬（铁链、桎梏），쇠톱（钢锯），수수떡（高粱糕），수수쌀（高粱米），수수엿（高粱饴糖），술고래（酒鬼），술장사（卖酒），숯불（炭火），숲속（树丛中），시루떡（蒸糕），실개천（细流），실고추（辣椒丝），실국수（蒸糕），실눈（眯缝眼），실뱀（绿瘦蛇），실톱（钢丝锯），쌀뜨물（淘米水），쌀밥（大米饭），쌀보리（稞麦），쌀장사（卖米），쑥갓（茼蒿），쑥떡（艾糕），쑥밭（荒草地；乱糟糟），아들딸（子女），아래위（上下），아래쪽（下面），앞길（去路、前程），앞날（未来），앞뒤（前后），앞뜰（前院），앞마당（前院），앞발（前爪），앞집（前边的人家），앞치마（围裙），어깨동무（勾肩搭背、竹马之交），엄지발（"엄지발가락"的略语，大脚趾），엄지손（"엄지손가락"的略语，拇指），여름철（夏季），여우볕（阵晴），여우비（太阳雨），엿가락（糖条），엿기름（麦芽），엿물（糖浆），엿장수（糖贩），오리발（蹼；连趾），오얏나무（李子树），오줌통（膀胱；尿桶），옷갓（衣冠），옷고름（韩式小袄），옷깃（韩式小袄），옷안（衣里），위아래（上下），윷판（翻板子游戏盘），이슬비（毛毛雨），일터（工作场所），입말（口头语），입버릇（口头禅，饮食习惯），입씨름（费口舌、吵架），입짓（撇嘴），자갈밭（石子地），자라눈（婴儿屁股两侧凹进去的部分），자라목（乌龟脖子），잔디밭（草坪），잣나무（果松），잣죽（松仁粥），장날（赶集日），장마철（雨季），장터（市场），저울눈（秤星），절터（寺庙遗址），젖가슴（胸部），젖꼭지（乳头），젖빛（乳白色），젖소（奶牛），제비꽃（堇菜），조각달（月牙），조각배（小船），조개구름（卷积云），조개젓（蛤蚌

酱），조기젓（黄花鱼酱），조카딸（侄女），조카며느리（侄媳妇），조카사위（侄女婿），조카자식（侄子侄女），종아리뼈（小腿骨），주걱턱（撅下巴），주머니칼（放在衣袋里的折叠小刀），주먹밥（饭团），주먹코（蒜头鼻），줄담배（捆成串的烟叶），쥐구멍（老鼠洞），쥐덫（捕鼠器），쥐뿔（极少），쥐정신（健忘），집구석（家里），집사람（内人），집안（家里），집오리（家鸭），집짐승（家畜），집터（遗址、宅地），징장구（锣与长鼓），짚신（草鞋），짝사랑（单恋），채발（细长的脚），책상다리（盘腿坐），처조카（内侄），철쭉꽃（杜鹃花），침샘（唾液腺），칼국수（刀削面），칼날（刀刃），코끝（鼻尖），코밑（鼻子底下、近旁），코뼈（鼻骨），코피（鼻血），콩기름（大豆油），콩나물（豆芽），콩떡（豆面糕），콩밥（豆饭；牢饭），콩팥（肾脏；黄豆和小豆），턱뼈（颚骨），턱짓（以下巴示意），털가죽（毛皮），털끝（鸡毛蒜皮、丝毫），토끼잠（打盹），토끼풀（白车轴草），통나무（原木），통마늘（蒜头），통치마（长筒裙），파김치（葱泡菜），팔다리（胳膊腿、四肢），팔목（手腕），팔씨름（掰手腕），팥고물（小豆面），팥밥（小豆饭），풀칠（上胶；糊口），품안（怀里），피땀（血汗），피바다（血泊），하늘땅（天地），허리띠（腰带），허리뼈（腰骨），혀끝（舌尖），호박떡（南瓜糕），호박엿（南瓜饴糖），흉허물（过失、缺点），흙담（土墙），흙빛（土色），흙손（抹刀、泥抹子），흙일（水泥活），흙칠（糊泥；抹黑）

ㄴ．

갗신（皮鞋），갗옷（皮衣），구조개（牡蛎和贝），까막까치（乌鸦和喜鹊），마되（斗、升），마소（牛马），머리카락（头发丝儿），사랑니（智齿），사흔날（三日、第三天），섣달（腊月），소나무（松树），송곳니（虎牙），수저（汤勺和筷子），숟가락（勺子），싸전（粮铺），안팎（里外；夫妇），엉덩방아（跌坐），엊저녁（昨晚），오누이（兄妹），이튿날（第二天），좁쌀（小米），틈새（裂缝），화살（箭）

ㄷ．

a. 가겟집（小店），고갯짓（摇头），고깃국（肉汤），고깃배（渔船），고춧가루（辣椒面），고춧잎（辣椒叶），귓구멍（外耳道），귓바퀴（耳轮），귓

밥（耳垂），귓속（耳朵里），김칫국（泡菜汤），김칫독（泡菜缸），김칫돌（压泡菜的石头），나뭇결（树纹），낚싯밥（鱼饵、诱饵），냇가（溪边），담뱃불（烟头火），대팻날（刨刃），대팻밥（刨花），뒷간（厕所），뒷골목（窄巷子），뒷구멍（后门），뒷그림자（背影），뒷길（后路；将来；后门），뒷돈（本钱），뒷동산（后山），뒷마당（后院），뒷마루（后廊），뒷머리（后脑勺），뒷발（后脚），뒷손（善后工作、明推按就），뒷일（后事），뒷덜미（后颈、山根），바닷게（海蟹），바닷물（海水），바닷바람（海风），바윗돌（岩石），뱃길（水路），뱃놈（船夫），뱃머리（船头），뱃사람（艄公），볏섬（稻谷屯），빗소리（下雨声），빗줄기（雨丝；一阵骤雨），시냇가（溪边），시냇물（溪水），아랫니（下牙），아랫목（炕头；下方的路口），아랫방（韩式房屋主屋的下屋），아랫배（小腹），아랫사람（晚辈；手下），아랫자리（下座、下等），윗니（上齿），윗머리（上头；顶部），윗물（上游的水；上级），윗배（上腹），윗사람（年长者；上级的），윗자리（上座、高位），잇몸（牙床），촛물（烛泪），촛불（烛光），치맛바람（裙子带起的风；女人活动），콧구멍（鼻孔），콧날（鼻梁），콧노래（哼唱），콧등（鼻梁），콧물（鼻涕），콧소리（哼声、鼻音），하룻밤（一晚、某晚），햇볕（阳光），햇빛（阳光、问世），혓바늘（舌乳头炎），혓바닥（后面、舌头），혓소리（舌音），혼잣말（自言自语）

b. 가을달（秋月），가을바람（秋风），가을밤（秋夜），가을보리（秋麦），가을비（秋雨），가을장마（秋季淫雨），갈대꽃（芦花），갈대밭（芦苇田），감빛（橙红色），강줄기（河流），겨울바람（冬风），고무줄（橡皮筋；有弹性；不规范；随意性），고생주머니（苦命人），구두주걱（鞋拔子），구멍가게（小店），굴다리（通道桥），그믐밤（阴历三十夜），글줄（行、字行；一点学问），금빛（金色），길거리（大街），길동무（旅伴、志同道合的人），길바닥（路面、街头），김밥（紫菜卷饭），날실（生丝、经丝），논길（田间小路），논도랑（小水沟），논보리（收稻后种的大麦），눈가루（雪），눈가죽（眼皮），눈길（视线、雪地小路），눈대중（目测），눈방울（眼珠），눈사람（雪人），단골집（熟店），달밤（月夜），달빛（月光），담벼락（墙面；蠢

才），돈구멍（钱眼），돈줄（财路），돌결（石纹），돌길（石路），돌담（石墙），동냥자루（化缘口袋），등불（灯光），땀구멍（汗腺），땀방울（汗珠），땅거미（土蜘蛛；黄昏），땅바닥（地面），땅벌（黄胡蜂、地下虫），말실수（失言），말재주（口才），말주변（口才），몸값（身价），몸종（丫鬟），몸집（身躯、身体），물결（水波），물길（水路），물방울（水珠），물새（水鸟），물엿（糖稀），물줄기（水流），밀가루（面粉），밀짚（麦秆儿），바깥일（外面的事），바늘구멍（针孔），바람소리（风声），발가락（脚趾），발그림자（足迹），발길（脚步），발등（脚背），발바닥（脚底），발자국（脚印），밤거리（夜街；黑社会），밤길（夜路），밤바람（晚风），밤비（夜雨），밤손님（梁上君子），밤일（夜间工作；房事），버릇（习惯、礼貌），벌집（蜂房），벼슬길（仕途），별빛（星光），별자리（星座），봄바람（春风），봄보리（春大麦），봄비（春雨），불빛（火光、灯光），불새（火鸟），비탈길（坡路），빵가루（面包粉），산기슭（山麓），산봉우리（山峰），산불（山火），살빛（肉色），상다리（桌腿），손가락（手指），손가방（手提包），손거울（小镜子），손대중（用手掂量），손등（手背），손바닥（手掌），손버릇（手上的习惯动作），손장난（手不老实），손재주（手艺），솜버선（棉袜），술독（酒缸；酒毒），술자리（酒局），술집（酒馆），숨결（呼吸），숨소리（呼吸声），시골구석（"시골"的鄙称，乡下），시골집（村舍；故乡的家），신바람（兴致），실밥（线头），쌀가게（粮店），쌀겨（米糠），쌀벌레（米虫），아침밥（早饭），안경다리（眼镜腿），안고름（内襟衣带），안손님（女客），알집（卵巢），언덕길（坡路），얼굴값（颜值），얼굴빛（脸色），은빛（银色），좀도둑（小偷），종소리（钟声），칼등（刀背），칼자국（刀疤），칼자루（刀把），칼집（刀鞘），콩가루（黄豆粉），콩국（豆浆），콩엿（花生糖），하늘빛（天蓝色），힘살（肌肉）

ㄹ. 우리글（韩字），우리나라（我国），우리말（我国语言），우리집（我家），우리집사람（我内人）

ㅁ. 돈반（一钱半），연놈（狗男女），푼치（不多）

75）所列的单词是通过名词词基和名词词基结合形成的句法合成名词。75

ㄱ）是单纯的名词词基和名词词基结合形成的单词；75ㄴ）是名词词基和名词词基结合时产生了音韵的脱落、变化和添加的单词；75ㄷ）是发生了中间音现象的单词。75ㄷa）中的单词属于出现了"ㅅ"形态的发生中间音现象的单词；75ㄷb）中的单词属于没有出现"ㅅ"形态的发生中间音现象的单词；75ㄹ）是代名词词基和名词词基结合形成的单词；75ㅁ）是依存名词词基和依存名词词基结合形成的单词。

除了以上所列的单词之外，还有很多"名词词基+名词词基"结合形成的单词。如：

名词词基（属格形）+名词词基

76）

ㄱ.

남의달（过预产月），네놈（你这家伙），눈의가시（眼中钉），달걀（鸡蛋），닭의어리（鸡罩），쇠가죽（牛皮），쇠고기（牛肉），쇠귀신（牛鬼、死犟的人），쇠기름（牛油），쇠꼬리（牛尾巴），쇠다리（牛腿），쇠똥（牛粪），쇠머리（牛头），쇠뼈（牛骨），쇠뿔（牛角），쇠코（牛鼻子），쇠털（牛毛），제구실（分内的事），제때（及时），제짝（一对中的一方），제힘（自己的力量）

ㄴ.

귀엣말（悄悄话），눈엣가시（眼中钉），몸엣것（经血、例假），웃음엣소리（开玩笑）

以上76）是名词词基与名词词基之间由助词连接形成的句法合成名词。76ㄱ）是添加了助词"-의"；76ㄴ）添加了助词"-에"。

名词词基（潜在的派生名词）+名词词基

77）

ㄱ.

갈림길（岔路），구름판（踏板），꾸밈말（修饰语），누름단추（按钮），디딤돌（垫脚石），땜일（焊接），뜀틀（跳马、跳箱），매김꼴（冠形词形），매김말（冠形语），받침돌（石墩、底座），버팀목（支柱），볶음밥（炒饭），비빔국수（拌面），비빔냉면（拌冷面），비빔밥（拌饭），싸움닭（斗鸡），오

름세（涨势），이음부（接头），잠자리（蜻蜓），지름길（捷径）

ㄴ.

놀이배（游船），맺이관（马尾冠）

ㄷ.

깎기끌（凿子），되넘기장사（倒卖），들보기장사（投机商），보기신경（视神经），붙이기일가（一家子）

ㄹ. 걸개그림（壁挂画），뜨개바늘（"뜨개질바늘"的略语，编织针），쓰개치마（连帽披风）

77）所举的单词是先与后缀"-음，-이，-기，-개"结合后的先行词基再与是单纯名词的后行词基结合形成的句法合成名词。从77ㄱ）可知"-음"是参与先行词基形成的代表性后缀。与这种后缀结合形成的先行词基大部分不是独立的派生名词，不能单独使用，但它们的用法与独立派生名词77ㄴ）的"놀이（游戏）"和77ㄷ）的"보기（看……）"相似。所以77）的先行词基从某种程度上来说具有名词的独立性，在本书中将之视为潜在的派生名词。

因此，可以认为形成先行词基的后缀"-음，-이，-기，-개"为形成句法合成名词提供了条件。因为这些后缀首先参与了生成潜在的派生名词，才为句法合成名词的形成提供了可能。通过下列78）可知这些后缀在参与形成句法合成名词的后行词基，最后形成句法合成名词的过程中发挥了更积极的作用。

名词词基（Φ）+名词词基（潜在的派生名词）

78）

ㄱ.

가슴앓이（心病），가을걷이（秋收），감옥살이（狱中生活），개구멍받이（弃婴），고기잡이（打鱼），구두닦이（擦鞋匠），귀걸이（耳环；护耳套），꽃꽂이（插花），날받이（择日），달맞이（正月十五迎月），더덕구이（烤沙参），등받이（椅背），땀받이（汗衫），때밀이（搓澡工），마개뽑이（塞钻），말잡이（把斗人），머슴살이（长工生活），멍석말이（席上杖刑），물굽이（水湾），바람막이（挡风），바람잡이（托儿），발등걸이（两脚倒挂），배앓이（腹痛），벼훑이（脱粒机），벽걸이（壁挂物），봄맞이（迎春），뼈뜯이（剔

骨牛肉), 살림살이 (过日子、家计), 상투잡이 (摔跤中的压顶摔), 셋방살이 (租房生活), 시집살이 (婆家生活、受气), 신문팔이 (报童), 안걸이 (内绊腿), 양복걸이 (西服架子), 옷걸이 (衣架), 움돋이 (新芽), 윷놀이 (尤茨游戏), 재떨이 (烟灰缸), 젖먹이 (婴儿), 집들이 (乔迁请客), 책꽂이 (书架), 첫닭울이 (拂晓), 칼잡이 (剑客; 屠夫), 턱걸이 (引体向上), 품팔이 (打短工), 하루살이 (浮游、度日如年), 해돋이 (日出)

ㄴ. 이쑤시개 (牙签), 밑씻개 (卫生纸), 등덮개 (棉背心; 草席), 발싸개 (裹脚布), 팔베개 (枕胳膊), 앞날개 (飞机前翼), 실감개 (线轴), 갓싸개 (纱帽布), 옆차개 (衣袋), 씨뿌리개 (播种机), 병따개 (瓶起子), 턱받치개 (下巴托), 손톱깎개 (指甲刀), 연필깎개 (铅笔刀), 똥싸개 (拉裤裆的小孩; 狗屎), 오줌싸개 (尿裤子的小孩), 코흘리개 (鼻涕虫; 毛孩子), 침흘리개 (总流口水的人)

ㄷ.
가을심기 (秋植), 가지치기 (剪枝), 그네뛰기 (荡秋千), 글짓기 (作文), 기차놀이 (火车游戏), 김매기 (除草), 끝내기 (结束), 널뛰기 (跷跷板), 누에치기 (养蚕), 돈내기 (赌博), 땅뺏기 (占地游戏), 뜀뛰기 (跳跃比赛), 모내기 (插秧), 목매기 (未穿鼻孔的小牛犊), 무릎치기 (击膝摔), 보물찾기 (寻宝游戏), 본보기 (榜样、典范), 비늘긁기 (鱼鳞刷), 송곳치기 (插锥子), 술래잡기 (捉迷藏), 숨쉬기 (呼吸), 실뜨기 (挑花线), 싹내기 (芽生法), 썰매타기 (坐雪橇), 쓰레받기 (畚斗), 씨나기 (种子发芽生长), 앞차기 (前踢), 원반던지기 (掷铁饼), 자치기 (儿童游戏的打嘎儿), 접붙이기 (嫁接), 젖떼기 (断奶), 줄넘기 (跳绳), 줄다리기 (拔河; 对峙), 줄타기 (走钢丝), 집짓기 (盖房子), 초읽기 (读秒), 파도타기 (冲浪), 팽이치기 (打陀螺), 피돌기 (血液循环), 해뜨기 (日出), 허리꺾기 (扳腰)

ㄹ.
고기볶음 (炒肉), 끝맺음 (收尾), 낯가림 (认生), 눈가림 (表面功夫、遮掩), 뒤넘김 (背摔技), 등짐 (背的东西), 땅울림 (大地震动), 마음가짐

（思想准备、决心），말막음（封嘴；结束），말타툼（吵架），먼지떨음（掸衣服；比试），몸가짐（举止、仪态），몸뒤짐（搜身），무릎맞춤（对质），바늘쌈（针夹），발걸음（步伐），밤샘（熬夜），보쌈（菜包肉），사람됨（人品），산울림（山震），손바꿈（换工），앞처짐（衣服前襟儿），입가심（漱口；小事一桩），자리싸움（卡位），조바꿈（变调），탈바꿈（改头换面），토끼잠（打盹），판가름（判断）

例78）是作为先行词基的单纯名词与后缀"-이, -개, -기, -음"参与形成的后行词基结合而成的句法合成名词。可见后缀"-이, -개, -기, -음"派生成后行词基的造词能力都很强。

从78）所举的词例可知，与这些后缀结合形成的后行词基大部分不是独立的派生名词，不能单独使用，但它们的用法与独立派生名词78ㄴ）的"덮개（被子）""베개（枕头）""날개（翅膀）"，78ㄷ）的"던지기（投掷）""놀이（游戏）"，78ㄹ）的"다툼（争吵）""걸음（步伐）""싸움（吵架）""잠（睡觉）"的用法相似。所以78）的后行词基从某种程度上来说具有名词的独立性，在本书中视之为潜在的派生名词。

因此，可以认为形成后行词基的后缀"-음, -이, -기, -개"为形成句法合成名词提供了条件。因为这些后缀首先参与了形成潜在派生名词，才为句法合成名词的形成提供了可能。综合77）～78）可知，后缀"-음, -이, -기, -개"在形成句法合成名词的过程中，参与了先行词基或后行词基的形成，为句法合成名词的形成提供了可能。这些后缀在提高句法合成名词的造词能力方面发挥了非常大的作用。

名词词基（潜在的派生名词）+名词词基（潜在的派生名词）

79）

꿈땜（显梦），드림셈（分期结算），배움배움（学识，文化水平），앉음앉음（坐姿），얼음찜（"얼음찜질"的略语，冰敷），차림차림（装扮）

79）是后缀"-음"派生的先行和后行词基结合形成的句法合成名词。观察79）可知，后缀派生出的先行或者后行词基具有潜在的派生名词的性质，所以才为形成句法合成名词提供了可能，这点与77）和78）一致。如79）所示，这种构

成的合成名词并不多。

② 数词词基（Φ）+数词词基

80）

너덧（四五个），네다섯（四五个），두셋（两三），서넛（三四个），열아홉（八九），예닐곱（六七），일고여덟（七八），한둘（一两个）

80）所示的是数词词基与数词词基结合形成的句法合成名词，在词基结合的过程中可见发生了音韵变化。

③ 副词词基（Φ）+副词词基

81）

잘못（错误）

81）所示的是副词词基与副词词基结合形成的句法合成名词。属于这种构词类型的单词非常少。

④ 冠形词词基（Φ）+名词词基

82）

그전（以前），몇날（几日），몇일（几号），뭇별（繁星），뭇사내（一群男人），뭇사람（众人），뭇짐승（群兽），본뜻（原意），본말（本末），본머리（原发），본바닥（本地、本质），본바탕（本质），새달（下月），새댁（新娘），새발（何首乌、鸟爪），새봄（新春），새사람（新人；大病痊愈的人），새살（新芽），새살림（新生活），새색시（新娘子），새서방（新女婿；新郎），새신랑（新郎），새싹（新苗），새아기（新孩子），새아주머니（新嫂子），새집（鸟巢、新家），새해（新年），아무것（任何、什么），아무데（随处），아무때（随时），아무말（无言），아무짝（哪方面），어느결（不知何时），어느틈（不知何时、无形中），옛사람（古人），옛날（从前），옛사랑（旧爱），옛이야기（古老传说），옛일（旧事），옛집（古宅），오른발（右脚），오른손（右手），오른씨름（右侧摔跤），온밤（整晚），온종일（终日），온통（全部），온품（全日工），왼발（左脚），왼손（左手），왼씨름（左式摔跤），요다음（下次），요사이（近来），이날（这天），이다음（此后），이달（这个月），이사이（这期间），접때（上次、前几天），첫가을（初秋），첫겨울

（初冬），첫길（初次出门；迎亲或出嫁），첫날（第一天），첫눈（初雪），첫머리（开头），첫배（头胎），첫사랑（初恋），첫새벽（黎明），첫서리（初霜），첫술（头一口），첫여름（初夏），첫인사（初次问候），첫정（初恋），첫차（始发车），헌솜（破棉被）

82）所示的是冠形词词基与名词词基结合形成的句法合成名词。观察82）可知在冠形词词基中，"첫"和"새"与名词的结合非常自由。

⑤ 动词词基（冠形词形"-ㄴ, -ㄹ"）+名词词基

83）

ㄱ.

간니（恒牙），감는줄기（缠绕茎），건넌방（对面房间、外屋），고인돌（支石墓），군밤（炒栗子），기는줄기（葡萄茎），깎은선비（仪表书生），끄는힘（曳力），난거지（"난거지든부자"的略语，装穷的人），난바다（外海），난부자（"난부자든거지"的略语，富人），난사람（杰出人物），노는계집（烟花女子），놀란가슴（受惊的心），누운단（上衣的下摆），눌은밥（锅巴米饭），단솥（热锅），덴가슴（受惊），된바람（强风），든거지（"든거지난부자"的略语，装富的人），든손（索性），들은풍월（道听途说），뜬구름（浮云），뜬눈（未合眼），뜬말（谣言），뜬소문（谣言），마른걸레（干抹布），마른기침（干咳），마른반찬（干菜），마른번개（干打雷），마른안주（干下酒菜），마른일（不沾水的活儿），마른자리（干地方、干褥子），마른하늘（晴天），마른행주（干抹布），마른신（没浸过鞋油的皮鞋），묵은세배（拜早年），묵은쌀（陈米），묵은해（旧年），미친개（疯狗），빈말（空话），빈속（空腹），빈손（空手），빈주먹（空手、徒手），산부처（活菩萨），산송장（植物人），센개（白狗），센머리（白发），센털（白毛），쉬는화산（休眠火山），식은땀（冷汗），앉은일（坐着干的活儿），앉은자리（即席、当场），앉은장사（买卖），앉은헤엄（坐泳），자란벌레（成虫），주근깨（雀斑），죽는소리（叫苦连天），준말（缩略语），지난가을（去年秋天），지난겨울（去年冬天），지난날（过去），지난달（上个月），지난봄（去年春天），지난여름（去年夏天）/

건널목（铁路道口；码头；斑马线），걸상（长凳），걸쇠（钩子），걸채（驮架），겉볼안（观其表，知其里），길짐승（兽类），깔유리（载片），끌채（车辕），날벌레（飞虫），날숨（呼气），날짐승（飞禽），내릴톱（竖锯），널방석（草席），데릴사위（上门女婿），들머리（入口、开头），디딜방아（碓臼），땔감（柴火），땔나무（干柴），밀낫（钐镰），밀물（涨潮），볼일（要做的事；去厕所），볼품（外观），빨대（吸管），빨판（吸盘），살날（来日），솟을대문（挑山顶大门），솟을무늬（布的阳纹），썰물（退潮），열쇠（钥匙），죽을맛（难熬），죽을죄（死罪），죽을힘（拼命），쥘부채（折扇），쥘손（把手；把柄），지닐총（过目不忘的本领），풀치마（紧身长裙）

ㄴ．

맞은쪽（对过儿），맞은편（对方；对门），알은적（理睬），지난번（上次），지난적（上次），지난해（去年），지친것（退休的）/

들것（担架），샐녘（拂晓时），지날결（路过时），탈것（交通工具）

以上83）是先与冠形词形词尾"-ㄴ，-ㄹ"结合的动词词基再与名词词基结合形成的句法合成名词。具体说就是冠形词形词尾"-ㄴ，-ㄹ"把先行词基转变成冠形词形，然后与名词后行词基结合，形成句法合成名词。所以冠形词形词尾"-ㄴ，-ㄹ"为句法合成名词的形成提供了可能。

83ㄱ）的单词可以细分成两种类型。第一部分单词是冠形词形词尾"-ㄴ"先与动词词基结合形成先行词基，然后再与名词后行词基结合形成的句法合成名词；第二部分单词是冠形词形词尾"-ㄹ"先与动词词基结合生成先行词基，然后再与名词后行词基结合形成的句法合成名词；83ㄴ）是先与冠形词形词尾结合的动词词基再与依存名词后行词基结合形成的句法合成名词。这部分的单词也可细分成两种类型。第一部分单词是冠形词形词尾"-ㄴ"先与动词词基结合生成先行词基，然后再与依存名词后行词基结合形成的句法合成名词；第二部分单词是冠形词形词尾"-ㄹ"先与动词词基结合生成先行词基，然后再与依存名词后行词基结合形成的句法合成名词。

⑥形容词词基（冠形词形"-ㄴ"）+名词词基

84)

ㄱ.

가는베（细麻布），가는체（细筛子），가는허리（细腰），갖은고생（千辛万苦），갖은소리（废话），갖은양념（各种调料），검은빛（黑色），검은약（黑土），검은자위（黑眼珠），고린내（臭味），곧은길（直路），곧은줄기（直立茎），곧은창자（直肠），굳은살（茧），굳은힘（狠劲儿），궂은비（连绵雨），궂은일（脏活；丧事），긴사설（长篇大论），노란빛（黄色），누린내（腥味），단감（甜柿子），단내（甜味、焦味；热气），단맛（甜味），단술（甜酒），더운물（热水），된마（东南风），된바람（强风），된서리（浓霜、沉重打击），된서방（凶狠难缠的丈夫），둥근톱（圆锯），딴생각（胡思乱想），딴소리（废话），먼동（黎明的东方），밭은기침（干咳），붉은말（红色藻类），비린내（腥味），선머슴（调皮鬼），선무당（蹩脚巫婆），선하품（无聊时打的哈欠），센말（强势语），센물（硬水、苦水），신소리（脚步声；玩笑话），신트림（酸饱嗝），싼값（贱价），얕은꾀（小把戏），어린벌레（幼虫），어린뿌리（幼根），어린순（嫩芽），어린아이（孩童），어린잎（嫩叶），여린박（弱拍），이른모（早秧），작은계집（妾），작은골（小脑），작은누이（二姐、二妹），작은달（小月），작은댁（妾宅），작은딸（小女儿），작은마누라（姨太太），작은사위（小女婿），작은아버지（叔父），작은어머니（婶子），작은집（儿子家；旁支；妾室），작은창자（小肠），작은형（二哥），잔가지（细枝），잔걱정（过虑），잔기침（连声咳嗽），잔꾀（小计谋），잔돈（零钱），잔말（闲言碎语），잔병（常患的小病），잔뼈（未成年人的骨头），잔소리（唠叨），잔심부름（打杂），잔일（琐事），잔재미（乐趣），잔털（毫毛），잦은가락（快节奏），진걸레（湿抹布），진눈（烂眼），진물（疮水），진버짐（湿癣），진일（沾水的活儿；讨厌的事），진자리（分娩处；湿的地方），진흙（黏土），짠물（咸水；海边生活的人），찬물（冷水），찬비（冷雨），찬이슬（夜露），큰계집（长房），큰기침（大声咳嗽），큰댁（长房），큰딸（大女儿），큰마누라（正妻），큰머리（大冠髻），큰비（大雨），큰사람（大人物），큰사위（大姑爷），큰상（大桌），큰소리（大声），큰아기（大姑娘），큰아버

지（大伯），큰어머니（大伯母），큰언니（大姐），큰오빠（大哥），큰일（大事；葬礼；婚礼；花甲宴），큰집（嫡长子家；正室家），큰창자（大肠），푸른빛（青、绿、蓝），흰머리（白发），흰무리（白米蒸糕），흰빛（白色），흰소리（大话），흰엿（白饴糖），흰자위（蛋白、白眼珠）

ㄴ．

늙은이（老人），어린것（小孩子），어린년（丫头片子），어린놈（小子），어린이（小孩），젊은것（"젊은이"的贬称，年轻人），젊은이（年轻人）

84）是形容词词基先与冠形词形词尾 "-ㄴ" 结合生成先行词基，然后再与名词后行词基结合形成的句法合成名词。这里的冠形词形词尾 "-ㄴ" 的用法与83）相同，即 "-ㄴ" 把先行词基转换成冠形词形，然后再与名词后行词基结合形成句法合成名词。所以冠形词形词尾 "-ㄴ" 为句法合成名词的形成提供了可能。

84ㄱ）是形容词词基先与冠形词形词尾结合生成先行词基，然后与一般性质的名词词基结合，形成句法合成名词；84ㄴ）是形容词词基先与冠形词形词尾结合生成先行词基，然后与依存名词词基结合，形成句法合成名词。

以上我们考察了通过句法合成形成的合成名词的合成过程，这些合成名词的具体类型如下所示：

85）

ㄱ．名词词基+名词词基

名词词基（Φ）+名词词基

名词词基（所属形 "-의，-에"）+名词词基

名词词基（潜在的派生名词 "-음，-이，-기，-개"）+名词词基

名词词基（Φ）+名词词基（潜在的派生名词 "-음，-이，-기，-개"）

名词词基（潜在的派生名词 "-음"）+名词词基（潜在的派生名词 "-음"）

ㄴ．数词词基（Φ）+数词词基

ㄷ．副词词基（Φ）+副词词基

ㄹ.冠形词词基（Φ）+名词词基

ㅁ.动词词基（冠形词形"-ㄴ, -ㄹ"）+名词词基

ㅂ.形容词词基（冠形词形"-ㄴ"）+名词词基

（2）合成动词

通过句法合成形成的合成动词的合成类型有"名词词基（Φ）+动词词基、动词词基（连接形）+动词词基、形容词词基（连接形）+动词词基、副词词基（Φ）+动词词基"等。以下我们将分别考察这些合成动词。

① 名词词基（Φ）+动词词基

名词词基与动词词基结合形成的句法合成动词非常多，作为先行词基的名词按照其用法可以做主语、宾语和状语。所以"名词词基（Φ）+动词词基"这种合成动词的类型按照先行词基的用法可以细分为三种类型。具体如下所示：

86）

-가다（具有某种性质）：눈가다（被吸引目光），태가다（出现裂纹）

-나다（具有某种性质）：갈등나다（产生矛盾），겁나다（害怕），결딴나다（糟糕、破产），결판나다（见分晓），골나다（生气），광나다（发光），구경나다（有热闹看），금나다（定价），기운나다（来劲），길나다（熟练），끝나다（结束），난리나다（骚动），난봉나다（放荡；打水漂），날나다（完蛋），남북나다（脑袋前凸后鼓），낯나다（长脸），넌더리나다（腻烦），녹나다（生锈），눈물나다（流眼泪），동강나다（折断），동나다（中断、告罄），동티나다（犯忌），들통나다（东窗事发），땀나다（出汗），말나다（提起、传出去），멀미나다（犯晕），모나다（有棱角），몸나다（长胖），바닥나다（破洞、用完），바람나다（思春），배탈나다（拉肚子），병나다（生病），부도나다（拒绝支付），부아나다（愤怒），부정나다（犯了忌讳），빛나다（发光），살인나다（发生杀人事件），성나다（生气），소문나다（传闻），신나다（高兴），신명나다（兴味盎然），싫증나다（厌烦），야단나다（折腾、出事），열나다（发热、生气），요절나다（破坏、破产），욕심나다（起贪念），윤나다（有光泽），이골나다（熟练），정신나다（振作），조각나다（分离、散伙），진저리나다（厌烦；发怵），짬나다（有缝隙；有空），철나다（懂事），축나다

（减少；消瘦），탈나다（生病；出问题），탐나다（眼馋），트집나다（无事生非），파투나다（不了了之），표나다（突出某点），혼나다（吃不消、挨骂），화나다（发火），흥나다（兴致勃勃）

-내리다（表示"下；瘦；降临"）：살내리다（掉膘），신내리다（神仙显灵）

-달다（具有"心急如焚"的特征）：속달다（心急如焚），애달다（焦急）

-되다（具有某种性质）：누되다（累），말되다（靠谱、事先商定），범벅되다（杂乱），약되다（有了药效）

-들다（具有某种性质）：가난들다（变穷），가물들다（干旱、枯萎），길들다（驯服、有光泽、顺手、熟练），날들다（天晴），맛들다（入味），망령들다（老耄），멋들다（好看），멍들다（受伤害、败坏），밤들다（入夜），병들다（生病），정들다（产生感情），주눅들다（畏缩），풍년들다（丰年），흉년들다（荒年），힘들다（累）

-맞다（表示"适合"）：눈맞다（对眼），뜻맞다（情投意合），발맞다（步调一致），불맞다（中弹），손맞다（默契），수지맞다（合算、走运），이맞다（严实），짝맞다（般配）

-먹다（具有某种特征）：귀먹다（耳聋），너리먹다（牙龈溃疡），좀먹다（腐蚀），태먹다（出现裂纹）

-빠지다（具有某种特征）：김빠지다（泄气、跑气），땀빠지다（吃力），발빠지다（渥脚），얼빠지다（失魂落魄、愚蠢）

-서다（具有某种性质）：날서다（锋利），멍울서다（有肿块），모서다（有棱角），장서다（开集）

-타다（表示"着急、担心"）：속타다（担心），애타다（焦急）

-트다（具有"萌发"的含义）：눈트다（发芽），동트다（破晓），움트다（发芽、萌生）

-其他：곰팡슬다（发霉），궁끼다（艰难困苦），귀울다（耳鸣），녹쓸다（生锈），눈꺼지다（眍眼），눈멀다（眼瞎），때묻다（弄脏），목메다（哽

咽), 목쉬다 (沙哑), 비위사납다 (伤感情), 뼈저리다 (痛切), 속썩다 (操心), 손거칠다 (手黑), 오줌마렵다 (有尿意), 움돋다 (冒芽), 이갈리다 (咬牙切齿)

86) 是名词词基与动词词基结合形成的句法合成动词, 其先行词基做主语。在本书中按照相同的动词后行词基将这种类型分类。没有相同的动词后行词基的单词归为"其他"类之中。

87)
-놓다 (表示"放"): 값놓다 (出价), 금놓다 (开价), 너스레놓다 (耍贫嘴), 넋놓다 (丢魂儿), 마음놓다 (放心), 먹놓다 (弹墨线), 빚놓다 (放债), 세놓다 (出租), 손놓다 (停手), 수놓다 (绣花), 엄포놓다 (恐吓)

-들다 (表示"进、听候"): 반기들다 (造反), 수청들다 (听候吩咐), 시중들다 (侍候), 장가들다 (结婚), 중매들다 (说媒), 편들다 (偏向)

-떨다 (表示"耍、摆"): 궁살떨다 (哭穷), 너스레떨다 (胡吹), 방정떨다 (轻举妄动), 수선떨다 (吵闹), 아양떨다 (撒娇), 애교떨다 (撒娇), 요망떨다 (放肆), 요사떨다 (兜圈子), 익살떨다 (谐戏), 치떨다 (咬牙), 허풍떨다 (神侃、摆划)

-떼다 (表示"摘下、装作"): 각지떼다 (摘帽子), 손떼다 (撒手不干), 시치미떼다 (装蒜), 젖떼다 (断奶), 죽지떼다 (仗势欺人)

-맞다 (表示"遭受、迎接"): 도둑맞다 (失窃), 바람맞다 (被放鸽子), 볼기맞다 (挨打), 뺨맞다 (挨巴掌), 살맞다 (见鬼), 서리맞다 (受打击), 서방맞다 (出嫁), 소박맞다 (受冷落), 종아리맞다 (小腿挨揍), 침맞다 (做针灸)

-먹다 (表示"吃、喝、塞、挨"): 국수먹다 (喝喜酒), 귀먹다 (耳聋), 마음먹다 (下定决心), 양심먹다 (凭良心), 욕먹다 (挨骂), 콩밥먹다 (坐牢), 핀잔먹다 (挨训)

-모르다 (表示"不知道"): 낯모르다 (陌生), 영문모르다 (莫名其妙), 철모르다 (不懂事)

-박다 (表示"钉、固定"): 골박다 (画地为牢), 그루박다 (倒栽), 못

박다（钉钉子；肯定；强调），살박다（真心实意），첩박다（拴上门）

-받다（表示“接受”）：대받다（继承），뜻받다（秉承人意），말미받다（获准休假），몸받다（代替），벌받다（受罚），본받다（效仿），볼받다（打补丁），응석받다（娇纵），죄받다（遭报应），테받다（像）

-보다（表示“尝试、看”）：가늠보다（瞄准），간보다（尝咸淡），값보다（估价），겨냥보다（比试），굿보다（袖手旁观），궁합보다（占卜姻缘），깐보다（看情况），맛보다（尝味道），망보다（守望），맥보다（号脉、试探），바닥보다（见底儿），본보다（以……为榜样），상보다（看相），선보다（相亲、鉴别），손보다（维护、痛打、接待客人、维修、收拾），아우보다（生个弟弟），욕보다（蒙受耻辱、受苦、被强暴），일보다（办事、解手），장보다（赶集），티보다（找茬儿），파수보다（把守），효험보다（见效），흉보다（揭短）

-부리다（表示“展示、耍弄”）：가탈부리다（从中作梗），교기부리다（傲慢），권세부리다（作威作福），극성부리다（发威、肆虐），기세부리다（耍威风），기승부리다（发威），꾀부리다（耍滑头），난봉부리다（放荡不羁），넉살부리다（厚脸皮），농간부리다（装神弄鬼），독살부리다（狠毒），멋부리다（耍帅），변덕부리다（反复无常），수다부리다（唠叨），수선부리다（吵闹），심사부리다（使坏心眼儿），심술부리다（使坏，执拗），아망부리다（撒娇），아양부리다（撒娇），악착부리다（发狠），암상부리다（嫉妒），앙탈부리다（耍滑），억지부리다（矫情），응석부리다（没正形儿），익살부리다（逗笑），재주부리다（施展才艺），점잔부리다（摆斯文）

-쓰다（表示“使用”）：각방쓰다（分房睡），굴레쓰다（套枷锁），기쓰다（拼命），꾀쓰다（想办法），덤터기쓰다（受委屈），떼쓰다（耍赖），몸쓰다（显身手），뫼쓰다（安葬），문자쓰다（用文言文、用成语），벌쓰다（受罚），변쓰다（用暗语），색쓰다（性挑逗；尽力、假装），악쓰다（挣扎），억지쓰다（牵强），애쓰다（费心），칼쓰다（上枷），탈쓰다（戴面具），힘쓰다（努力、致力于）

-잡다（表示“抓”）：경마잡다（当马夫），물잡다（灌溉），살잡다（支

撑), 손잡다(牵手、和好), 어림잡다(估计), 자리잡다(占据、安定), 채잡다(掌握主动权), 책잡다(抓辫子), 초잡다(起草), 탈잡다(找茬儿), 트집잡다(无理取闹), 패잡다(打牌时坐庄), 흠잡다(挑毛病、说坏话), 흠잡다(挑毛病)

-주다(表示"给予、给"): 깃주다(垫圈), 눈주다(递眼色), 닻주다(抛锚), 돈주다(赏钱), 못주다(用钉子钉牢), 벌주다(惩罚), 북주다(培土), 빚주다(放债), 세주다(洗礼), 속주다(开诚布公), 손주다(搭架), 침주다(打针；警告), 판주다(在场的人中推为最佳), 핀잔주다(指责), 힘주다(用力)

-짓다(表示"做"): 결말짓다(了结), 결박짓다(捆绑), 결정짓다(决定), 농사짓다(务农), 단락짓다(告一段落), 밥짓다(做饭), 죄짓다(犯罪), 짝짓다(配对)

-치다(表示"用力做某个动作"): 가지치다(剪枝), 값치다(估价), 경치다(受罪), 공치다(白费功夫), 괘방치다(泄密), 꼬리치다(卖弄风骚、摇尾巴), 나비치다(簸扬), 대봉치다(代替), 돈치다(赌钱), 벽치다(打泥墙), 뺨치다(超过), 소리치다(大喊), 아우성치다(呐喊), 야단치다(吵闹、训斥), 야바위치다(耍花招), 장난치다(淘气), 점치다(占卜、预测), 종아리치다(打小腿), 진저리치다(打寒战), 채치다(切丝), 초치다(压制、搅和), 판치다(称霸), 화투치다(玩花斗排)

-타다(表示"出现、害怕、获得、乘"): 계타다(走运), 등타다(走山梁), 박타다(告吹), 봄타다(春天心浮气躁), 부정타다(嫌晦气), 상타다(获奖), 여름타다(苦夏), 줄타다(走钢丝、找靠山)

-풀다(表示"开、分娩"): 몸풀다(生产、坐月子), 코풀다(擤鼻涕)

-其他: 귀뜨다(有了听觉), 기지개켜다(舒身), 깍지끼다(十指交叉), 끝맺다(结束), 논매다(锄地), 눈감다(闭眼), 눈뜨다(睁眼), 덜미짚다(催促), 뒤밟다(跟踪), 들러리서다(做伴郎), 등지다(靠背), 똥누다(拉屎), 똥싸다(吃苦头), 망신시키다(使……丢脸), 머리감다(洗

发)、목매다(上吊、依赖)、몸두다(置身)、미역감다(在户外洗澡)、발벗다(脱掉鞋袜)、벼슬살다(当官)、본뜨다(效仿)、신세지다(受关照)、아이배다(怀孕)、오줌누다(撒尿)、오줌싸다(撒尿)、장가가다(娶妻)、정신차리다(清醒)、줄달다(连续)、편가르다(分帮结派)、편짜다(分组)、허물젓다(摆脱黑锅)、흠뜯다(挑剔)。

以上87)是名词词基与动词词基结合形成的句法合成动词,其先行词基充当宾语。与86)一样,在本书中按照相同的动词后行词基将这种类型分类。没有相同的动词后行词基的单词归为"其他"类之中。

88)

끝닿다(尽头)、다음가다(仅次于)、뒤서다(跟踪、落后)、밑들다(马铃薯等块根长大)、버금가다(第二、仅次于)、앞두다(剩下)、앞들다(领先)、앞서다(领先)、옆들다(协助)。

以上88)是名词词基与动词词基结合形成的句法合成动词,其先行词基充当状语。与先行词基充当主语、宾语的用法相比,这种类型的单词数量非常少。

② 动词词基(连接形 "-아/어,-고,-어다")+动词词基[①]

89)

ㄱ.

-가다(表示"走、去"):가져가다(拿走;引导)、거쳐가다(取道、经过)、나아가다(向前)、날아가다(飞走)、내려가다(下去、翻过)、넘어가다(摔倒;转移)、늘어가다(增加、进步)、다녀가다(去过)、돌아가다(转动;轮流;拐弯)、들어가다(进入)、따라가다(跟随)、뛰어가다(跑过)、몰아가다(驱赶;全部拿走)、물러가다(退下、离开、下台)、에워가다(绕行;勾销)、올라가다(爬上、高升)、옮아가다(转移;传染)、잡아가다

[①] 有关这类的合成动词的研究有崔铉培(1955)、南基心(1970)、成耆哲(1972)、任洪彬(1975)、金起赫(1980)、金仓燮(1981)、金昇坤(1984)、徐泰龙(1986)等。属于"动词词基(连接形)+动词词基"这种构词类型的合成动词一般可以分为先行和后行词基都是主动词,或先行词基是主动词,后行词基是补助动词两种类型。在本书中不区分后行词基是主动词还是补助动词,而是按照合成动词本身的用法对合成动词进行分类。

（抓走），쫓아가다（追赶、跟随），찾아가다（拜访；取回），휘어가다（蜿蜒流淌）

-나다（表示"生、出"或"具有某种性质"）：깨어나다（醒来、孵化），놀아나다（轻举妄动；私通；被利用），달아나다（飞奔、逃跑），뛰어나다（出色），뭉쳐나다（凝聚），배겨나다（顶住、经受），벗어나다（摆脱），불어나다（增多、变大），살아나다（复活；摆脱困劲），솟아나다（涌出），일어나다（起来），튀어나다（飞溅；突出），피어나다（开放、苏醒），헤어나다（挣脱）

-넣다（表示"进、投入"）：끌어넣다（拽进），몰아넣다（使陷入），물어넣다（赔偿），찾아넣다（找好），틀어넣다（塞进）

-놓다（表示"放下"或"具有某种状态"）：내려놓다（放下），널어놓다（晒好），제쳐놓다（搁置、推迟），터놓다（敞开、开放），풀어놓다（派遣）

-당기다（表示"拉、拽、引起"）：끌어당기다（拽；吸引、凝聚），잡아당기다（拽）

-두다（表示"放、加"）：놓아두다（放置；放纵），던져두다（扔掉），덮어두다（遮住、掩饰）

-듣다（表示"听"）：새겨듣다（认真听取），알아듣다（听懂），얻어듣다（偶尔听到）

-들다（表示"入、进"）：갈아들다（替换），돌아들다（转到），뛰어들다（跳进、闯进），모아들다（集聚），잡아들다（进入），잦아들다（沉静；渗透），접어들다（临近；踏上），졸아들다（逐渐减少、变小），죄어들다（勒紧；紧张；笼罩），줄어들다（变小；减少），휘어들다（向里弯；被拉进）

-매다（表示"系、绑、扎"）：끌어매다（拼凑），달아매다（挂起来；拴住），옭아매다（绑紧），잡아매다（捆住；吸引），꿰어매다（粗略地缝补）

-먹다（表示"吃、侵蚀"）：갈겨먹다（吞；抢），갉아먹다（耗损；搜刮），긁어먹다（搜刮；啃），놀아먹다（寻欢作乐；游手好闲），떨어먹다（挥霍光），떼어먹다（耍赖；克扣），뜯어먹다（勒索），발라먹다（骗取），벌어

먹다（赚钱糊口），빌어먹다（乞食），빨아먹다（剥削），알아먹다（认出；听懂），얻어먹다（乞食；挨骂），우려먹다（泡着吃；重复用），잘라먹다（侵吞；不理睬），잡아먹다（宰食；纠缠；浪费；克死），지어먹다（下定决心），질러먹다（未熟就吃），집어먹다（侵吞；吃惊；害怕），쪼아먹다（啄食），팔아먹다（出卖），퍼먹다（狼吞虎咽），핥아먹다（诈取）

-박다（表示"嵌入、压服"）：구워박다（受束缚），쥐어박다（殴打），틀어박다（塞进、长期放置），휘어박다（栽倒；强迫）

-받다（表示"得、收、受"）：떠받다（顶、举起），몰아받다（合收）

-버리다（表示"动作彻底完成"）：베어버리다（割除），쓸어버리다（消除），잊어버리다（忘记），잃어버리다（丢失）

-보다（表示"看、尝试"）：굽어보다（俯视、下察），노려보다（怒视），눌러보다（耐心看），달아보다（称重），돌라보다（环顾），돌아보다（回头看），둘러보다（回头看），떠보다（试探），뜯어보다（拆阅；打量；勉强看懂），몰라보다（认不出；不尊重、轻视），살펴보다（仔细看；思考），알아보다（认出），여겨보다（仔细看），우러러보다（仰视、崇拜），찾아보다（拜访；查找），쳐보다（揣摩），해보다（比试；对着干），훑어보다（仔细看），흘겨보다（斜眼看）

-서다（表示"站、竖、定"）：내려서다（下去），넘어서다（超过），다가서다（靠近、来临），돌아서다（改变），둘러서다（簇拥），들어서다（走进、站立），올라서다（爬上、升职），일어서다（起立）

-앉다（表示"坐"）：걸어앉다（跨坐），꿇어앉다（跪坐），내려앉다（飞落；坍塌），다가앉다（挨着坐），돌아앉다（转身坐），들어앉다（进去坐）

-오다（表示"来"）：가져오다（拿来、导致），거쳐오다（经过、顺路前来），내려오다（下来、返回、拿下来），넘어오다（翻越），다가오다（靠近），다녀오다（往返），데려오다（带来），돌아오다（返回），들어오다（进来；建立），따라오다（跟随；效仿；追赶），뛰어오다（跑来），몰아오다（蜂拥而至），옮아오다（搬迁），쫓아오다（紧跟），찾아오다（来访；取回；

降临）

-오르다（表示"上、提升"）：괴어오르다（发酵；涌上），달아오르다（烧红；发热），떠오르다（浮起来、浮现），뛰어오르다（跳跃；暴涨）

-잡다（表示"抓住"）：움켜잡다（抓住），휘어잡다（抓住、操纵）

-주다（表示"给、给予、为……做"）：그어주다（汇、分给一份），끊어주다（算账），놓아주다（放开），닦아주다（擦拭），도와주다（帮忙），몰아주다（集中给），물어주다（赔偿），보아주다（照顾、宽恕），알아주다（理解、认同），일러주다（传达），접어주다（让步）

-쥐다（表示"抓、握、控制"）：긁어쥐다（占为己有），홈켜쥐다（紧紧握住、掌握）

-지르다（表示"刺、捅"）：걷어지르다（卷起来揍），쥐어지르다（戳）

-치다（表示"打、搭"）：내려치다（捶打），떨어치다（使劲儿弄掉），메어치다（过肩摔），몰아치다（袭来；逼、赶着做），볶아치다（急于、忙于），죄어치다（催促）

ㄴ.

감싸고돌다（偏袒），넘고처지다（高不成低不就），들고나다（干涉），들고뛰다（逃走），싸고돌다（围绕；袒护），안고나다（包揽），주고받다（往来），타고나다（天生），파고들다（钻研）

ㄷ.

건너다보다（眺望；眼馋），내다보다（朝外看；估计、预料），넘겨다보다（窥望；眼馋；揣测），들여다보다（窥探、仔细看），떠다밀다（猛推、推诿）

89）是与连接词尾"-아/어，-고，-어다"连接形成的先行词基和后行词基结合形成的合成动词。这些单词都是连接词尾"-아/어，-고，-어다"先将先行词基转变为连接形，然后与后行词基结合形成的句法合成动词。因此，连接词尾"-아/어，-고，-어다"为句法合成动词的形成提供了可能。

89ㄱ）是先行词基先与连接词尾"-아/어"结合，再与后行词基结合形成的

合成动词；89ㄴ）是先行词基先与连接词尾"-고"结合，再与后行词基结合形成的合成动词；89ㄷ）是先行词基先与连接词尾"-어다"结合，再与后行词基结合形成的合成动词。

③ 形容词词基（连接形"-아/어"）+动词词基

90）

-지다（表示"状态的变化"）：달라지다（变化），무거워지다（变重），비뚤어지다（歪斜），빨개지다（变红），없어지다（消失），좋아지다（好转）

-하다（用于部分形容词连接词尾后，把形容词变为动词）：기뻐하다（高兴），두려워하다（害怕），미워하다（讨厌），싫어하다（厌恶），어려워하다（介意；敬畏），좋아하다（喜欢），지겨워하다（无聊）

90）是形容词词基与连接词尾"-아/어"结合后，再与动词词基结合形成的合成动词。与89）相同，连接词尾"-아/어"先将先行词基转变为连接形，再与后行词基结合，形成句法合成动词。因此，连接词尾"-아/어"为句法合成动词的形成提供了可能。

形容词词基和动词词基结合形成句法合成动词的数量不多，这种类型的合成动词的后行词基一般是"하다"和"지다"。

④ 副词词基（Φ）+动词词基

91）

ㄱ.

가로막다（拦截；阻断；遮住），같이가다（偕行），거저먹다（不劳而获），곧이듣다（信以为真），그만두다（停止、作罢），꼭하다（古板；直性），다쓰다（用尽），다하다（竭尽；倾力），도두보다（高估），마주보다（对视），막살다（混日子），바로잡다（纠正），아니하다（没有、不），잘살다（过得好），잘하다（做得好），재우치다（催促）

ㄴ.

꿈틀하다（蠕动），끄덕하다（点头），뚝하다（"뚝뚝하다"的略语，聪明），비틀하다（跌跌撞撞），긁적긁적하다（抓挠），만지작만지작하다（轻轻抚摸），와글와글하다（拥挤、闹腾）

91）是副词词基与动词词基结合形成的合成动词。91ㄱ）是一般性质的副词词基与动词词基结合形成的合成动词；91ㄴ）是拟声拟态副词词基与动词词基结合形成的合成动词。这部分单词又可细分为两种，第一种是单纯词基和词基层叠后都可以与"하다"结合的单词，另一种是只有词基层叠后才可以与"하다"结合的单词。

以上我们考察了通过句法合成形成合成动词的过程，这些合成动词的具体类型如下所示：

92）

ㄱ.名词词基（Φ）+动词词基

ㄴ.动词词基（连接形"-아/어, -고, -어다"）+动词词基

ㄷ.形容词词基（连接形"-아/어"）+动词词基

ㄹ.副词词基（Φ）+动词词基

（3）合成形容词

通过句法合成形成的合成形容词的合成类型有"名词词基（Φ）+形容词词基、名词词基（Φ）+动词词基、形容词词基（连接形）+形容词词基、动词词基（连接形）+形容词词基、副词词基（Φ）+形容词词基、副词词基（Φ）+动词词基"等。以下我们将分类考察这些合成形容词。

① 名词词基（Φ）+形容词词基

93）

-곧다（表示"笔直，正直"）：목곧다（有骨气；倔强），올곧다（正直；顺溜）

-궂다（表示"坏、恶劣"）：감궂다（阴险），심술궂다（心眼多），짓궂다（讨人厌）

-다르다（表示"不同、特殊"）：배다르다（同父异母），색다르다（特殊）

-되다（表示"紧、吃力"）：볼되다（吃力；有力），불되다（压得或捆得很紧）

-뜨다（表示"慢、迟钝、话少"）：동뜨다（出色；反常；有间隔），동

안뜨다（有距离），새뜨다（疏远）

　　-맞다（表示"和谐、适合"）：간맞다（咸淡适中），때맞다（及时；适时）

　　-밝다（表示"灵敏、明亮"）：귀밝다（耳朵尖），눈밝다（眼尖）

　　-사납다（表示"凶、丑、恶、厉害"）：꼴사납다（丑陋），모양사납다（样子难看），심사사납다（心眼坏），심술사납다（心眼坏），채신사납다（不成体统）

　　-싸다（表示"便宜、应该、值得"）：값싸다（廉价），손싸다（手脚利落）

　　-세다（表示"健壮、猛烈"）：아귀세다（倔强；手劲大），악지세다（顽固不通），억지세다（固执），살세다（猛烈），터세다（风水不好），힘세다（力气大）

　　-없다（表示"没"）：경황없다（无暇），관계없다（没关系），까닭없다（无名；没头脑），낯없다（没有面子），대중없다（无法预测），맛없다（不好吃），맥없다（无精打采），멋없다（乏味），면목없다（丢脸），버릇없다（没有礼貌），분수없다（不知分寸），상관없다（没关系），속없다（没有主见），수없다（无数），시름없다（无精打采），싹수없다（没有希望），어림없다（没门儿；没主见），어이없다（无可奈何），어처구니없다（无可奈何），얼없다（毫无疑问），여부없다（毫无疑问），여지없다（没余地），염치없다（不知廉耻），위없다（无比），인정없다（无情），일없다（没关系；没必要；没有用），주책없다（没主见），지각없다（不懂事），채신없다（不检点），철없다（不懂事），태없다（没有架子），한없다（无限）

　　-있다（表示"有"）：맛있다（好吃），몸있다（倒霉），싹수있다（有出息），재미있다（有趣），힘있다（有力气）

　　-좋다（表示"好、优秀"）：넉살좋다（脸皮厚），반죽좋다（脸皮厚），비위좋다（脾气好，脸皮厚），주눅좋다（不打怵、脸皮厚）

　　-其他：겉약다（小聪明），겉여물다（未熟；貌似精明），흥겹다（饶有兴味）

以上93）是名词词基与形容词词基结合形成的句法合成形容词，其先行词基充当主语。因为这种类型的单词，一个形容词后行词基可以与许多不同的名词先行词基结合，所以在本书中按照相同的形容词后行词基将这种类型分类。没有相同形容词后行词基的单词归为"其他"类之中。

② 名词词基（Φ）+动词词基

94）

동안뜨다（有距离），맛나다（味道好），줄기차다（有气势；顽强有力、坚持不懈；汹涌澎湃），풀죽다（皱、消沉）

94）是名词词基与动词词基结合形成句法合成形容词。这种类型的单词数量不多。①

③ 形容词词基（连接形"-다, -나, -아/어"）+形容词词基

95）

ㄱ.

가깝디가깝다（非常近），가늘디가늘다（非常细），가볍디가볍다（非常轻），검디검다（乌黑），곱디곱다（漂亮），굵디굵다（粗壮），깊디깊다（深又深），다디달다（甜又甜、情谊深厚）/

두껍디두껍다（很厚实），떫디떫다（很涩），맵디맵다（非常辣），무겁디무겁다（很重），붉디붉다（红彤彤），시디시다（很酸），쓰디쓰다（非常苦），얄디얄다（非常浅），자디잘다（非常小、小心眼），짜디짜다（非常咸；非常吝啬），차디차다（冰冷），춥디춥다（非常冷），크디크다（巨大），푸르디푸르다（碧绿；深蓝），희디희다（非常白）

ㄴ.

기나길다（漫长），머나멀다（遥远），크나크다（巨大）

ㄷ.

게을러빠지다（懒得要命），늙어빠지다（老掉牙），약아빠지다（非常

---

① 许雄（1976）认为合成词的词性一般由后行词基的词性决定，如果以此为依据，此类合成词的词性属于例外。对于这种现象南基心·高永根（1985）解释为在合成的过程中动词后行词基转变成了形容词后行词基。

机灵）

95）是与连接词尾"-디，-나，-아/어"结合形成的先行词基与后行词基结合形成的合成形容词词例。具体说就是连接词尾"-디，-나，-아/어"把先行词基转变成连接形，然后与后行词基结合形成句法合成形容词。所以连接词尾"-디，-나，-아/어"为句法合成形容词的形成提供了可能。

95ㄱ）是与连接词尾"-디"连接形成先行词基的合成形容词；95ㄴ）是与连接词尾"-나"连接形成先行词基的合成形容词；95ㄷ）是与连接词尾"-아/어"连接形成先行词基的合成形容词。

④ 动词词基（连接形"-아/어"）+形容词词基

96）

깎아지르다（陡峭），찍어매다（粗略地缝补）

96）是与连接词尾"-아/어"结合形成动词先行词基后，再与形容词后行词基结合形成的句法合成形容词。这种类型的形容词数量极少。

⑤ 副词词基（Φ）+形容词词基

97）ㄱ.

가만있다（老实待着；等着；不管），다시없다（独一无二），더하다（更加），덜하다（减少），못하다（不能）

ㄴ.

껑충하다（身高腿长），뭉툭하다（又粗又短），불쑥하다（鼓出），뾰족하다（尖细），움푹하다（凹陷），화끈하다（发烫；爽快）/

구질구질하다（污秽），까슬까슬하다（粗糙；粗鲁），서글서글하다（宽厚），아롱아롱하다（花花绿绿、五彩缤纷），어질어질하다（晕乎乎），쭈글쭈글하다（皱巴巴），파릇파릇하다（青葱）

97）是副词词基和形容词词基结合形成的句法合成形容词。97ㄱ）是普通的副词词基与形容词词基结合而成的合成形容词；97ㄴ）是拟声拟态副词词基与形容词词基结合而成的合成形容词。这部分单词又可细分为两类，第一种是单纯词基与"하다"结合的单词，第二种是词基层叠后与"하다"结合的单词。

⑥ 副词词基（Φ）+动词词基

98）

덜되다（不成熟；缺德），막되다（粗鲁），못나다（长得丑；没出息），잘나다（漂亮；平庸；出色）

98）是副词词基与动词词基结合形成的句法合成形容词。因为后行词基是动词词基，与合成后的单词词性不同，所以属于这种类型的单词数量不多。

以上我们考察了通过句法合成形成形容词的合成过程，这些合成形容词的具体类型如下所示：

99）

ㄱ. 名词词基（Φ）+形容词词基

ㄴ. 名词词基（Φ）+动词词基

ㄷ. 形容词词基（连接形"-다, -나, -아/어"）+形容词词基

ㄹ. 动词词基（连接形"-아/어"）+形容词词基

ㅁ. 副词词基（Φ）+形容词词基

ㅂ. 副词词基（Φ）+动词词基

（4）合成副词

通过句法合成形成的合成副词的合成类型有"名词词基（Φ）+名词词基、冠词词基（Φ）+名词词基、副词词基（Φ）+副词词基"等。以下我们将分类考察这些合成副词。

① 名词词基（Φ）+名词词基

100）

가닥가닥（一缕缕），가지가지（各种各样），갈기갈기（一条条地），갈래갈래（一条一条），갈피갈피（每一层），거리거리（每条街），걸음걸음（"걸음걸음이"的略语，步伐），고을고을（城乡各地），골목골목（每条胡同），구멍구멍（全是洞；各个洞），구절구절（字里行间），군데군데（多处），굽이굽이（每个弯角），그날그날（一天天），꼬치꼬치（追根究底；干瘪瘪），대문대문（文章每个段落），도막도막（一块块），동강동강（一块一块地），무리무리（一群一群的），사이사이（中间），소리소리（连续呼喊），송이송이（朵朵），야단야단（吵吵闹闹），조각조각（一片一片地），조목조목（每条、逐

条），줄기줄기（根根；连绵），차례차례（依次），타래타래（一圈圈），하나하나（一个一个）

100）是名词词基与名词词基结合而成的句法合成副词。这些单词都是先行词基层叠①而成的。

② 冠形词词基（Φ）+名词词基

101）

어느새（不知不觉间），온종일（终日、从早到晚），이냥저냥（这样那样），한결（更加），한낱（只是），한바탕（一阵），한층（更加）

101）是冠形词词基与名词词基结合形成的句法合成副词。属于这种类型的单词数量不多。

③ 副词词基（Φ）+副词词基

102）

ㄱ.

거의거의（几乎），고이고이（好好地、珍惜地），껑충껑충（蹦跳），꼭꼭（紧紧；咕咕；一定），내리내리（连续），문득문득（时常不由得），버럭버럭（勃然），서로서로（彼此），어서어서（赶快），자주자주（总是），척척（泰然地），콜록콜록（喀喀、吭吭、咳咳）/

곧잘（相当好；经常），꿍꽝（"꿍"的强势形，咣当），또다시（再次），쓱싹（嚓嚓），이리저리（这样那样），좀더（更加）

ㄴ.

도란도란（窃窃私语），반들반들（光溜溜地；亮亮地），부득부득（咯吱咯吱；固执），서걱서걱（沙啦沙啦），아슬아슬（惊险地），칭얼칭얼（连哭带闹）

102）是副词词基与副词词基结合形成的句法合成副词。102ㄱ）可以细分为两种类型，第一种是同一副词词基层叠而成的合成副词；第二种是不同副词词基合成的合成副词。102ㄴ）中的副词其先行和后行词基都不具有独立性，不能单

---

① 可以称这种类型的单词为"叠词"。李承熙（1955）、金永锡·李相亿（1992）将叠词与合成词区别对待。李翊燮（1982）将叠词视为反复复合词。在本书中将叠词视为合成词的一种类型。

独使用，只有层叠后合成的副词才具有独立性。

以上我们考察了通过句法合成形成副词的合成过程，这些合成副词的具体类型如下所示：

103）

ㄱ. 名词词基（Φ）+名词词基

ㄴ. 冠形词词基（Φ）+名词词基

ㄷ. 副词词基（Φ）+副词词基

以上我们考察了按照句法合成形成的合成名词、合成动词、合成形容词、合成副词。总结这些合成词的具体类型如下所示：

104）

a.合成名词

ㄱ. 名词词基+名词词基

名词词基（Φ）+名词词基

名词词基（属格形"-의, -에"）+名词词基

名词词基（潜在的派生名词"-음, -이, -기, -개"）+名词词基

名词词基（Φ）+名词词基（潜在的派生名词"-음, -이, -기, -개"）

名词词基（潜在的派生名词"-음"）+名词词基（潜在的派生名词"-음"）

ㄴ. 数词词基（Φ）+数词词基

ㄷ. 副词词基（Φ）+副词词基

ㄹ. 冠形词词基（Φ）+名词词基

ㅁ. 动词词基（冠形词形"-ㄴ, -ㄹ"）+名词词基

ㅂ. 形容词词基（冠形词形"-ㄴ"）+名词词基

b.合成动词

ㄱ. 名词词基（Φ）+动词词基

ㄴ. 动词词基（连接形"-아/어, -고, -어다"）+动词词基

ㄷ. 形容词词基（连接形"-아/어"）+动词词基

ㄹ. 副词词基（Φ）+动词词基

c.合成形容词

ㄱ.名词词基（Φ）+形容词词基

ㄴ.名词词基（Φ）+动词词基

ㄷ.形容词词基（连接形"-다, -나, -아/어"）+形容词词基

ㄹ.动词词基（连接形"-아/어"）+形容词词基

ㅁ.副词词基（Φ）+形容词词基

ㅂ.副词词基（Φ）+动词词基

d.合成副词

ㄱ.名词词基（Φ）+名词词基

ㄴ.冠形词词基（Φ）+名词词基

ㄷ.副词词基（Φ）+副词词基

3.3.2.3 句法合成法及造词能力

句法合成法是合成词的词基结合方式符合韩国语的句法规则（具有韩国语普遍性的排序法，构词法则自然的造词方法。根据这种构词法形成的合成词数量非常多。

句法合成的造词能力大的方面可以按照词性来分析，小的方面可以先按照词性，然后再从单词内部的具体结合方式来分析。以下我们就对句法合成法的造词能力做具体的分析。

按照词性分析句法合成词的造词能力结果是："合成名词＞合成动词＞合成形容词＞合成副词"。

从各词性内部先行词基和后行词基具体结合方式来分析句法合成词的造词能力的结果如下所示：

（1）合成名词

"名词词基+名词词基＞形容词词基（冠形词形"-ㄴ, -ㄹ"）+名词词基＞动词词基（冠形词形"-ㄴ, -ㄹ"）+名词词基＞形容词词基（Φ）+名词词基＞数词词基（Φ）+数词词基＞副词词基（Φ）+副词词基"。在这些类型中"名词词基+名词词基"合成的单词数量最多，"副词词基（Φ）+副词词基"合成的单词数量最少。可见，合成词的词性一般由后行词基的词性决定，副词与副词

结合形成名词不符合一般规律，是一种例外，所以这种类型的单词数量最少。

以上造词能力最强的"名词词基+名词词基"类型再细分成5种具体类型，这5种类型的造词能力为："名词词基（Φ）+名词词基＞名词词基（Φ）+名词词基（潜在的派生名词）＞名词词基（潜在的派生名词）+名词词基＞名词词基（属格形）+名词词基＞名词词基（潜在的派生名词）+名词词基（潜在的派生名词）"。

（2）合成动词

从合成动词内部的先行词基和后行词基具体结合方式来分析句法合成动词各类型的造词能力，结果如下所示：

"名词词基（Φ）+动词词基＞动词词基（连接形"-아/어, -고, -어다"）+动词词基＞副词词基（Φ）+动词词基＞形容词词基（连接形"-아/어"）+动词词基"。可见，在合成动词中"名词词基（Φ）+动词词基"类型的造词能力最强，"形容词词基（连接形"-아/어"）+动词词基"类型的造词能力最弱。而且句法合成动词的后行词基都是动词，这也说明合成词的词性是由后行词基的词性决定的。

（3）合成形容词

从合成形容词内部的先行词基和后行词基具体结合方式来分析句法合成形容词的造词能力，结果如下所示：

"名词词基（Φ）+形容词词基＞形容词词基（连接形"-다, -나, -아/어"）+形容词词基＞副词词基（Φ）+形容词词基＞名词词基（Φ）+动词词基＞副词词基（Φ）+动词词基＞动词词基（连接形"-아/어"）+形容词词基"。可见，在合成形容词中"名词词基（Φ）+形容词词基"类型的造词能力最强，"动词词基（连接形"-아/어"）+形容词词基"类型的造词能力最弱。其中出现了后行词基的词性与合成词词性不符的类型，其造词能力不强，可以说这些类型不符合合成词的一般规律，是一种例外。

（4）合成副词

从合成副词内部的先行词基和后行词基具体结合方式来分析句法合成副词的造词能力，结果如下所示：

"名词词基（Φ）+名词词基＞名词词基（Φ）+副词词基＞冠形词词基（Φ）+名词词基"。合成副词的数量并不多，在合成副词中，"名词词基（Φ）+名词词基"类型的造词能力最强，属于这种类型的合成副词大部分是词基层叠而成。

以上我们从合成词的词性及构成合成词的先行词基和后行词基的结合类型分析了合成词的造词能力。按照词性来分析合成词的造词能力，合成名词的造词能力最强。合成名词的先行词基与后行词基合成类型中"名词词基+名词词基"合成的名词数量最多，再细分这种构词类型内部所属的5种小类型，其中"名词词基（Φ）+名词词基"类型的造词能力最强。

3.3.3 非句法合成

3.3.3.1 非句法合成的概念

所谓非句法合成（Asyntactic Compounding）是指两个或两个以上的词基在组合时，其排列顺序及组合规律不符合韩国语句法规则的合成法。由这种方法构成的单词就是非句法合成词。换句话说，非句法合成词的各个构成成分不符合韩国语排列法的一般规则。

许雄（1975）把韩国语的非句法合成局限在谓词的范围内，他认为非句法合成就是几个词的词基直接相连，把不在谓词的词基上加入词尾或其他要素，将前后词基直接连接在一起的形态命名为非句法合成。可见，许雄认为的非句法合成的范围非常小。

成耆哲（1969）认为在发生音变或修饰名词的谓词冠形词形中，非主谓关系的合成词是非句法合成词。

南基心·高永根（1985）把构成成分的排列方式违背韩国语正常单词排列法的合成称为非句法合成。本书将采纳此观点作为判断非句法合成的标准。

我们可以通过以下词例来考察非句法合成的概念。

105）*[1]

ㄱ. 사흘날（第三天），수캐（公狗），안팎（里外；夫妇），좁쌀（小米；

---

[1] 带有"*"符号的表示不是非句法合成词。

小心眼儿）

　　*ㄴ. 너더댓（四五、四五个），두셋（两三），한둘（一两个）

　　*ㄷ. 죽을병（绝症），쥘손（把柄，把手）

　　ㄹ. 비켜덩이（铲下来的土块），풀쳐생각（打开心结）

　　ㅁ. 부슬비（小雨），어둑새벽（黎明），흔들의자（摇椅）/
거듭닿소리（双辅音），나란히꼴（平行四边形）

　　ㅂ. 검붉다（暗红），높푸르다（蔚蓝、又高又蓝）

　　ㅅ. 꺾쇠（绊钉），늦봄（晚春、暮春）

　　105ㄱ）是名词词基和名词词基结合形成的合成名词；105ㄴ）是数词词基和数词词基结合形成的合成数词。这两部分单词内部都发生了音韵变动，这种构成符合韩国语的正常构词规律，属于句法合成。105ㄷ）中的单词如果按照성기철（1969）的观点，它们不是出自主谓关系的句子或词组"손이 쥐다（手握）"，"병으로 죽다"（因病去世），可以视为非句法合成。但本书是按照合成词构成成分结合的方式来区分合成词的类型，而不是按照是否从句子或词组变形而来的形态，所以在本书中将105ㄷ）中的单词分析成是先与冠形词形词尾结合形成先行词基后，再与名词后行词基结合而成的句法合成词。

　　105ㄹ）的构成方式是"动词词基（连接形）+名词词基"；105ㅁ）的构成方式是"副词词基+名词词基"，如再细分105ㅁ）的前三个单词只有先行词基层叠，才能作为副词使用，而后两个单词其先行词基具有独立性，本身就可以作为副词使用；105ㅂ）是"形容词词基+形容词词基"，没有任何词尾加入的合成词，105ㅅ）是"动词词基+名词词基"构成的合成词。105ㄹ）～105ㅅ）中的单词不符合正常的韩国语构词法，所以将之视为非句法合成。

　　因此，非句法合成是指构成合成词各个成分的排列顺序及组合规律不符合韩国语句法规则的合成法。"动词词基（连接形）+名词词基""副词词基+名词词基""动词词基+动词词基""动词词基+名词词基"的组合类型属于非句法合成。

　　3.3.3.2　非句法合成形成的合成词

　　非句法合成形成的合成词就是构成合成词各个成分的排列顺序及组合规律不

符合韩国语句法规则的合成词，即组成合成词各个词基的排列顺序或组合规律不符合正常的韩国语排列法，构词违背了正常规律的合成词。属于这种类型的合成词从词性的角度来分析有：合成名词、合成动词、合成形容词、合成副词等。因为这些单词不符合韩国语单词正常的排列法，所以数量不多。

（1）合成名词

非句法合成名词的成分组合类型有："动词词基（Φ）+名词词基、形容词词基（Φ）+名词词基、动词词基（连接形）+名词词基、动词词基（终结形）+名词词基、名词词基（Φ）+动词词基（Φ）、副词词基（Φ）+名词词基、不完全词基（Φ）+名词词基"等。属于这些组合类型的单词如下所示：

① 动词词基（Φ）+名词词基

106）

감발（包脚布），걸쇠（门钩），내리글씨（竖写字），닿소리（辅音），덮밥（盖浇饭），되밀（不足一升的粮食），맞바람（迎面风），비비송곳（手拧锥子），비틀걸음（蹒跚的步子），빼도리（探头檩子；变通），얼망（炒网），익반죽（烫面），적바림（简要记录），접등（折叠式灯笼），접의자（折叠椅），접칼（折叠刀），쩨못（楔子），튀밥（炒米、爆米花），호비칼（剜刀），후릿그물（围网），흔들의자（摇椅）

106）所列的是动词词基与名词词基结合形成的非句法合成名词，与先行词基是冠形词形的句法合成名词相比，这部分单词数量很少。因为"动词词基（Φ）+名词词基"这种组合不符合正常的韩国语句法规则，所以这种类型的单词数量少是正常的。

② 形容词词基（Φ）+名词词基

107）

검버섯（老年斑），곱돌（滑石），곱자（曲尺），굳뼈（硬骨），늦바탕（暮年），늦가을（深秋），늦더위（秋老虎），늦바람（晚风），늦벼（晚稻），늦봄（暮春），늦서리（晚霜），늦잠（懒觉），늦장마（迟来的梅雨），늦추위（倒春寒），동글붓（圆头毛笔），옥니（玉齿），잔주름（衣服上的细褶）

107）所列的是形容词词基与名词词基结合形成的非句法合成名词。与先行词基是冠形词形的句法合成名词相比,这部分单词数量很少。因为"形容词词基(Φ)+名词词基"这种组合类型也不符合正常的韩国语句法规则,所以这种类型的单词数量少也是正常的。

③ 动词词基(连接形"-아/어")+名词词基

108)

걸어총(架枪),비켜덩이(铲掉的土块),살아생전(生前),올러방망이(恐吓)

108)所列的是先与连接词尾"-아/어"结合形成先行词基,再与名词后行词基结合形成的非句法合成名词,这种类型的单词数量非常少。

④ 动词词基(终结形"-자,-료,-라,-구러")+名词词基

109)

놀자판(享乐主义;玩儿的地方),매죄료장수(磨剪子戗菜刀的人),먹자판(只顾吃喝),보라장기(下得很慢的象棋),신기료장수(修鞋匠)

109)所列的是先与终结形词尾"-자,-료,-라,-구러"结合形成先行词基,再与名词后行词基结合形成的非句法合成名词。这种组合不符合正常的韩国语句法规则,所以这种类型的单词数量很少。

⑤ 名词词基(Φ)+动词词基(Φ)[①]

110)

겉절이(鲜辣白菜),굴뒤기(炸牡蛎),땅가물(干旱),매부리(鹰嘴),빗접(木梳夹),속굿(底画),손누비(手衲),실꾸리(线团),쑥버무리(艾米粉蒸糕),틀누비(机衲),활비비(弓形钻)

110)是名词词基与动词词基结合形成的非句法合成名词。李翊燮(1979:131)将这部分合成名词视为动词词基后省略了后缀"-이"。本书将110)所列单词中"실꾸리(线团)""활비비(弓形钻)"视为是省略了后缀"-이"形

---

① 动词和形容词词基在形成后行词基时绝大部分都要与终结形词尾"-다"结合,所以无需非要标注成"动词、形容词词基(终结形"-다")。但也有极少数动词、形容词词基不与终结形词尾结合,直接形成后行词基,所以用"动词词基(Φ)""形容词词基(Φ)"表示其后没与终结形词尾"-다"结合的形态。

成的单词，但"속긋（底画）"却无法视为是省略了后缀"-이"形成的单词。因为，词基不是以"-이"结尾的单词有可能出现必须推测其隐形的后缀的情况，因此，在本书中将这类单词作为合成词处理。

⑥ 副词词基（Φ）+名词词基

111）

ㄱ.

나란히꼴（平行四边形），두루뭉수리（糊弄；马虎；糊涂虫），두루주머니（荷包），마주나무（拴马桩子），마침가락（恰好），막말（胡言乱语），막일（零工；力气活），모두머리（单辫髻子），지레짐작（猜测），홀로말（独立成分）/

깜박불（一闪一闪的灯火），딱총（打火枪；爆竹），똑딱선（机动船），뚝심（耐力），뻐꾹새（杜鹃），살짝곰보（浅麻子），찍소리（吭声）

ㄴ.

곱슬머리（自来卷），더펄머리（蓬头），물렁뼈（软骨），부슬비（细雨），비틀걸음（蹒跚的步子），뾰족구두（高跟鞋），선들바람（凉风），어둑새벽（黎明），흔들의자（摇椅）

111）是副词词基与名词词基结合形成的非句法合成名词，因为副词与名词结合不符合正常的韩国语单词排列法。111ㄱ）的单词分为两种，第一种是单词的先行词基是普通副词，第二种是单词的先行词基是拟声拟态词；111ㄴ）中单词的先行词基只有经过层叠才具有独立性。

⑦ 不完全词基（Φ）+名词词基

112）

ㄱ.

감감소식（杳无音信），간간오월（漫长五月），껌껌나라（"깜깜나라"的大重形。漆黑；一无所知），끈끈막（黏膜层），삽살개（狮子狗），움평눈（眍䁖眼）

ㄴ. 까막눈（文盲；门外汉；盲人），너럭바위（大石板），밭장다리（倒八字脚），뻗정다리（"벋정다리"的强势形。僵直的腿），안짱다리（内八

字脚)

112)是不完全词基与名词词基结合形成的非句法合成名词。112ㄱ)中的单词其先行词基都不具有独立性,词性也不清晰,所以称之为不完全词基。这部分单词具体又可分为两种,112ㄱ)先行词基可与词缀"-하다"结合形成形容词,但后形词基则不具有这种特征;112ㄴ)是与后缀结合形成的先行词基构成的合成名词。这些先行词基都不具有独立性,词性也不清晰,所以也将之称为不完全词基。属于这种类型的单词数量非常少。

以上我们考察了通过非句法合成形成的非句法合成名词,这些合成名词的具体类型如下所示:

113)

ㄱ. 动词词基(Φ)+名词词基

ㄴ. 形容词词基(Φ)+名词词基

ㄷ. 动词词基(连接形)+名词词基

ㄹ. 动词词基(终结形)+名词词基

ㅁ. 名词词基(Φ)+动词词基(Φ)

ㅂ. 副词词基(Φ)+名词词基

ㅅ. 不完全词基(Φ)+名词词基

(2)合成动词

非句法合成动词的组合类型有"动词词基(Φ)+动词词基、形容词词基(Φ)+动词词基、不完全词基(Φ)+动词词基"等。属于这些组合类型的具体单词如下所示:

① 动词词基(Φ)+动词词基

114)

감돌다(盘旋;环绕),감싸다(包裹;包庇),굶주리다(挨饿;渴望),까놓다(生小孩;直率;揍),깔보다(轻视),꿰매다(缝补;修正),날뛰다(跳跃;嚣张;奔波),돌보다(照顾),듣보다(打听),따먹다(下棋吃子;赢钱;玷污;摘水果吃),뛰놀다(跑跳;心跳不已),매달다(悬挂;依赖;绞死),무뜯다("물어뜯다"的略语。啃;中伤),받들다(侍奉;遵照;

捧），보살피다（照顾；观察；张罗），붙잡다（抓紧；挽留），빌붙다（阿谀奉承），빼먹다（漏掉；侵吞），뻗디디다（"벋디디다"的强势形。踩；迈出），싸매다（包扎），어녹다（冻了又融化），얼마르다（冻干），얽매다（捆扎；束缚），여닫다（开了又关），오르내리다（上上下下；被议论），잇달다（跟随；连接；接二连三），짜깁다（织补），치밀다（往上推；涌起），파먹다（坐吃山空），파묻다（掩埋；隐藏；盘问），헐벗다（衣衫褴褛；光秃秃）

114）是动词词基与动词词基结合形成的非句法合成动词。与先行词基是连接形的句法合成动词相比，这种类型的单词数量很少。因为"动词词基（Φ）+动词词基"这种组合不符合正常的韩国语句法规则，所以这种类型的单词数量少是正常的。

② 形容词词基（Φ）+动词词基

115）

같지다（同时摔倒），곱꺾다（关节屈伸；唱歌先抑后扬），낮보다（"낮추보다"的略语，轻视），낮잡다（降低；轻视），늦되다（晚熟），무르녹다（熟透；恰到好处；浓厚），설익다（夹生；未完成），얕보다（轻视），얕잡다（轻视），잗다듬다（精加工）

115）是形容词词基与动词词基结合形成的非句法合成动词。与先行词基是连接形的句法合成动词相比，这部分单词数量很少。因为"形容词词基（Φ）+动词词基"这种组合也不符合正常的韩国语句法规则，所以这种类型的单词数量少也是正常的。

③ 不完全词基（Φ）+动词词基

116）ㄱ.

민주대다（烦人），비롯하다（始于；以……为首），용쓰다（竭尽全力；强忍），짜드락나다（"자드락나다"的强势形，被发现）

ㄴ.

나타나다（出现、暴露；表现），무너뜨리다（推倒、破坏、打垮），무너지다（倒塌；崩溃），바라보다（看望；观察；盼望），부여잡다（双手抓住），비끄러매다（束缚、系），주저앉다（瘫坐；停留；坍塌）

116）是不完全词基与动词词基结合形成的非句法合成动词。如果把116㉠）中单词先行词基认为是名词并非十分准确，把116㉡）中单词的先行词基认为是与连接词尾"-아/어"结合的动词词基也不是十分准确，所以，在本书中把这部分词基称为"不完全词基"。

以上我们考察了通过非句法合成形成的非句法合成动词，这些合成动词的具体类型如下所示：

117）

ㄱ. 动词词基（Φ）+动词词基

ㄴ. 形容词词基（Φ）+动词词基

ㄷ. 不完全词基（Φ）+动词词基

（3）合成形容词

非句法合成形容词的成分组合类型有："形容词词基（Φ）+形容词词基、不完全词基（Φ）+形容词词基"等。属于这些组合类型的单词如下所示：

① 形容词词基（Φ）+形容词词基

118）

감노르다（焦黄），검누르다（灰黄），검푸르다（墨绿），굳세다（结实；坚韧），길둥글다（椭圆），넓둥글다（宽圆），높푸르다（蔚蓝），맞갖다（中意；合口味；），시원섭섭하다（又高兴又难舍），약빠르다（机灵），엷붉다（淡红），이상야릇하다（稀奇古怪地），재빠르다（迅速），짙푸르다（深蓝色），희맑다（白净）

118）是形容词词基与形容词词基结合形成的非句法合成形容词。与先行词基是连接形的句法合成形容词相比，这部分单词数量很少。因为"形容词词基（Φ）+形容词词基"这种组合不符合正常的韩国语句法规则，所以这种类型的单词数量少是正常的。

② 不完全词基（Φ）+形容词词基

119）

갑갑하다（闷气；腻烦；紧绷绷），부질없다（徒劳无益），싸늘하다（冰凉），웅숭깊다（深谋远虑；深邃），장성세다（强壮有力），지멸있다（忠贞不

渝），착하다（善良），해망쩍다（愚蠢）

119）是不完全词基与形容词词基结合形成的非句法合成形容词。这些先行词基不能单独使用，而且词性也不清晰，可以称之为不规则词基。属于这种类型的单词数量不多。

以上我们考察了通过非句法合成形成的非句法合成形容词，这些合成形容词的具体类型如下所示：

120）

ㄱ．形容词词基（Φ）+形容词词基

ㄴ．不完全词基（Φ）+形容词词基

（4）合成副词

非句法合成副词的成分组合类型有"动词词基（Φ）+动词词基（Φ）、形容词词基（Φ）+形容词词基（Φ）、名词词基（Φ）+副词词基、副词词基（Φ）+冠形词词基、不完全词基（Φ）+不完全词基（Φ）"等。属于这些组合类型的单词如下所示：

① 动词词基（Φ）+动词词基（Φ）

121）

더듬더듬（摸索；徘徊；断断续续；隐隐约约；结结巴巴），부풀부풀（"보풀보풀"的大重形，毛茸茸），비틀비틀（蹒跚地），시들시들（蔫蔫地），흔들흔들（摇摆不定地；晃晃悠悠地）

121）是没有连接词尾，动词词基与动词词基直接结合形成的非句法合成副词。此类单词的先行词基与后行词基相同。这种组合不符合正常的韩国语句法规则，所以这种类型的单词数量极少。121）所列的单词词基不能单独使用，所以将这部分单词的构成类型归为"动词词基（Φ）+动词词基（Φ）"之中。而"더디더디（迟缓）""내리내리（连续）"表面上看构词类型与121）所列的单词相同，都是先行词基层叠而成，但这两个单词的先行词基是副词，可以单独使用，所以这两个单词的构成是副词词基与副词词基结合形成的句法合成副词。这与121）所列单词不同。

② 形容词词基（Φ）+形容词词基（Φ）

122）

둥글둥글（圆溜溜；圆滑），비뚤비뚤（歪歪斜斜），작작（少许）

122）是没有连接词尾，形容词词基与形容词词基直接结合形成的非句法合成副词。此类单词的先行词基与后行词基相同。这种组合也不符合正常的韩国语句法规则，所以这种类型的单词数量极少。

③ 名词词基（Φ）+副词词基

123）

길바로（正是），때마침（正好），발바투（不失时机地），하루바삐（尽快）

123）是名词词基与副词词基结合形成的非句法合成副词。名词后接副词这种组合方式不符合正常的韩国语句法规则，所以这种类型的单词数量极少。

④ 副词词基（Φ）+冠形词词基

124）

또한（同样、而且、又）

124）是副词词基与冠形词词基结合形成的非句法合成副词。冠形词词基充当后行词基这种使用方式非常特别，属于这种类型的词只有"또한"一个。

⑤ 不完全词基（Φ）+不完全词基（Φ）

125）

다짜고짜（不由分说），신숭생숭（心绪不宁），아기자기（谐调；饶有趣味），아웅다웅（斤斤计较地），안절부절（坐立不安），오손도손（亲切地），옹기종기（大小不一；参差不齐），티격태격（吵闹地），피장파장（不相上下），허겁지겁（仓皇地），흑죽학죽（敷衍了事）

125）是不完全词基与不完全词基结合形成的非句法合成副词。这些单词的先行词基与后行词基相互进行元音交替、辅音交替、音节交替[①]。这些先行词基和后行词基都不具有独立意义，且词性不清晰，所以将之归为不完全词基。

以上我们考察了通过非句法合成形成的非句法合成副词，这些合成副词的具

[①] 李翊燮（1982）、蔡琬（1987）对这种类型的单词进行了详细地研究。

体类型如下所示：

126）

ㄱ. 动词词基（Φ）+动词词基（Φ）

ㄴ. 形容词词基（Φ）+形容词词基（Φ）

ㄷ. 名词词基（Φ）+副词词基

ㄹ. 副词词基（Φ）+冠形词词基

ㅁ. 不完全词基（Φ）+不完全词基（Φ）

以上我们考察了按照非句法合成形成的合成名词、合成动词、合成形容词、合成副词。总结这些合成词的具体类型如下所示：

127）

a. 合成名词

ㄱ. 动词词基（Φ）+名词词基

ㄴ. 形容词词基（Φ）+名词词基

ㄷ. 动词词基（连接形"-아/어"）+名词词基

ㄹ. 动词词基（终结形"-자, -료, -라, -구러"）+名词词基

ㅁ. 名词词基（Φ）+动词词基（Φ）

ㅂ. 副词词基（Φ）+名词词基

ㅅ. 不完全词基（Φ）+名词词基

b. 合成动词

ㄱ. 动词词基（Φ）+动词词基

ㄴ. 形容词词基（Φ）+动词词基

ㄷ. 不完全词基（Φ）+动词词基

c. 合成形容词

ㄱ. 形容词词基（Φ）+形容词词基

ㄴ. 不完全词基（Φ）+形容词词基

d. 合成副词

ㄱ. 动词词基（Φ）+动词词基（Φ）

ㄴ. 形容词词基（Φ）+形容词词基（Φ）

ㄷ. 名词词基（Φ）+副词词基

ㄹ. 副词词基（Φ）+冠形词词基

ㅁ. 不完全词基（Φ）+不完全词基（Φ）

3.3.3.3 非句法合成法及造词能力

非句法合成法是形成合成词的词基的结合方式不符合韩国语的句法法则。换句话说，构成非句法合成词的词基的组合或者排列方式不符合韩国语正常的排序法，构词不自然。因此由这种构词方法形成的合成词数量不多。

非句法合成法的造词能力大的方面可以按照词性分析，小的方面可以先按照词性，然后再从单词内部的具体结合方式分析。以下我们对非句法合成法的造词能力做具体的分析。

从词性来分析非句法合成法的造词能力结果是："合成名词＞合成动词＞合成形容词＞合成副词"。

从各词性内部先行词基和后行词基具体结合类型来分析句法合成法的造词能力，结果如下所示：

（1）合成名词

从非句法合成名词内部先行词基和后行词基具体结合方式考察非句法合成名词的造词能力结果如下："副词词基（Φ）+名词词基＞动词词基（Φ）+名词词基＞形容词词基（Φ）+名词词基＞名词词基（Φ）+动词词基（Φ）＞不完全词基（Φ）名词词基＞动词词基（连接形"-아/어"）+名词词基＞动词词基（终结形"-자, -료, -라, -구려"）+名词词基"。其中，"副词词基（Φ）+名词词基""动词词基（Φ）+名词词基"这两种组合类型的造词能力最强，"动词词基（连接形"-어"）+名词词基"和"动词词基（终结形"-자, -료, -라, -구려"）+名词词基"这两种组合类型的造词能力最弱。但因为非句法合成法形成的单词数量非常少，所以单词内部各词基组合类型的造词能力差别并不大。

（2）合成动词

从非句法合成动词内部先行词基和后行词基具体结合方式考察非句法合成动词的造词能力结果如下："动词词基（Φ）+动词词基＞不完全词基（Φ）+动

词词基＞形容词词基（Φ）+动词词基"。其中，"动词词基（Φ）+动词词基"这种组合类型与其他两种组合类型相比造词能力强。但由于非句法合成法形成的单词数量非常少，所以单词内部各词基组合类型在造词能力方面差别并不大。

（3）合成形容词

从非句法合成形容词内部先行词基和后行词基具体结合方式考察非句法合成法的造词能力结果如下："形容词词基（Φ）+形容词词基＞不完全词基（Φ）+形容词词基"。可见"形容词词基（Φ）+形容词词基"这种组合类型的造词能力比"不完全词基（Φ）+形容词词基"这种组合类型的造词能力强。但由于整体上非句法合成法形成的单词数量非常少，所以这两种组合类型的造词能力差别并不大。

（4）合成副词

从非句法合成副词内部先行词基和后行词基具体结合方式考察非句法合成副词的造词能力结果如下："不完全词基（Φ）+不完全词基（Φ）＞动词词基（Φ）+动词词基（Φ）＞名词词基（Φ）+副词词基＞形容词词基（Φ）+形容词词基（Φ）＞副词词基（Φ）+冠形词词基"。其中，"不完全词基（Φ）+不完全词基（Φ）"这种组合类型的造词能力相对强一些。与其他词性的非句法合成词情况相同，由于整体上非句法合成法形成的单词数量非常少，所以非句法合成副词的这五种组合类型在造词能力方面差别不大。

3.4 合成词的派生与派生词的合成

3.4.1 合成词的派生

合成词的派生是指在合成词前面或后面附加词缀构成派生词的构词方法。根据词缀类型的不同，合成词的派生可分为合成词的前缀派生和合成词的后缀派生。

3.4.1.1 合成词的前缀派生

128）<u>선</u>-（不熟练；夹生）+<u>머슴</u>（长工）+<u>아이</u>（孩子）→선머슴아이

（冒失鬼、愣头青）

129) 되-（重复）+ 돌-（转）+ -아 + 가다（去）→되돌아가다（返回去）

128) 是名词词基"머슴"与名词词基"아이"先通过句法合成法生成合成名词"머슴아이"，然后再与表示"不熟练；夹生"含义的前缀"선-"结合，派生成名词"선머슴아이"。

129) 是动词词基"돌-"先与连接词尾"-아"结合，再与动词"가다"通过句法合成法生成合成动词"돌아가다"，这个合成动词再与表示"重复"含义的固有词前缀"되-"结合，派生成动词"되돌아가다"。

3.4.1.2　合成词的后缀派生

合成词的后缀派生主要可以派生成名词和副词，具体如下：

（1）派生为名词

根据合成词内部词根之间句法关系的不同，合成词的后缀派生主要有如下四种形式：

① 主谓型合成词词根+后缀→名词

130) 해 + 돋（다）+ -이→해돋이（日出）

② 动宾型合成词词根+后缀→名词

131) 끝 + 맺（다）+ -음→끝맺음（结束）

③ 状谓型合成词词根+后缀→名词

132) 감옥（监狱）+ 살（다）（活）+ -이→감옥살이（铁窗生活）

以上三种类型是后缀附加于句法合成词根后的派生方式。

④ 非句法合成动词词根+后缀→名词

133) 열-（开）+닫（다）（关）+ -이→여닫이（推拉门）

（2）派生为副词

一些层叠合成名词与后缀"-이"组合派生出副词。如：

134)

곳（地方）+ 곳（地方）+ -이→곳곳이（处处）

샅（夹缝）+ 샅（夹缝）+ -이→샅샅이（彻底，遍）

사람（人）+사람（人）+-이→사람사람이（人人、所有人）

3.4.2 派生词的合成

派生词的合成是指以派生词为词根，与其他词根组合成合成词的方法。如：

135）병（瓶子）+막-（阻挡）+-애→병마개（瓶盖）

派生词的合成与合成词的派生是两种不同的构词方式，其结构都比较复杂，但无论是派生词的合成还是合成词的派生，其内部构造都是有层次的，各个层次也都有自己的构词方式。只要按照不同的构词方式逐层分析，就能理清其结构关系，从而准确地识别这两类词。

3.5 小结

韩国语固有词构词类型大的方面可以分为派生法和合成法两类。其中派生法又可根据是否有词缀分为词缀派生法和非词缀派生法。词缀派生法又可细分为前缀派生法、后缀派生法；非词缀派生法又可分为特殊变化派生法和内部变化派生法。内部变化派生法还可再分为元音交替法和辅音交替法；合成法可分为句法合成和非句法合成。我们可以用下图表示韩国语固有词的构词分类。

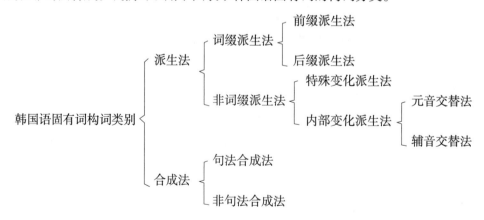

在考察由派生法形成的前缀派生词时，首先要对前缀有一个判断标准。在本书中，将前缀的判断标准设定为：① 在形态上具有依存性；② 在分布上受限；

③ 在功能上具有不可分割性和修饰的局限性；④ 在意义上参与实质词素的语义变化。

在本书中将一种类型的单词形成能力称为造词能力。我们按照词性（词基的词性）和词缀考察前缀派生法的造词能力结果如下："名词派生＞动词派生＞形容词派生"。再按照词性考察各个前缀的造词能力结果是：

① 名词派生前缀的造词能力分析结果："한-＞암-，수-＞홀-＞쇠-，헛-＞참-，맞-＞풋-＞해/햅-，알-＞개-，날-，덧-＞들-，외-＞돌-，찰-＞만-，숫-，맨-，올/오-＞민-，군-，막-＞어리-＞홀-，메-，핫²-＞밭-，둘-，강-，얼-＞골-＞불-，빗-，엇-，옹-＞넛-，짓-＞핫-¹，갈-，뒤-＞이듬-，치-，데-"。需要说明的是以上词缀造词能力的排序结果仅仅是在本书的研究范围内，针对固定数量的单词进行研究比较后的结果，而非绝对结果。

② 动词派生前缀的造词能力分析结果："내-＞들이-＞치-＞뒤-，맞-＞엇-＞휘-＞처-＞덧-，빗-＞들-，짓-，헛-＞거머-，얼-，데-＞나-＞검-，드-"。

③ 与前缀派生成名词和前缀派生成动词的造词能力相比，前缀派生成形容词的造词能力最低。这与前缀派生成形容词的数量最少有关。

在本书中，将后缀的判断标准设定为：① 在形态上具有依存性；② 在分布上受限；③在功能上具有改变词性的作用；④ 在意义上具有添加词义和限定词义的作用。通过后缀派生法形成的后缀派生词的词性有：名词、动词、形容词、副词。后缀派生法的造词能力分析结果是："名词派生＞动词派生＞副词派生＞形容词派生"。再按照词性，分别考察词基和后缀的造词能力结果是：

① 名词派生

ㄱ. 词基的造词能力结果是："名词词基＞名词+不完全词基＞名词+动词词基＞动词词基、动词+不完全词基、名词+动词+形容词+不完全词基＞名词+形容词、动词+形容词词基、名词+动词+形容词+副词+不完全词基＞形容词词基、不完全词基、名词+副词词基、名词+动词+副词+不完全词基、名词+动词+形容词+副词词基"。从上面的结果可知与派生词词性相同的"名词词基"的造词能力最强。

ㄴ. 词缀的造词能力分析结果是："-께, -네, -뻘, -쯤, -째＞-질＞-이＞-음＞-장이＞-꾼＞-기＞-개/게＞-보＞-새＞-동이/둥이＞-꾸러기, -쟁이＞-앙이/엉이＞-때기＞-아지, -투성이＞-내기, -뱅이＞-발, -쇠, -지기, -퉁이＞-거리¹, -다리, -붙이＞-거리³, -매＞-빼기, -아치, -치기, -애/에＞-거리², -거리⁴, -깔, -꿈치, -데기, -뜨기, -박이, -사리, -아리, -장, -지거리, -찌, -포, -치, -막, -암/엄, -어리＞-꼬, -다귀, -보숭이, -부리, -태기, -팽이, -지, -깽이, -저지, -깨, -챙이, -숭이, -투리＞-따리, -딱서니, -스랑, -악서니, -우라기, -으러기, -웅, -타리"。根据以上显示的结果很难找到造词能力强的词基和与之对应的词缀造词能力的相关性。

② 动词派生

ㄱ. 词基的造词能力分析结果是："动词词基＞动词+形容词词基＞副词词基+不完全词基＞形容词词基、不完全词基、动词+不完全词基、动词+形容词+不完全词基、名词+动词+形容词+副词词基"。从上面的结果可知与派生词词性相同的"动词词基"的造词能力最强。

ㄴ. 词缀的造词能力分析结果是："-거리-＞-이²-＞-히-＞-이¹-＞-치-＞-기-＞-리-＞-우-＞-구-, -이우-＞-추-＞-닐-＞-그리-＞-(으)키-＞-지르-＞-드리-, -조리-, -이키-, -애-"。根据以上显示的结果可知，词尾"-거리-"的造词能力最强。这是因为韩国语中的拟声拟态词特别发达，很多拟声拟态词的词尾是"-거리-"。

③ 形容词派生

ㄱ. 词基的造词能力分析结果是："名词+不完全词基＞形容词+不完全词基＞名词词基、形容词词基、不完全词基、动词+形容词词基、动词+副词+不完全词基"。其中"名词+不完全词基"的造词能力最强。

ㄴ. 词缀的造词能力结果是："-답-＞-스럽-＞-하-＞-롭-＞-압/업-＞-앟/엏-＞-브-＞-다랗-＞-적/쩍-＞-갑/겁-＞-접/쩝-"。没有发现形容词派生的词基造词能力与后缀的造词能力之间的相关性。

④ 副词派生

ㄱ. 词基的造词能力分析结果是："副词词基＞形容词词基＞名词+形容词

+副词+不完全词基＞名词词基、动词词基、名词+动词词基、名词+不完全词基"。从上面的结果可知与派生词词性相同的"副词词基"的造词能力最强。

ㄴ. 词缀的造词能力分析结果是："-이＞-오/우＞-에/애＞-내＞-껏＞-금, -사리, -소/수＞-짓, -ㅅ, -암치, -옥, -음, -장"。与形容词的情况相同，没有发现副词派生词的词基造词能力与后缀的造词能力之间的相关性。

符合特殊变化派生词的词性有名词、动词、副词。按照词性考察特殊变化派生法的造词能力分析结果是："副词派生＞名词派生＞动词派生"。按照各词性内部分析词基的造词能力分析结果如下所示。

① 名词派生：动词词基＞副词词基

② 动词派生：只有形容词词基一种情况

③ 副词派生：名词词基＞形容词词基＞动词词基

前缀、后缀派生词的词基造词能力研究结果显示，与派生词词性一致的词基的造词能力强。通过特殊变化派生法派生的词的词性与词基的词性没有任何一致性，这是因为特殊变化派生不添加词缀，具有特异性。也就是说可派生成与词基词性不同的词。

内部变化派生的词可分为元音交替法派生和辅音交替法派生，这两种派生法的造词能力近似。分析这两种交替法内部音节交替的造词能力结果显示：

① 元音交替法造词能力分析结果是："ㅏ：ㅓ＞ㅗ：ㅜ＞ㅑ：ㅡ＞ㅐ：ㅣ＞ㅏ：ㅣ＞ㅒ：ㅖ＞ㅑ：ㅣ＞ㅘ：ㅝ, ㅏ：ㅜ＞ㅚ：ㅟ＞ㅒ：ㅡ, ㅑ：ㅕ, ㅙ：ㅞ＞ㅗ：ㅓ, ㅘ：ㅝ, ㅛ：ㅠ＞ㅛ：ㅓ, ㅛ：ㅣ"。其中："ㅏ：ㅓ"类型的造词能力最强，其次是"ㅗ：ㅜ"和"ㅏ：ㅡ"类型。这种现象与以7元音体系为基础的15世纪韩国语元音和谐所呈现的对立体系是一致的。唯一不同的是15世纪的韩国语中"ㅡ"对应的元音是"·"，但韩国语发展到现代，"·"消失，由"ㅏ"替代"·"的位置，作为"ㅡ"的对应元音。这三种高产元音交替类型在现代韩国语元音体系中属于后舌元音系列中的相同系列。造词能力弱的"ㅗ：ㅕ"和"ㅛ：ㅣ"类型却不属于相同系列，可以说是不相关的元音组成的配对儿。通过元音交替法形成的18种交替类型都是原始词基是阳性元音，而派生词的词基是阴性元音，阳性元音比阴性元音的开口度大，这是元音交替的最大特征。

辅音交替法造词能力分析结果是："ㄱ：ㄲ＞ㅈ：ㅉ＞ㅂ：ㅃ＞ㄷ：ㄸ＞ㅅ：ㅆ＞ㄱ：ㅋ，ㅈ：ㅊ＞ㅈ：ㅉ：ㅊ＞ㄲ：ㅋ，ㅂ：ㅃ：ㅍ＞ㄱ：ㄲ：ㅋ，ㅂ：ㅍ＞ㄷ：ㅌ，ㄸ：ㅌ＞ㄷ：ㄸ：ㅌ＞ㅉ：ㅊ＞ㅃ：ㅍ"。其中"ㄱ：ㄲ""ㅈ：ㅉ""ㅂ：ㅃ""ㄷ：ㄸ""ㅅ：ㅆ"这种"松音：紧音"类型的造词能力最强。而"松音：送气音""紧音：送气音"的类型的造词能力弱。

合成法是韩国语构词法中另一大类型，又可分为句法合成法和非句法合成法。在分析韩国语合成词时首先要区分其与词组的区别，可以从结构和意义两个角度进行区分。结构方面，可以通过分析构成成分是否有内部扩张、构成成分的排列顺序、外部分布关系等区分是合成词还是词组；意义方面可以通过分析其意义变化来区分是合成词还是词组。

通过句法合成法形成的合成词有合成名词、合成动词、合成形容词、合成副词。按照词性来考察合成词的造词能力结果如下："合成名词＞合成动词＞合成形容词＞合成副词"。按照各词性内部分析词基结合类型的造词能力结果如下所示：

① 合成名词

"名词词基+名词词基＞形容词词基（冠形词形"-ㄴ，-ㄹ"）+名词词基＞动词词基（冠形词形"-ㄴ，-ㄹ"）+名词词基＞冠形词词基（Φ）+名词词基＞数词词基（Φ）+数词词基＞副词词基（Φ）+副词词基"。其中，"名词词基+名词词基"组合类型的造词能力最强，"副词词基（Φ）+副词词基"组合类型的造词能力最弱。这是因为合成词的词性是由后行词基的词性决定的，所以副词词基之间结合形成名词的数量极少是正常现象。合成名词造词能力最强的词基结合类型"名词词基+名词词基"又可细分成5种小类型，这5种小类型的造词能力分析结果是："名词词基（Φ）+名词词基＞名词词基（Φ）+名词词基（潜在的派生名词）＞名词词基（潜在的派生名词）+名词词基＞名词词基（属格形）+名词词基＞名词词基（潜在的派生名词）+名词词基（潜在的派生名词）"。

② 合成动词

"名词词基（Φ）+动词词基＞动词词基（连接形"-아/어，-고，-이다"）+动词词基＞副词词基（Φ）+动词词基＞形容词词基（连接形"-아/어"）+动

词词基"。其中，"名词词基（Φ）+动词词基"组合类型的造词能力最强。合成动词词基组合的所有类型中，后行词基都是动词，这充分证明了合成词的词性是由后行词基的词性决定的这一事实。

③ 合成形容词

"名词词基（Φ）+形容词词基＞形容词词基（连接形"-디, -나, -아/어"）+形容词词基＞副词词基（Φ）+形容词词基＞名词词基（Φ）+动词词基、副词词基（Φ）+动词词基＞动词词基（连接形"-아/어"）+形容词词基"。其中，"名词词基（Φ）+形容词词基"组合类型的造词能力最强；而后行词基不是形容词的"名词词基（Φ）+动词词基""副词词基（Φ）+动词词基"和"动词词基（连接形"-아/어"）+形容词词基"这三种组合类型的造词能力弱。

④ 合成副词

"名词词基（Φ）+名词词基＞副词词基（Φ）+副词词基（Φ）＞冠形词基（Φ）+名词词基"。其中，"名词词基（Φ）+名词词基"组合类型的造词能力最强，这三种组合类型基本都是同一词基层叠后形成的合成副词。

通过非句法合成法形成的合成词有合成名词、合成动词、合成形容词、合成副词。按照词性来考察合成词的造词能力结果如下："合成名词＞合成动词＞合成形容词＞合成副词"。按照各词性内部分析词基组合类型的造词能力结果如下所示：

① 合成名词

"副词词基（Φ）+名词词基、动词词基（Φ）+名词词基＞形容词词基（Φ）+名词词基＞名词词基（Φ）+动词词基＞不完全词基（Φ）+名词词基＞动词词基（连接形"-어"）+名词词基、动词词基（终结形"-자, -쿄, -라, -구려"）+名词词基"。其中，"副词词基（Φ）+名词词基"和"动词词基（Φ）+名词词基"组合类型的造词能力最强。但需要强调的是非句法合成词的数量本身非常少，各个组合类型的造词能力差别其实是微乎其微的。

② 合成动词

"动词词基（Φ）+动词词基＞不完全词基（Φ）+动词词基＞形容词词基

（Φ）+动词词基"。其中，"动词词基（Φ）+动词词基"组合类型的造词能力比其他两种组合类型强，但非句法合成动词的数量本身非常少，各个组合类型的造词能力差别甚微。

③ 合成形容词

"形容词词基（Φ）+形容词词基＞不完全词基（Φ）+形容词词基"。其中，"形容词词基（Φ）+形容词词基"组合类型的造词能力相对强一些，但非句法合成形容词的数量本身非常少，两种组合类型的造词能力差别甚微。

④ 合成副词

"不完全词基（Φ）+不完全词基（Φ）＞动词词基（Φ）+动词词基（Φ）＞名词词基（Φ）+副词词基＞形容词词基（Φ）+形容词词基（Φ）＞副词词基（Φ）+冠形词词基"。其中，"不完全词基（Φ）+不完全词基（Φ）"组合类型的造词能力相对强一些。这种造词能力的强弱差别甚微，因为这种类型的合成副词数量非常少。

第四章　汉字词构词法

4.1　汉字词简介

（1）汉字词的定义

韩国《标准国语大辞典》是这样定义汉字词的："汉字词是以汉字为基础形成的词"。毋庸置疑，汉字的发祥地是中国，但这并不意味着韩国语中的汉字全部来源于中国。如汉字词"垈地（대지）""媤家（시가）""田畓（전답）"中的词素"垈（대）""媤（시）""畓（답）"，在汉语字典中并没有，因为它们是韩国自创的汉字。我们还可通过以下例子深入地了解汉字词。

136）

ㄱ. 國家（국가），學校（학교），工夫（공부）

ㄴ. 辣椒鷄（라조기），炸醬麵（자장면），功夫（쿵후）

ㄷ. 感氣（감기），三寸（삼촌），沃畓（옥답）

ㄹ. 社會主義（사회주의），幼稚園（유치원），約束（약속）

例136ㄱ）和136ㄴ）的单词都来源于中国。不同的是136ㄱ）中的汉字词是用韩国汉字音来读，而136ㄴ）则是按照汉语的实际发音来读。韩国语中类似于

136ㄱ）在古代就通过书籍等文字资料流入韩国，用韩国汉字音来读的汉语词汇被称为汉字词，而像136ㄴ）这种直接按汉语读音来读的词语称之为外来词。

136ㄷ）与136ㄹ）分别是韩国自创的汉字词以及用韩国汉字音来读的源自日本的汉字词。为了将这些来源不同的汉字词进行区别，有些语法学家将韩国自创的汉字词称为"固有汉字词"，来源于中国和日本的汉字词统称为"外来汉字词"。日常生活中，人们通常不考虑这些汉字词语的具体来源，而是将所有用韩国汉字音来读的汉字词语统称为汉字词。

（2）汉字词的来源

从上面的论述中我们大致可以了解汉字词主要有源自中国和日本的外来汉字词，同时还有韩国本土自创的汉字词。那么源自中国和日本的汉字词是如何传入韩国并融入韩国语词汇体系中的呢？韩国自创的汉字词又有哪些代表性词汇呢？接下来我们将进行具体地说明。首先来考察源自中国的汉字词。

韩国语中源自中国的汉字词大致可分成三大类。第一类是以儒教经典为主的古汉语词汇，因其被频繁使用而逐渐成为韩国语词汇中的一员；其次，是以佛教经典为主的古印度梵文（音译词和意译词）词汇随着佛教一同由中国传入韩国；第三类是源自中国明清时期的白话文（生活语言）汉字词。具体词例如下：

137）

ㄱ．家庭（가정），改造（개조），孤獨（고독），農事（농사），德望（덕망）

ㄴ．乾闥婆（건달바），南無佛（나무불），大悲（대비），彌勒（미륵），法雨（법우），佛體（불체），業障（업장），緣起（연기）

ㄷ．當直（당직），寶貝（보패），緋緞（비단），砂糖（사탕），帖子（첩자）

137ㄱ）中的汉字词来自中国的古汉文，进入韩国语词汇系统后成为普通名词，至今仍在使用；137ㄴ）中的汉字词来自古印度的梵文，其中"佛體""乾闥婆"是梵文的音译词，"業障""緣起"等是意译词；137ㄷ）中的汉字词是在韩国接触近代中国文化的过程中与相应的物品一起传入韩国的。由于这些词不是按照韩国汉字音来读，而是用汉语音来读，本应将其视为如"라조기（辣椒

鷄）"类的外来词，但由于这些词多用韩文而不是汉字标记使用，很难让人意识到它们是汉字词。

词汇不仅是人们用来描述事物、表达思想感情的基本语言单位，同时也可以反映一个国家的文化发展历程。20世纪从日本传入韩国并使用至今的汉字词不仅体现了新科学，也见证了新文明的发展。如：

138）

ㄱ. 觀念（관념），歸納（귀납），範疇（범주），先天（선천），演繹（연역），絶對（절대），哲學（철학），現象（현상）

ㄴ. 浮橋（부교），先拂（선불），市場（시장），役割（역할），入口（입구），組立（조립），編物（편물），割引（할인）

日本在明治维新后大力引进西方的科学文化技术，与此相关的词语也蜂拥而入。另一方面，由于汉字是表意文字，把汉字和汉字组合在一起或者使用原有的汉语词汇作为译词就可以言简意赅地表达出这些外来词的词义，所以在相当长的一段时期内，日本使用汉字来翻译这些从西方引进的词语。这些词在开化期后大量涌入韩国，138ㄱ）中的词汇便是记录当时新思想、新文明的代表性词语。

韩国被日本殖民统治期间也涌入了大量的日语词汇。但在摆脱日本殖民统治后，韩国基本清除了这些词汇。138ㄴ）中的词语是韩国语中保留下来的为数不多的日源汉字词。

除了吸收中国和日本的汉字词外，韩国还根据表达需要自创了一些汉字词。如：

139）

感氣（감기），道令（도령），同氣（동기），福德房（복덕방），查頓（사돈），四柱（사주），書房（서방），心熱（심열），日氣（일기），菜毒（채독），便紙（편지）

虽然很多汉字词通用于中、日、韩三国，但像"查頓（사돈）"之类借用汉字音来标注固有词的汉字词与汉字表面意义毫无关系，它的真正含义是"亲家"。

4.2 汉字词结构

根据构词词素的性质，汉字词可分为单纯词、派生词、合成词和混合词。其中派生词、合成词和混合词统称为复合词；从词源的角度解释混合词是由不同语源的固有词、汉字词及外来词相互组合构成的一种特殊复合词。因构词的语源不同，混合词也被称为混种词。

（1）单纯词

众所周知，汉字是表意文字，所以除了双音节词素和多音节词素外，一般情况下，汉字词一个音节（一个汉字）就是一个词素。如果这个词素能够独立使用，它便是单音节单纯词；不能独立使用，便是依存性单纯词，需要与其他词素组合在一起才能独立使用。

韩国语中，单音节汉字词有一百多个，这些单音节汉字词与固有词之间存在这样一种对应关系，即，单音节单纯汉字词基本不存在与之意义相同或相近的固有词；单音节依存性汉字词存在与之语义相同或相近的固有词，而且这些固有词大都是能够独立使用的名词。具体如下：

① 单音节单纯词

140）

ㄱ．江（강），山（산），床（상），窓（창），冊（책）

ㄴ．書（서），月（월），地（지），天（천），花（화）

ㄷ．但（단），卽（즉），或（혹）

ㄹ．近（근），純（순），總（총）

140ㄱ）中的汉字词是可以独立使用的单音节单纯词。这些词虽然没有与之对应的同义固有词，但它们可以像固有词一样与其他汉字词或固有词自由组词。如，"冊"既可以与汉字词"床"组合构成合成词"冊床"，也可以与固有词"꽂다（插）"一起构成派生词"冊꽂이"，功能上与固有词没有区别。相反，140ㄴ）中的汉字词"書（서），月（월），地（지），天（천），花（화）"存在与之对应的固有词"책，달，땅，하늘，꽃"是不能独立使用的依存性单音节汉字词。140ㄷ）和140ㄹ）分别是具有副词、冠形词词性的单音节汉字词。

② 多音节单纯词

正如单音节的汉字词不一定是能够独立使用的单纯词一样，单纯词也不仅仅是以单音节一种形式存在的。下面的汉字词就是由多音节汉字构成的单纯词。

141）

ㄱ．矛盾（모순），霹雳（벽력），琵琶（비파），珊瑚（산호），葡萄（포도）

ㄴ．及其也（급기야），饅頭（만두），於此彼（어차피），總角（총각）

ㄷ．袈裟（가사），奈落（나락），浪漫（낭만），菩提（보리），攝氏（섭씨）

141ㄱ）中的单词是由彼此相互依存的两个汉字构成的单纯词，也就是说构成该词的汉字很少与其他汉字组词。以"矛盾（모순）"为例，"矛（모）"除了与"盾（순）"组合成词外没有与其他汉字组成的词，而"盾（순）"除了与"矛（모）"组合成词外，也没有与其他汉字组成的词。

141ㄴ）中的汉字词从字面上看，构成单词的每个汉字似乎都是一个词素，但该词的词义却不是单个汉字的语义组合。譬如，"總角（총각）"是指"未结婚的成年男子"，它与"總""角"的语义没有任何关联性，自然不是这两个词素组成的复合词，而是单纯词。

141ㄷ）是从中国传入的用汉字标注的外来词，这些词大都是音译的单纯词。

除了141）中列举的多音节汉字词是单纯词外，142）中列举的单词也被视为多音节单纯词。

142）

ㄱ．菓子（과자），拍子（박자），箱子（상자）

ㄴ．街頭（가두），念頭（염두）

ㄷ．果然（과연），當然（당연），突然（돌연）

142ㄱ）~142ㄷ）中"子、頭、然"像后缀一样依附在其他汉字之后，但因其本身不表示任何语义，所以有的韩国语法学家将其定义为"无义词素（무의형태소）"。由无义词素构成的词也是单纯词。因此，142ㄱ）~142ㄷ）不是派生

词，而是单纯词。

（2）复合词

与固有词一样，汉字词复合词也由合成词与派生词组成。其中，合成词的结构基本与汉语的句子结构一致，这是汉文重意合、轻形式在词法上的表现。韩国语在引入这些汉字词的同时基本保留了这个特性。

虽然进入韩国语词汇系统的汉字词仍与原汉语词汇的词义相同或相近，但由于大部分不能独立使用，而是作为依存词素，所以汉字词中的单纯词少，大多为复合词。复合词中，合成词的数量多于派生词，在汉字词中占有较大的比例。本书将按照派生法、合成法的顺序来说明汉字词的构成方式及结构。

4.3 汉字词派生法

根据词缀所处位置的不同，派生词可分为前缀派生词和后缀派生词。韩国语中汉字词前缀的数量少于汉字词后缀，由前缀组合而成的派生词数量少于后缀派生词。

4.3.1 前缀派生

与固有词前缀一样，汉字词前缀只起修饰、限定其后词素的作用，而不能改变其词性。汉字词前缀多为单音节，兼具词缀与冠形词的特点。

由汉字词前缀派生出的词语多为能够独立使用的名词。具体构成方式如下：

（1）汉字词前缀+汉字词名词→汉字词名词

143）

假 （가） -：假-契約 （가계약），假-空間 （가공간），假-登記 （가등기），假-埋葬 （가매장），假-文書 （가문서）

大 （대） -：大-家族 （대가족），大-記者 （대기자），大-先輩 （대선배），大-成功 （대성공）

無 （무） -：無-感覺 （무감각），無-慈悲 （무자비），無-秩序 （무질서）

不（부）-：不-道德（부도덕），不-自由（부자유）

副（부）-：副-班長（부반장），副-射手（부사수），副-社長（부사장）

不（불）-：不-可能（불가능），不-名譽（불명예），不-利益（불이익），不-特定（불특정），不-平等（불평등），不-合格（불합격）

非（비）-：非-公開（비공개），非-公式（비공식），非-民主（비민주），非-正常（비정상）

生（생）-：生-苦生（생고생），生-急煞（생급살），生-麥酒（생맥주），生-文字（생문자），生-父母（생부모），生-離別（생이별），生-長斫（생장작），生-地獄（생지옥），生-初喪（생초상）

媤（시）-：媤-同生（시동생），媤-父母（시부모），媤-外叔（시외숙）

洋（양）-：洋-便器（양변기），洋-松耳（양송이），洋-藥（양약）

外（외）-：外-三寸（외삼촌），外-祖母（외조모），外-祖父（외조부）

如上所示，汉字词前缀多与双音节汉字词组合形成派生名词。大部分汉字词前缀只含有一种修饰限定语义，但也有些像"生（생）-"这样既可以表达"水分未干的"，如："생장작（生長斫：生劈柴）"；"未经过加工的"，如："생맥주（生麥酒：生啤）"；又可以表达"有直接血缘关系的"，如："생부모（生父母：亲父母）"；"勉强无理的；无用的"，如："생고생（生苦生：活受罪）"；"残酷的；狠毒的"，如："생지옥（生地獄：人间地狱）"等多种限定语义的汉字词前缀。

另外，表示否定意义的汉字词前缀"不（불）-"在与"ㄷ，ㅈ"为头音的汉字词结合时，"ㄹ"要脱落，如："부당（不当）"，"부정（否定）"。因此，我们可将"不（불）-"与"不（부）-"视为一组在不同音韵环境下的异形态汉字词前缀。

除了与汉字词词素结合外，部分汉字词前缀还能与固有词或外来词组合，形成混合名词。

（2）汉字词前缀+固有词/外来词名词→混合词名词

144）

生（생）-：生-감자（生土豆），生-고구마（生红薯），生-나물（生拌蔬菜），生-크림（生-cream），生-토마토（生-tomato），生-필름（生-film）

媤（시）-：媤-누이（大姑姐），媤-어머니（婆婆），媤-할머니（丈夫的祖母）

洋（양）-：洋-담배（洋烟），洋-딸기（草莓），洋-잿물（烧碱）

王（왕）-：王-개미（蚍蜉），王-거미（大蜘蛛），王-바위（大岩石），王-버들（腺柳），王-새우（大海虾），王-소금（大粒盐）

外（외）-：外-할머니（外婆），外-할아버지（外公）

親（친）-：親-어머니（生母），親-아버지（生父），親-할머니（亲祖母），親-할아버지（亲祖父）

从上述词例可以看出，除了与汉字词自由组合外，前缀"媤-，王-，親-，外-，洋-"等还可与固有词自由结合；前缀"生-"不仅能与汉字词、固有词结合表示不同的语义，也可以与"크림，필름，토마토"等外来词自由组合形成具有新词义的派生词。汉字词前缀之所以有这么强的造词能力，与汉字的表意功能有着密切的关系，很多前缀仍保留着其作为一个词根的语义。

4.3.2　后缀派生

同汉字词前缀派生一样，通过与汉字词后缀组合形成的派生词也多为名词，汉字词只有与"-하다，-되다，-롭다，-스럽다"等固有词后缀组合在一起才能形成派生谓词。

除了与汉字词名词结合形成派生名词外，个别汉字词后缀还能与双音节汉字词组合构成派生谓词的词根。具体如下：

（1）名词

①汉字词+汉字词后缀→汉字词名词

145）

ㄱ．-家（가）：寄稿-家（기고가），漫畵-家（만화가），發明-家（발명

가）, 批評-家（비평가）, 資本-家（자본가）, 革命-家（혁명가）

ㄴ. -感（감）：不安-感（불안감）, 優越-感（우월감）, 自信-感（자신감）, 抵抗-感（저항감）, 敗北-感（패배감）, 嫌惡-感（혐오감）

ㄷ. -力（력）：競爭-力（경쟁력）, 軍事-力（군사력）, 思考-力（사고력）, 想像-力（상상력）, 語彙-力（어휘력）, 指導-力（지도력）

ㄹ. -性（성）：可能-性（가능성）, 感受-性（감수성）, 動物-性（동물성）, 社會-性（사회성）, 生存-性（생존성）, 收益-性（수익성）

ㅁ. -者（자）：關係-者（관계자）, 勤勞-者（근로자）, 事業-者（사업자）, 消費-者（소비자）, 봉사자（奉仕-者）, 채무자（債務-者）

ㅂ. -族（족）：裸體-族（나체족）, 長髮-族（장발족）

ㅅ. -化（화）：機械-化（기계화）, 大衆-化（대중화）, 民主-化（민주화）, 世界-化（세계화）, 自動-化（자동화）, 差別-化（차별화）

ㅇ. -的（적）：具體-的（구체적）, 代表-的（대표적）, 普遍-的（보편적）, 社會-的（사회적）, 理想-的（이상적）, 效率-的（효율적）

ㅈ. -視（시）：同一-視（동일시）, 度外-視（도외시）, 手段-視（수단시）, 神聖-視（신성시）, 罪惡-視（죄악시）

ㅊ. -然（연）：君子-然（군자연）, 大家-然（대가연）, 學者-然（학자연）

145ㄱ）～145ㅅ）中，汉字词与汉字词后缀结合形成派生名词；145ㅇ）中，后缀 "-的（적）" 形成的派生词虽不能与主格或宾格助词结合，但仍被视为兼有冠形词词性的名词。

145ㅈ）～145ㅊ）中的 "-視（시）" "-然（연）" 是比较特殊的汉字词后缀。它们与 "수단" "대가" 等名词结合后并不能形成可以独立使用的派生名词，它们只有与后缀 "-하다" 结合后才能被用做谓词。如果说 "수단시하다" "대가연하다" 等是派生词，那么 "수단시" "대가연" 便是该派生谓词的词根，而 "-시" 和 "-연" 便是构成该谓词词根的后缀。

② 固有词/外来词+汉字词后缀→混种词名词

146)

ㄱ.-性（성）：될성（可能性），믿음성（可信度），웃김성（搞笑性），참을성（耐性），퍼짐성（扩展性），헹굼성（清洁性）/

ㄴ. 알레르기성（Allergie性），코미디성（comedy性），해프닝성（happening 性）

ㄷ.-化（화）：모듈화（module化），컬러화（color化）

ㄹ.-族（족）：투글족（two글族），히피족（hippie族）

ㅁ.-的（적）：톨스토이적（Tolstoi的），촘스키적（chomsky的）

从上述146）词例可以看出，除了后缀"-性"与固有词动词的名词形或冠形词形结合外，其他汉字词后缀更倾向于与外来词结合。整体上来看，韩国语词汇中由固有词谓词词干与汉字词后缀形成的混合词数量不多。

与固有词词缀不同，由于多数汉字词词缀仍保留着词根的一些特性，所以语法学家认为完全是词缀的汉字词并不多。"-的"是众多语法学家公认的汉字词后缀，它不仅造词能力强，而且在不同的语句环境中还可以发挥不同词性的功能，下面就对其用法进行具体说明。

a. "-的"只能与具有抽象意义的汉字词结合，不能与表示具体意义的汉字词及固有词结合。如：

147)

인간적（人間的），동해적（×），사람적（×）

b. 通常，能与"-스럽다"结合的词，大多不能与"-的"结合；能与"-的"结合的词，一般也不能与"-스럽다"结合。如：

148)

고통스럽다（苦痛스럽다），고통적（×）

개방적（開放的），개방스럽다（×）

c. 由"-的"构成的派生词与具有否定意义的前缀结合时，只能与前缀"非-"，而不能与前缀"無-""未-"结合。如：

149)

인간적（人間的）→비인간적（非人間的）

무인간적（×），미인간적（×）

d. "-的"赋予其先行词素以程度。因此，由"-的"构成的派生名词在句子中可以与程度副词共现。如：

150）

그는 매우 인간적이다.（他很有人情味。）

그는 매우 인간이다.（×）

e. 由"-的"形成的派生名词可以与叙述格助词"-이다"、副词格助词"-(으)로"及补格助词"-이/가"结合，但不能与主格助词"-이/가"、宾格助词"-을/를"结合。如：

151）

그는 아주 인간적이다. [←"인간적"+叙述格助词"-이다"]（他很有人情味。）

본격적으로 시작합시다. [←"본격적"+副词格助词"-으로"]（正式开始吧。）

그것은 과학적（이）아니다. [←"과학적"+补格助词"-이"]（那个不太科学。）

f. 由后缀"-的"构成的派生词除了具有名词词性外，还具有冠形词、副词词性。如：

152）

구체적으로 말해 봐.【名词】（说具体些。）

구체적 계획이 필요하다.【冠形词】（需要具体的计划。）

가급적이면 많이 주십시오.【名词】（请尽量多给些。）

가급적 빨리 송부해 주시면 좋겠습니다.【副词】（请尽可能快点发送过来。）

g. 除了与词干结合外，后缀"-的"还可以与限定式名词短语结合，在句中起修饰、限定后面名词的作用。

153）

그들은 권력만 쫓아다니는 해바라기적 속성을 가진 사람들이다.

（他们是只追逐权力，见风使舵的人）

해외에 가족들을 보낸 기러기 아빠적인 사고방식.

（把家人送到国外是大雁爸爸式的思考方式。）

除了汉字词、固有词、外来词与汉字词后缀组合构成的派生名词外，还有些汉字词与固有词或外来词后缀构成的混种名词。

③汉字词+固有词/外来词后缀→混种词名词

154）

ㄱ. -질：先生-질（선생질），巡查-질（순사질），銃-질（총질）

ㄴ. -꾼：乾達-꾼（건달꾼），謀事-꾼（모사꾼），政治-꾼（정치꾼）

ㄷ. -발：寫眞-발（사진발），藥-발（약발），照明-발（조명발），化粧-발（화장발）

ㄹ. -쟁이：怯-쟁이（겁쟁이），固執-쟁이（고집쟁이），無識-쟁이（무식쟁이），酒精-쟁이（주정쟁이）

ㅁ. -맨：廣告-man（광고맨），配達-man（배달맨），證券-man（증권맨），現代-man（현대맨）

ㅂ. -틱：模範生-tic（모범생틱），少女-tic（소녀틱），兒童-tic（아동틱），幼兒-tic（유아틱）

以上154ㄱ）~154ㄹ）是汉字词与固有词后缀形成的混种词；154ㅁ）~154ㅂ）是汉字词与外来词后缀形成的混种词；其中"man"在英语中既可以单独使用，也可以做后缀与"post""chair"之类的名词结合形成派生词。但进入韩国语词汇系统后"맨（man）"只做后缀使用。

此外，"-틱（tic）"是近来造词能力较强的一个外来词后缀，它与汉字词后缀"-的"的用法形成对比。譬如，"유아적, 소녀적"与"유아틱, 소녀틱"虽然语义相似，但"유아적, 소녀적"是中性词，而"유아틱, 소녀틱"却是含有讽刺意味的贬义词；"유아적, 소녀적"可以独立使用，但"유아틱, 소녀틱"只有与后缀"-하다"结合才能作为形容词独立使用。

（2）动词

韩国语词汇中不存在汉字词与汉字词后缀构成的派生谓词，派生谓词都是由汉字词与固有词后缀组合而成。

① 汉字词+"-하다"

155）

求하다（구하다），論議하다（논의하다），反對하다（반대하다），生產하다（생산하다），約束하다（약속하다），適用하다（적용하다），恢復하다（회복하다）

② 汉字词+"-되다"

156）

高調되다（고조되다），誇張되다（과장되다），區別되다（구별되다），當選되다（당선되다），始作되다（시작되다），評價되다（평가되다），向上되다（향상되다）

由上述词例我们可以看出，后缀"-하다"接在部分具有动作性的汉字词名词后，形成具有动词词性的他动词；后缀"-되다"接在部分叙述性汉字词名词后，形成表示某种状态或含被动义的自动词。

③ 汉字词+"-당하다"

157）

拒絕당하다（거절당하다），無視당하다（무시당하다），利用당하다（이용당하다），逮捕당하다（체포당하다），酷使당하다（혹사당하다）

④ 汉字词+"-받다"

158）

強要받다（강요받다），苦痛받다（고통받다），影響받다（영향받다），惠澤받다（혜택받다）

⑤ 汉字词+"시키다"

159）

敎育시키다（교육시키다），登錄시키다（등록시키다），復職시키다（복직시키다），汚染시키다（오염시키다），誤解시키다（오해시키다），集合시키다（집합시키다），取消시키다（취소시키다），和解시키다（화해시키다）

部分表示行为的汉字名词，如"논의, 반대, 생산"等，或叙述性汉字名

词，如"고조，과장，구별"等分别与后缀"-당하다""-시키다"组合后，可形成表达被动或使动意义的派生词；而"강요，고통，영향，혜택"等少数汉字词与后缀"-받다"组合后亦可形成含有被动意义的动词。

（3）形容词

① 汉字词+"-하다"

160）

可能하다（가능하다），懦弱하다（나약하다），多樣하다（다양하다），莫強하다（막강하다），尨大하다（방대하다），生疏하다（생소하다），安全하다（안전하다），適切하다（적절하다），焦燥하다（초조하다），透明하다（투명하다），便하다（편하다），華麗하다（화려하다）

如160）词例所示，部分具有状态性的名词或词根与后缀"-하다"结合后，便形成了能够表示某种状态的形容词。

② 汉字词+"-되다"

161）

洗煉/洗鍊되다（세련되다），俗되다（속되다），榮光되다（영광되다），辱되다（욕되다）

③ 汉字词+"-롭다"

162）

可笑롭다（가소롭다），單調롭다（단조롭다），神奇롭다（신기롭다），例事롭다（예사롭다），自由롭다（자유롭다），閑暇롭다（한가롭다），興味롭다（흥미롭다）

④ 汉字词+"-스럽다"

163）

變德스럽다（변덕스럽다），奢侈스럽다（사치스럽다），搖亂스럽다（요란스럽다），自然스럽다（자연스럽다），恥辱스럽다（치욕스럽다），貪慾스럽다（탐욕스럽다），混亂스럽다（혼란스럽다）

⑤ 汉字词+"-답다"

164）

男子답다（남자답다），情답다（정답다）

161）～164）中，汉字词名词或词根与后缀"-되다""-롭다""-스럽다""-답다"结合后，形成具有某种状态或性质的形容词。其中，后缀"-답다"可与人物名词、场所名词和抽象名词连用，表示"具备某种资格或充分具有某种意义"；"-롭다"只能与开音节抽象名词组合，表示"充分具有某种意义"；"-스럽다"可与人物名词、抽象名词等组合，表示"看上去具有某种意义"。

⑥ 汉字词+"-나다"

165）

疳疾나다（감질나다），有別나다（유별나다），特別나다（특별나다）

⑦ 汉字词+"-맞다"

166）

窮狀맞다（궁상맞다）

⑧ 汉字词+"-쩍다"

167）

客쩍다（객쩍다），慊然쩍다（겸연쩍다），怪異쩍다（괴이쩍다），未審쩍다（미심쩍다），未安쩍다（미안쩍다），殊常쩍다（수상쩍다）

⑨ 汉字词+"-찮다"

168）

便찮다（편찮다）

⑩ 汉字词+"-궂다"

169）

心術궂다（심술궂다），險狀궂다（험상궂다）

165）～169）中后缀"-나다，-맞다，-쩍다，-찮다，-궂다"虽不像"-하다，-되다"那样有很强的造词能力，但它们也能与部分汉字词名词或形容词词根结合，形成表示某种状态或性质的形容词。

（4）副词

与固有词派生副词一样，大部分汉字词派生副词由汉字词与后缀"-히""-이"组合而成。具体如下所示：

①汉字词+"-히"

170）

可히（가히），各別히（각별히），急迫히（급박히），冷靜히（냉정히），明確히（명확히），分明히（분명히），相當히（상당히），嚴格히（엄격히），仔細히（자세히），充實히（충실히），快히（쾌히），泰然히（태연히），便安히（편안히），活潑히（활발히）

②汉字词叠词+"-이"

171）

間間이（간간이），僅僅이（근근이），累累이/屢屢이（누누이），番番이（번번이），散散이（산산이），色色이（색색이），雙雙이（쌍쌍이），一一이（일일이），點點이（점점이）

③汉字词形成的谓词词干+"-이"

172）

關係없이（관계없이），忌憚없이（기탄없이），事情없이（사정없이），相關없이（상관없이），餘地없이（여지없이），零落없이（영락없이），遺憾없이（유감없이），精神없이（정신없이），限없이（한없이），形便없이（형편없이）／

齷齪같이（악착같이）／

自由로이（자유로이）-

171）～172）都是由后缀"-이"与汉字词混合词组合而成。不同的是171）中的汉字词词干是不能独立使用的汉字词叠词，而172）的词干是由汉字词与谓词"없다""같다"形成的合成词或汉字词与后缀"-롭다"形成的派生词构成。

④汉字词+-스레

173）

多情스레（다정스레），搖亂스레（요란스레），自然스레（자연스레），精誠스레（정성스레），操心스레（조심스레）

⑤汉字词+-코

174）

決斷코（결단코），決코（결코），期於코（기어코），期必코（기필코），盟誓코（맹세코），無心코（무심코），限死코（한사코）

⑥汉字词+-컨대

175）

例컨대（예컨대），要컨대（요컨대）

⑦汉字词+-껏

176）

所信껏（소신껏），精誠껏（정성껏），只今껏（지금껏），限껏（한껏）

⑧汉字词+-짜

177）

眞짜（진짜）

⑨汉字词+-여/혀

178）

幸여（행여），全혀（전혀）

如173）～178）所示，部分汉字词名词或词干与后缀"-스레, -코, -컨대, -껏, -짜, -여/혀"结合形成派生副词，这些后缀大多也能与固有词结合形成派生副词。

4.3.3 特殊变化派生

（1）屈折派生

179）

-로：故-로（고로），代代-로（대대로），隨時-로（수시로），實際-로（실제로），正말-로（정말로），主-로（주로），眞實-로（진실로），眞짜-로

(진짜로)

-에：旣往-에 （기왕에），單番-에 （단번에），단숨-에 （單숨에），

-은：實-은 （실은）

-（이）면：旣往-이면 （기왕이면），已往-이면 （이왕이면）

除了汉字词与汉字词后缀或汉字词与固有词后缀构成的派生词外，韩国语词汇中还存在一种特殊形式的副词派生法。即汉字词与助词 "-로，-에，-은"或连接词尾 "-（이）면"组合形成的副词。由于助词与连接词尾属形式词素①，是屈折后缀，所以我们将这种由汉字词与助词或连接词尾形成的派生词称为屈折派生词。

（2）零派生

固有词派生词中存在着像 "신"与 "신다"这样不附加任何前缀或后缀就可以将名词变为动词的现象，我们称之为 "零派生"。在汉字词中也存在着少数外形上不发生变化，但同时兼有两种或两种以上词性的词，这里也将其视为零派生词。如：

180）

ㄱ．예산은 가급적으로 적게 편성해라.【名词】（预算尽量少编制些。）

ㄴ．인공 조미료나 향신료는 가급적 적게 쓰는 것이 건강에 좋다.【副词】

（尽量少用人工合成的调味料和香辛料，这样有利于身体健康。）

ㄷ．아이들은 저마다 꿈을 갖고 있으나 그것을 구체적으로 표현하지 못하는 것 같다.【名词】

（虽然孩子们都有自己的梦想，但好像并不能将其具体地表达出来。）

---

① 从语义上看，词素可分为实质词素和形式词素。其中实质词素是表示具体对象、状态、动作的词素。在组合成词时，词义主要由它来体现，是词的核心部分。从构词的角度来说，实质词素也可以称为词根；形式词素只表示某种附加意义或语法意义，是词的附加部分。根据构词时所起的作用，形式词素可分为构词词素和构形词素。构词词素也叫词缀，即，附加在词干前或后表示某种附加意义的前缀或后缀。如果说构词词素即词缀是用来构词的，那么可以说构形词素是用来构成词的不同语法形式的。如动词 "가다"中 "가-"是词根， "-다"表示语法意义，即，显示这个词是动词，它对词根 "가-"本身的意义没有任何影响。因此， "-다"是构形词素。韩国语中，助词、词缀与词尾都属于形式词素。

ㄹ. 그는 자신이 간직한 이상을 구체적 계획을 통해 실현시켜 나갔다.【冠形词】

（他通过具体计划有条不紊地实现着自己的理想。）

ㅁ. 자신이 암에 걸렸다는 사실을 본인만 모르고 있을 뿐 주위 사람들은 모두 알고 있었다.【名词】

（只有他自己不知道得了癌症，周围的人都已经知道了。）

ㅂ. 본인은 국가를 위해 최선을 다할 것을 엄숙히 선서합니다.【名词】

（我（本人）宣誓：为了祖国，我将竭尽自己所能。）

ㅅ. 댁으로 찾아뵐까요?【名词】（我去府上拜访您？）

ㅇ. 댁은 뭐 하는 사람이오?【代词】（您是做什么工作的？）

通过上述180）中所举的词例可知180ㄱ）～180ㄴ）中，"-적"形成的派生词"가급적"兼有名词和副词词性；180ㄷ）～180ㄹ）中的派生词"구체적"兼有名词和冠形词词性。180ㅁ）～180ㅂ）中，"본인"分别是名词和代词；180ㅅ）中名词"댁"是名词"집"的敬语形式，它与助词"으로"一起构成句子的状语；而180ㅇ）中，"댁"是句子的主语，是人称代词"您"的意思。

4.3.4 常见的造词能力强的汉字词前后缀

造词能力强的汉字词前后缀按照意义归纳总结如下：

（1）造词能力强的汉字词前缀

前缀	意义
무(無)-, 미(未)-, 부/불(不)-, 비(非)-	表示否定
양(養)-, 외(外)-, 친(親)-,	表示亲属关系
남(男)-, 여(女)-	表示性别
민(民)-	表示平民百姓
선(先)-, 정(正)-, 준(準)-, 제(第)-, 차(次)-, 평(平)-	表示顺序
고(高)-, 근(近)-, 내(內)-, 대(大)-, 소(小)-, 왕(王)-, 외(外)-, 장(長)-, 중(中)-, 중(重)-, 환(環)-	表示大小、长度、距离、重量、高度、内外

(续表)

동(同)-, 밀(密)-, 실(實)-, 이(異)-정(正)-, 진(眞)-,	表示真假
직(直)-	表示直接
단(單)-, 독(獨)-	表示单独
가(加)-, 다(多)-, 재(再)-	表示增加、连续
구(舊)-, 금(今)-, 초(初)-, 현(現)-,	表示时间、时期
모(母)-, 본(本)-, 원(原)-, 원(元)-	表示根本
대(代)-	表示替代
강(强)-, 과(過)-, 극(極)-, 급(急)-, -명(名)-, 최(最)-, 특(特)-,	表示比普通更好、更优秀、更快
난(難)-, 악(惡)-	表示恶、难
미(美)-, 청(靑)-	表示漂亮
남(南)-, 동(東)-, 북(北)-	表示方向
대(對)-, 반(反)-, 진(進)-, 친(親)-	表示与之相对或相反
시(視)-, 심(心)-	表示与身体相关
관(管)-, 농(農)-, 석(石)-, 수(水)-, 식(食)-	表示与水、材料相关
요(要)-, 주(主)-	表示主要、必要
상(商)-, 학(學)-	表示学问，产业
생(生)-	表示未经加工或没成熟
공(空)-, 별(別)-, 실(失)-, 유(有)-, 재(在)-	表示存在与否
내(來)-, 동(動)-, 시(試)-, 활(活)-	表示动，尝试
전(全)-, 집(集)-, 총(總)-, 합(合)-	表示全体、合并
공(公)-	表示公共

（2）造词能力强的汉字词后缀

后缀	意义
-가(家), -감(監), -객(客), -공(工), -관(官), -녀(女), -농(農), -모(母), -민(民), -보(補), -부(夫), -부(婦), -사(師), -사(使), -사(士), -상(商), -수(手), -왕(王), -원(員), -인(人), -자(者), -장(長), -주(主), -직(職), -통(通),	与人相关的（职业、性别、职位）
-계(系), -계(係), -급(給), -급(級), -단(團), -도(度), -류(類), -별(別), -부(部), -족(族), -층(層), -회(會),	与集会、团体、阶级相关
-격(格), -단(段), -면(面), -상(上), -상(像), -상(狀), -선(線), -성(性), -소(素), -용(用), -원(元), -원(原), -자(子), -작(作), -재(財), -적(的), -점(點), -조(調), -질(質), -태(態), -풍(風), -형(形), -형(型), -호(號), -화(化),	补充词基的性质或特征
-경(境), -계(計), -과(果), -관(管), -구(具), -구(球), -극(劇), -기(機), -기(技), -기(器), -대(臺), -도(圖), -명(名), -문(門), -물(物), -보(報), -복(服), -사(社), -석(石), -석(席), -수(水), -식(食), -식(式), -안(案), -어(語), -자(字), -장(張), -재(材), -전(展), -제(制), -종(種), -증(證), -지(支), -지(紙), -토(土), -판(判), -표(表), -품(品), -화(畫),	表示事物、机关、庆典等
-결(決), -고(高), -교(敎), -권(權), -도(道), -력(力), -령(領), -문(問), -미(美), -미(味), -법(法), -사(史), -세(勢), -술(術), -승(勝), -쟁(爭), -전(戰), -제(制), -차(差), -책(策), -한(限), -혼(婚),	表示抽象的事物
-경(經), -과(科), -기(記), -담(談), -록(錄), -론(論), -문(文), -본(本), -서(書), -설(設), -전(傳), -집(集), -평(評), -학(學),	表示文章或学问
-간(間), -계(界), -관(館), -구(口), -국(局), -기(期), -력(歷), -로(路), -말(末), -방(房), -부(府), -산(産), -소(所), -실(室), -원(院), -일(日), -장(場), -절(節), -점(店), -지(地), -처(處), -행(行),	表示时间或空间
-가(價), -과(科), -금(金), -비(費),	表示金钱或价值
-감(感), -고(苦), -관(觀), -난(難), -시(視), -심(心), -악(惡), -친(親),	表示内心、心理、判断

4.4 汉字词合成法

4.4.1 合成法

韩国语汉字词根据组合形态的不同，可将合成词分为由两个或两个以上词素组合形成的合成词，层叠某个词素形成的叠词，以及通过截取核心词素或省略某些词素构成的缩略词。另外，根据词素的排列顺序和组合规律是否符合句法规律，合成词还可分为句法合成词和非句法合成词。以下我们将按照词性来分析合成词的构成。

（1）合成名词

① 句法合成名词

a. 汉字词+汉字词→合成名词

181）

江山（강＋산），上下（상＋하），日月（일＋월），東西南北（동＋서＋남＋북），高等學校（고등＋학교）

上述合成名词中，除了"강산（江山）"是由两个能够独立使用的单音节单纯词构成外，其余都是由不能独立使用的依存性汉字词组合所成。

b. 汉字词+固有词→混种名词

182）

ㄱ. 江바람（강+바람），色종이（색+종이），藥밥（약+밥），知覺머리（지각+머리），冊벌레（책+벌레），齒솔（치+（ㅅ）+솔）

ㄴ. 産달（산+달），食칼（식+칼），越담（월+담），土담（토+담）

182ㄱ）中的混种词由可以独立使用的汉字词"江, 色, 藥, 知覺, 冊, 齒"与固有词"바람, 종이, 밥, 머리, 벌레, 솔"组合而成；182ㄴ）中的混种词由不能独立使用的依存性汉字词与能够独立使用的固有词构成。值得注意的是182ㄴ）中，"산달, 식칼, 월담"是由具有动作性的汉字词"産（산），食（식），越（월）"与固有词"달, 칼, 담"组合而成。一般情况下，不能独立使用的依存性单音节汉字词多与汉字词或固有词组合成复合词使用。事实上"산달, 식

칼, 월담"也的确存在着与之语义相同, 且由汉字词组成的合成词"산월, 식도, 월장"。

同理, 由于汉字词"齒（치）, 土（토）"有与之对应的固有词"이, 흙", 所以"칫솔""토담"也有与之相对应的由固有词组合形成的合成词"잇솔""흙담"。

c. 固有词+汉字词→混种名词

183）

꽃瓶（꽃+병）, 뒷門（뒤+（ㅅ）+문）, 밥床（밥+상）, 번개炭（번개+탄）

上述名词是由固有词名词与汉字词名词构成的混种词。在汉字词与固有词或固有词与汉字词构成的混种词中有添加"ㅅ"的规则。也就是说, 在像"齒솔, 妻家집, 뒷門"这样的混种词中, 如果前一个词素是开音节, 那么通常要在前一个词素与后一个词素之间添加"ㅅ"。发音时"ㅅ"后面的松音变成紧音。

d. 汉字词/外来词+外来词/汉字词→混种名词

184）

ㄱ. 계란빵（鷄卵+<葡>pão）, 우승컵（優勝+cup）, 재태크（財+tech）

ㄴ. 다다미방（<日>tatami+房）, 마라톤협상（marathon+協商）, 피아노곡（piano+曲）

184ㄱ）～184ㄴ）的混种名词是由汉字词"鷄卵（계란）""優勝（우승）""財（재）""房（방）""協商（협상）""曲（곡）"分别与葡萄牙语单词"pão"、英语单词"cup, tech"、日语单词"tatami"、英语单词"marathon, piano"自由组合而成。可见, 汉字词与固有词一样, 可以自由地与不同语源的词素组合, 表达更丰富的语义, 具有较强的造词能力。

e. 动词冠形词形+汉字词→混种名词

185）

난生（나+-ㄴ+생）, 된醬（되+-ㄴ+장）, 질桶（지+-ㄹ+통）

在由汉字词词素构成的混种词中, 还有如上为数不多的由谓词冠形词形与汉字词名词构成的合成词。

② 非句法合成名词

a. 固有词谓词词干+单音节汉字词名词→混种名词

186）

걸床（걸+상），곱相（곱+상），들窓（들+창），먹性（먹+성），밀窓（밀+창），밉相（밉+상），싫症（싫+증）

像"덮밥, 접바둑, 접칼"这种在谓词词干后直接接名词的构词方式，我们称之为非句法合成法。这种构词法不仅适用于固有词，同时也适用于固有词谓词与汉字词名词构成的混种词。上述词例分别由固有词谓词词干"걸-、곱-、들-、먹-、밀-、밉-、싫-"与单音节汉字词构成，其中"먹성""싫증"的先行谓词词干"먹-、싫-"可被汉字词"食、厭"所替代，形成语义相近的汉字词合成词"식성""염증"。

(2) 合成谓词

汉字词名词+固有词动词/形容词→混种谓词

187）

ㄱ. 點찍다（점+찍다），占치다（점+치다），情들다（정+들다），情떨어지다（정+떨어지다），縮내다（축+내다），魂나다（혼+나다）

ㄴ. 關係없다（관계+없다），氣막히다（기+막히다），別다르다（별+다르다），所用없다（소용+없다），實없다（실+없다），珠玉같다（주옥+같다）

由于进入韩国语词汇系统的汉字词大部分都是不能独立使用的依存性名词，所以不存在由汉字词与汉字词构成的合成谓词，只存在汉字词与固有词谓词组合而成的混种谓词。187ㄱ）和187ㄴ）分别是由汉字词名词与固有词动词、形容词组合而成的混种动词、混种形容词。

(3) 合成副词

① 汉字词名词/固有词副词（冠形词）+固有词副词/汉字词副词→混种副词

188）

ㄱ. 連거푸（연+거푸），類달리（유+달리）

ㄴ. 더한層【더+（한+층）】，제各其（제+각기）

188ㄱ）和188ㄴ）分别是由汉字词与固有词、固有词与汉字词组成的合成副词。这类由不同语源词素构成的合成词中，其核心词素是能够独立使用的副词。如，"연거푸""제각기"的核心词素分别是固有词副词"거푸"与汉字词副词"각기"。

② 固有词/汉字词冠形词+汉字词名词→混种副词

189）

ㄱ. 한番（한+번），한層（한+층），한便（한+편）

ㄴ. 每月（매+월），每周（매+주）

上述189）副词分别是由固有词冠形词或汉字词冠形词与汉字词组合而成的副词。其中汉字词副词"매월"有混种副词"매달"与之对应。"매달"和"매월"既具有副词词性，也具有名词词性。

（4）合成代词

190）

그女（그+녀），이者（이+자），그者（그+자），저者（저+자），이便（이+편），그便（그+편），저便（저+편）

合成代词是由固有词指示代词与单音节汉字词组合而成，其中"이편, 그편, 저편"中的汉字词"便（편）"以及"이자, 그자, 저자"中的汉字词"者（자）"也可被固有词"쪽""사람"代替，形成与之对应的固有词合成词"이쪽, 그쪽, 저쪽"或"이 사람, 그 사람, 저 사람"的表达形式。

4.4.2 叠词法

除了由两个或两个以上不同词素组合形成的合成词外，还有通过词素层叠形成的叠词。叠词也是合成词的一种构词方式。

（1）名词

191）

刻刻（각각），句句節節（구구절절），半半（반반），房房（방방），事事件件（사사건건），三三五五（삼삼오오），時時刻刻（시시각각），是是非非（시시비비），點點（점점）

（2）副词

192）

各各 （각각），兼事兼事 （겸사겸사），事事件件（사사건건），常常（상상），續續/速速 （속속），永永 （영영），漸漸 （점점），操心操心（조심조심），種種 （종종），次例次例（차례차례），次次 （차차）

（3）冠形词

193）

別別 （별별），別의別 （별의별），長長 （장장）

上述名词、副词、冠形词都是通过层叠某词素形成。从形态上来看，基本呈AA，AABB，ABAB三种类型。同时还有像"刻刻（각각）"与"各各（각각）""點點（점점）"与"漸漸（점점）"这种韩文发音相同，但两者词性不同，对应的汉字各不相同的现象。此外，副词叠词"續續（속속）"与"速速（속속）"尽管韩文发音相同，但语义上两者没有任何关联性。这些现象反映了汉字与韩国语汉字音的多对一关系。尽管汉字音相同，但由于对应的汉字不同，其词义与词性必然也不同。

形态上略有差别的"별별"与"별의별"是语义相近的两个叠词，语感上"별의별"比"별별"更强些。但像"별의별"这种由"A의A"方式构成的叠词非常少。

4.4.3 缩略法

由于语言的经济性原则，在汉字词的使用过程中，一些复杂的汉字词，特别是表示事物和名称的汉字词，有时可以被缩略成一个比较简短的形式，这便是汉字词缩略词。韩国语汉字词的缩略形式多种多样，其中主要有：

（1）截取原词语第一、第三个音节组成

194）

師範大學（사범대학）→師大（사대）
臨時政府（임시정부）→臨政（임정）

入學試驗（입학시험）→入試（입시）
韓國銀行（한국은행）→韓銀（한은）

（2）截取原词语的第二、第四个音节组成

195）
大韓民國（대한민국）→韓國（한국）
自古以來（자고이래）→古來（고래）

（3）截取原词语的核心词素组成

196）
大學入學試驗（대학입학시험）→大入（대입）
第五共和國（제오공화국）→五共（오공）
學科代表（학과대표）→科代（과대）

（4）截取原词语的第一与最后一个音节组成

197）
與黨支持票（여당지지표）→與票（여표）
電氣分解（전기분해）→電解（전해）
畫家歌手（화가가수）→畫手（화수）

（5）由省略构成的缩略词

198）
逃亡而求命（도망이구명）→亡命（망명）
人生七十古來稀（인생칠십고래희）→古稀（고희）
避世靜靈（피세정령）→避靜（피정）
畫蛇添足（화사첨족）→蛇足（사족）
懷於心中（회어심중）→懷中（회중）

缩略词是语言交际的经济性原则在构词法上的体现，由于汉字是表意文字，缩略后的词语无论是构成形式还是语义，都更简洁明了。

4.4.4 汉字词合成词的组合顺序

韩国语中，构成汉字词的各词素并不是任意组合的，而是遵循语用·语义学原理有规律地进行着组合。其组合规律如下：

（1）按照时间、动作的先后顺序进行组合

199）

問答（문답），生死（생사），先后（선후），收支（수지），接收（접수），早晚（조만），朝夕거리（조석거리）

（2）按照由内到外、由远及近、由上到下、由高到低、由左到右的空间顺序进行组合

200）

高低（고저），骨肉（골육），內外（내외），上下（상하），手足（수족），心身（심신），遠近（원근），左右（좌우），天地（천지），血肉（혈육）

（3）按照男尊女卑、长幼的顺序进行组合

201）

男女（남녀），男妹（남매），奴婢（노비），老少（노소），母女（모녀），父母（부모），父子（부자），姉妹（자매），長幼（장유），兄弟（형제）

（4）按照社会地位及力量的强弱、优劣进行组合

202）

強弱（강약），軍警（군경），君臣（군신），師弟（사제），優劣（우열），尊卑（존비）

（5）按照肯定与否定的顺序进行组合

203）

可否（가부），吉凶（길흉），美醜（미추），善惡（선악），勝敗（승패），眞僞（진위），贊反（찬반）

4.4.5 合成词的结构

根据汉文句子结构的基本规律，合成汉字词的结构主要有以下几种：

（1）主谓结构（주어+서술어）

204）

ㄱ. 月蝕（월식），日蝕（일식），日出（일출），地震（지진）

ㄴ. 家貧（가빈），性急（성급），心亂（심란），夜深（야심）

204ㄱ）中具有主谓结构的名词"월식，일식，일출，지진"，其谓语为动词；同为主谓结构的204ㄴ）中的汉字词"가빈，성급，심란，야심"，其谓词为形容词，这些词本身不能独立使用，只有与"-하다"结合才能作为形容词使用。

（2）动宾结构（서술어+목적어）

205）

ㄱ. 求職（구직），讀書（독서），問病（문병），休會（휴회）

ㄴ. 恐妻（공처），愛妻（애처）

（3）动补结构（서술어+보어）

206）

ㄱ. 歸家（귀가），登校（등교），下山（하산），下車（하차）

ㄴ. 在美（재미），駐日（주일）

205ㄱ）中具有动宾结构的"구직，독서，문병，휴회"与206ㄱ）中具有动补结构的"귀가，등교，하산，하차"既可做名词独立使用，也可与后缀"-하다"结合形成动词。205ㄴ）的"공처，애처"与206ㄴ）的"재미，주일"一样，不能像名词那样自由使用。换句话说，"애처"不能与主格助词"-가"或宾格助词"-를"结合使用，也不能与后缀"-하다"组合成"애처하다"，它只有派生词"애처가（愛妻家）"这一种形式。而"재미，주일"等词的谓词词素"재（在）""주（駐）是二价动词，除了"미（국），일（본）"之外，还需要一个论项来做被修饰成分，所以就形成了"재미 교포，주일 대사"之类的名词短语。

(4) 状谓结构（부사어+서술어）

207）

ㄱ. 過用（과용），徐行（서행），雲集（운집），必勝（필승）

ㄴ. 恰似（흡사）

207ㄱ）中，具有状谓结构的汉字词是可以独立使用的名词，它们也可以与后缀"–하다"结合充当谓词；而207ㄴ）中的"흡사"不仅可做副词使用，也可做词根与后缀"–하다"结合作为形容词使用。当"흡사"用做副词时，它只能与"같다, 듯이, 처럼"等词连用，表示相似的程度。

(5) 修饰结构

208）

ㄱ. 古書（고서），美人（미인），人品（인품），長期（장기）

ㄴ. 獨立（독립），相逢（상봉），相異（상이），自殺（자살）

208）是修饰结构的名词，208ㄱ）是由"冠形词性修饰语+被修饰名词"组成的合成名词，208ㄴ）是由"副词性修饰语+被修饰语"组成名词。这些词不仅可以作为名词使用，也可以与后缀"–하다"结合，形成动词或形容词。

(6) 并列结构

209）

ㄱ. 道路（도로），言語（언어），左右（좌우），晝夜（주야）

ㄴ. 開閉（개폐），去來（거래），生産（생산），出入（출입）

ㄷ. 強弱（강약），明暗（명암），長短（장단），眞善美（진선미）

ㄹ. 相互（상호），唯獨（유독），恒常（항상）

209ㄱ）与209ㄴ）分别是语义相似或相反的名词与名词、动词与动词组合形成的并列结构的名词；209ㄷ）与209ㄹ）是由语义相近或相反的形容词与形容词、副词与副词组合而成的名词和副词。

(7) 被动结构

210）

見奪（견탈），所定（소정），被殺（피살），被侵（피침）

（8）否定结构

211）

莫逆（막역），無罪（무죄），勿論（물론），否決（부결），不利（불리），非理（비리）

（9）叠词结构

212）

ㄱ. 各各（각각），句句節節（구구절절），別別（별별），種種（종종）

ㄴ. 代代（대대），私私（사사），雙雙（쌍쌍），層層（층층）

ㄷ. 明明白白（명명백백），默默（묵묵），紛紛（분분），戀戀（연연）

212）中的汉字词是通过层叠某个词素或单词而成。其中，212ㄱ）是可以独立使用的名词；212ㄴ）中的叠词不能独立使用。其中，"대대，사사"需要与后缀"-로"或"-롭다"结合，"쌍쌍，층층"需要与后缀"-이"结合才能成为可以独立使用的副词或形容词。212ㄷ）中的叠词"명명백백，묵묵，분분，연연"同样不具有独立性，只有与后缀"-히"或"-하다"结合获得副词或形容词词性后才可独立使用。

（10）缩略结构

213）

ㄱ. 당선작（←當選作品），문박（←文學博士），임란（←壬辰倭亂），조간（←朝刊新聞），한국（←大韓民國）

ㄴ. 망명（逃亡而求命），상한（傷以寒），피정（避世靜靈），회중（懷於心中）

具有缩略结构的词语，一般通过两种方法来实现。一种是像213ㄱ）那样，通过截取不同部位的核心词素组合而成；另一种则是像213ㄴ）一样，通过省略部分词素形成。大部分汉字缩略词都是通过截取不同部位的核心词素组合而成。

4.5 派生词的合成、合成词的派生、二次派生

韩国语中的汉字词其构词并不拘泥于单一的派生或合成，一些汉字词的构词既包含派生，同时也包含合成，其构词顺序是分层次的，而且这种层次是有规律可循的。以下我们将具体考察属于这类构词法的汉字词。

214）

ㄱ. 변함없다←（변하+-ㅁ）+없다, 병마개←병+（막+-애）

ㄴ. 악착같이←（악착+같다）+-이, 형편없이←（형편+없다）+-이

ㄷ. 군자연하다←（군자+-연）+-하다, 적대시되다←（적대+-시）+-되다

214ㄱ）中，"변함없다"是由动词"변하다"的名词形"변함"与谓词"없다"组合而成的派生合成词；214ㄴ）中的副词"형편없이"是由合成词"형편없다"与后缀"-이"组合形成的合成派生词；214ㄷ）中的动词"적대시되다"则是由名词"적대"与后缀"-시"组合后，再次与后缀"-되다"组合形成的二次派生词。由此可见，汉字词既有可以独立使用的单音节、多音节单纯词，同时，也有通过合成和派生等方法形成的复合词。由于进入韩国语词汇中的汉字词仍保留着汉字的表意功能，且多为失去独立性的依存名词，所以根据语义表达和使用的需要，造词时可能不止经历一次派生或合成，这样便形成了多层结构的汉字词。

4.6 小结

众所周知，词汇系统是一个开放的系统。随着社会、文化的发展与使用的需要，不断地有新词语生成、旧词语消亡。任何一门语言的词汇在构词方面都有一定的规律和特点。进入韩国语词汇系统的汉字词在使用过程中不断地与其他词素组合，构成新的词汇，其构词呈现出如下特点：

（1）组词自由，造词能力强

由于构成汉字词的词素——汉字是表意文字，所以根据表达的需要，这些词素可以与其他汉字词词素、固有词词素或外来词词素自由组合，生成更多的词语。以汉字词词素"人（인）"为例，它可与其他词素自由组成如下词语：

215）

ㄱ. 人間（인간），人類（인류），人事（인사），人情（인정），人品（인품）

ㄴ. 巨人（거인），犯人（범인），偉人（위인）

ㄷ. 藝術人（예술인），韓國人（한국인），크로마뇽人（Cro-Magnon인）

215ㄱ）~215ㄴ）中，词素"人（인）"分别位于其他词素的前面或后面，组成合成词；215ㄷ）中词素"人（인）"的位置比较固定，分别附着在汉字词"藝術（예술）"、汉字词"韓國（한국）"、外来词"크로마뇽（Cro-Magnon）"之后，分别表示"从事某种职业的人""从属于某个国家的人""属于某种类型的人"，起着后缀的作用。像"人（인）"这种既可以做词根又可以做词缀的现象在固有词中几乎是不存在的。

（2）通过截取形成的缩略词占有一定的比例

由于语言的经济性原则，口语中普遍存在将多音节汉字词截取成缩略词的现象。通过截取形成的缩略词形式上更简洁、语义表达更明了。如：

216）

ㄱ. 大韓民國（대한민국）→韓國（한국），회사공고（회사공고）→社告（사고）

ㄴ. 勞動組合（노동조합）→勞組（노조），臨時政府（임시정부）→臨政（임정）

ㄷ. 大韓石炭公社（대한석탄공사）→石公（석공），信託銀行（신탁은행）→託銀（탁은）

216ㄱ）截取了第二、四个字；204ㄴ）截取了第一、三个字；216ㄷ）则在词的中间部分进行了截取。当然，除了上述方法外，还有截取其他部位组词的方法，这三种是最常见的截取方法。

除了多音节汉字词复合词能够截取成缩略词外，在固有词与汉字词构成的混种词中我们也能看到缩略词的影子，但数量极其有限。如：

217）

불고기白飯（불고기백반）→불白（불백），비빔冷麵（비빔냉면）→비冷（비냉）

虽然截取缩略构词法普遍应用于日常生活中，但并不意味着所有的汉字合成词都可以进行截取缩略。下面两个同样由"蹴球（축구）"构成的汉字词就是很好的例证。

218）

ㄱ．蹴球競技（축구경기）→*蹴競（축경）

ㄴ．蹴球協會（축구협회）→蹴協（축협）

218ㄱ）由于"蹴球（축구）"与"競技（경기）"是对等关系，截取后的词素组合在一起不能准确地表达原词的意义，所以不能缩略组词。而218ㄴ）"蹴球（축구）"与"協會（협회）"是修饰关系，截取后的词素组合在一起仍能准确地表达出原意，所以可以进行缩略组词。

（3）部分合成词内部存在同义·近义词素重复现象

合成词内部同义或近义词素重复现象是指在构成复合词的两个单词中，其中一个单词与另一个单词或另一个单词的某个词素之间存在同义或近义关系。具体如下：

219）

ㄱ．媤家宅（시가댁），外家宅（외가댁），誕辰日（탄신일）

ㄴ．藥水（약숫）물，妻家（처갓）집，鐵橋（철교）다리

ㄷ．冬柏（동백）나무，呻吟（신음）소리，薔薇（장미）꽃

219ㄱ）中的单词全部是由汉字词构成的汉字合成词。其中"誕辰"在韩国语中指王或伟人的出生日，词素"辰"与"日"属同义词。"媤家宅""外家宅"这两个词，构成词素"家"与"宅"同样是两个语义相似的近义词。

219ㄴ）～219ㄷ）中的单词是由汉字词与固有词组成的混种词。其中，219ㄱ）"藥水물"中的"水"与"물""妻家집"的构成词素"家（가）"与"집""鐵橋다리"中的"橋"与"다리"是语源不同的同义词。与之相比，

219ㄷ）中的合成词"冬柏나무""呻吟소리""薔薇꽃"在字面上不存在这种同义或近义关系的词素。但如果从语义的角度来看，"呻吟"是一种"소리"；"冬柏""薔薇"分别是"나무""꽃"的一种，它们是下位词与上位词的关系，语义上仍存在着重复现象。又如：

220）

ㄱ. 틈새

ㄴ. 댄스（dance）춤，모찌（<일>mochi）떡，몸뻬（<일>monpe>）바지

220ㄱ）是两个同义的固有词构成的复合词；220ㄴ）是同义或近义的外来词与固有词构成的合成词。其中，"모찌떡"中的"모찌"是日语，意为"糕"，它与"떡"是同义词，"몸뻬바지"中的"몸뻬"是日语单词，指女子干活时穿的一种裤子，它与"바지"是下位词与上位词的关系。

一般情况下，合成词内部同义、近义词素重复现象多发生在汉字词与固有词或固有词与外来词组成的混种词中。汉字词与汉字词、固有词与固有词组成的复合词内部很少存在这种同义、近义词素重复的现象。

（4）叠词的构成方式比较单纯

汉字词叠词与固有词叠词在构词方式上既有相同之处，又有不同之处。如：

221）

家家戶戶（가가호호），各各（각각），艱辛艱辛（간신간신），明明白白（명명백백），半半（반반），房房（방방），瞬間瞬間（순간순간），時時刻刻（시시각각），惹端惹端（야단야단）

222）

ㄱ. 꼼지락꼼지락（慢吞吞），매끈매끈（溜溜儿地），질척질척（泥泞），집집（家家户户）

ㄴ. 실룩샐룩（抽动貌），싱숭생숭（心绪不宁），흘깃할깃（忽悠忽悠）

ㄷ. 곱디곱다（非常漂亮），기나길다（悠长），쓰디쓰다（非常苦），크나크다（巨大）

从221）～222）可以看出，汉字词叠词是词素原封不动地层叠后组合在一起，词素形态未发生变化。相比之下，固有词构成的叠词却没这么单纯。

222ㄱ)中的叠词构词方法与221)中汉字词的叠词方式基本相同，由完整的词根层叠组合而成；222ㄴ)～222ㄷ)则分别是词根的变形层叠和在词根与词根之间插入其他成分构成。

仔细观察我们会发现222ㄴ)中的叠词其元音交替存在一个规律。即，当前面的元音是ㅣ、ㅡ时，后面变形的叠词元音依次会变成"ㅐ、ㅏ"，形成"高元音：低元音"的对立形式。222ㄷ)中的叠词分别在词干之间插入了"-디-"和"-나-"，其中"-디-"可以自由地与形容词词干结合构成形容词叠词，而"-나-"只能与极少数形容词词干结合。从词性上来看，大部分汉字词层叠后形成的合成词是副词或名词，而固有词层叠后形成的合成词除了副词、名词外，还有形容词。通过层叠形成的合成形容词在语义上比层叠前的形容词表示的程度更深。

（5）汉字词复合词中的"ㄹ"脱落呈不规则状

韩国语音韵规则中，当组成合成词或派生词的第二个词素以辅音字母"ㄴ，ㄷ，ㅅ，ㅈ"开头时，前面词素的终声"ㄹ"应脱落。

223)

ㄱ. 不斷（부단），不實（부실），不自由（부자유），不在（부재）

ㄴ. 不能（불능），熱中（열중），日常（일상），切斷/截斷（절단）

223ㄱ)中由否定意义词素"不（불）"构成的复合词遵循了"ㄹ"脱落的音韵规则；223ㄴ)中的汉字词复合词未遵守"ㄹ"脱落的音韵规则。值得一提的是，同样含有否定意义词素"不（불）"，223ㄱ)中的复合词遵循了"ㄹ"脱落规则，而223ㄴ)中的"不能（불능）"却未遵循该音韵规则。可见，由汉字词构成的复合词不受"ㄹ"脱落音韵规则的限制。

（6）汉字词派生词的后缀多为单音节

从形态上来看，汉字词派生词的后缀多为单音节，而固有词派生词的后缀则不然。如：

224)

ㄱ. 科學-者（과학자），敎授-法（교수법），機械-化（기계화），農産-物（농산물），文化-財（문화재），生産-的（생산적），世界-觀（세계관），

所有-權（소유권），兒童-服（아동복），自滿-心（자만심），重要-視（중요시），暴走-族（폭주족）

ㄴ. 겁-쟁이（胆小鬼），국-거리（汤料），먹-보（食神），몸-매（体形），부침-개（煎饼），빛-깔（色彩），서울-뜨기（首尔佬），욕-지거리（漫骂），잠-꾸러기（瞌睡虫），점-박이（麻脸），철-딱서니（明事理），흙-투성이（浑身是泥）

224ㄱ）~224ㄴ）分别是汉字词派生词和固有词派生词词例。从这些词中我们可以发现汉字词派生词的后缀为单音节，而固有词派生词的后缀既有单音节，又有双音节，还有三音节的，比只有单音节一种形态的汉字词后缀要丰富得多。

（7）汉字词派生词中不存在通过音韵交替形成的派生词

韩国语固有词中存在着如"발갛다：벌겋다""발갛다：빨갛다"这样通过元音或辅音交替的方法形成的派生词。但汉字词派生词中不存在通过这种方法形成的派生词。

（8）汉字词派生词中不存在通过零派生形成的派生谓词

固有词中，有少数像"신：신다""가물：가물다"这样形态上不发生任何变化就实现从名词到动词转变的单词。这种谓词派生方法在汉字词中不存在。究其原因，我们会发现汉语中的词汇进入韩国语词汇系统后多被用做名词，只有与"-하다""-되다""-시키다""-스럽다""-롭다"等后缀结合才能做谓词使用。

225）

ㄱ. 登山（등산）하다, 放學（방학）하다, 出入（출입）하다

ㄴ. 可憐（가련）하다, 負擔（부담）스럽다, 鮮明（선명）하다, 辱（욕）되다, 恩惠（은혜）롭다, 華麗（화려）하다

225ㄱ）中的"登山""放学""出入"在汉语中是动词，而在韩国语中，这三个词只能做独立的名词。它们只有与"-하다"结合才能用做动词。

225ㄴ）中的"可憐""鮮明""華麗"在汉语中是形容词，但在韩国语中它们不能独立使用，只能与"-하다"结合在一起才能作为形容词。而名词"負擔""辱""恩惠"在韩国语中与后缀"-스럽다""-되다""-롭다"结合后

也由名词变为形容词。

（9）汉字词中通过词缀派生形成的谓词远远多于合成法形成的谓词

前面已做过具体说明，由于汉字词进入韩国语词汇系统后多被用做名词，所以不存在由汉字词组合在一起构成的谓词，但却有汉字词与固有词形成的合成谓词。这样的合成词数量不多，基本上都是通过省略掉汉字词后的格助词"-이/가""-을/를"或助词"-와/과"后，与后面的谓词组合而成。如：

226）

ㄱ. 點（점）찍다, 占（점）치다, 情（정）붙이다, 貪（탐）나다, 魂（혼）나다

ㄴ. 關係（관계）없다, 氣（기）막히다, 實（실）없다, 別（별）다르다, 珠玉（주옥）같다

（10）汉字词合成词中不存在通过非句法合成形成的谓词

在固有词中，有像"검붉다, 굳세다, 굶주리다"这样直接由两个谓词词干组合在一起形成的非句法合成谓词。这种非句法式的构词方式在汉字词合成谓词中是不存在的。

第五章　外来词构词法

5.1　外来词简介

（1）外来词的定义

"外来词"也叫"外来语（외래어）""借用语（차용어）"。是指从其他国家语言中吸收而来的被韩国语语言体系同化，在韩国社会上广泛使用的词语。值得注意的是韩国语中的"外来词"是个狭义概念，主要指源自印欧语系（特别是英语）的外来词语，不包括像"학교（學校）、공부（工夫）、국가（國家）"等源自中国的汉字词。但"라조기（辣椒鷄）、자장（炸酱）、쿵부（功夫）"等源自汉语并按汉语发音、用韩文标注的词语则属于外来词。此外，虽然外来词是从其他国家的语言中借用而来的词语，但并不意味着外来词都源自其他国家。如，"핸드폰（hand phone）""스키니 진（skinny jeans）""셀카（self camera）""유티즌（utizen）"这些典型的外来词就是韩国本土创造的。

（2）外来词的来源

自公元前108年，汉武帝在朝鲜半岛设立汉四郡后，中国和朝鲜半岛便有了更多的文化接触，汉字词也慢慢地被吸收到了韩国语中，这种情况一直持续到19

世纪。由于源自中国的汉字词数量众多，在韩国语词汇系统中占有很大的比重，且早已被同化融入韩国人的日常语言生活中，所以汉字词在韩国语词汇系统中占据着特殊地位，有别于源自印欧语系的外来词语。

到了13—14世纪的高丽时期，蒙古语通过朝鲜半岛与元朝的接触传入韩国语中。受当时政治和社会环境的影响，传入韩国语中的蒙古语词汇主要以官职名和军事用语为主，与马、鹰等相关的词语构成了源自蒙古语外来词的主流。如，韩国语中至今仍在使用的"보라매（幼鹰）"一词就是由蒙古语"보라（秋鹰：boro）"和固有词"매（鹰）"组合而成的。

20世纪前后，进入开化期的朝鲜半岛与世界的接触也变得多样化。从这一时期开始，韩国语受日语的影响较大。尤其是进入1910年以后，在日本对朝鲜半岛殖民统治期间，日语的影响更是占据了绝对的统治地位。直到1945年朝鲜半岛光复后，日语对朝鲜半岛的影响仍然很大。由于日本的殖民统治对韩国而言是一段屈辱的历史，所以自光复起，韩国对消除日语遗迹的运动一直持续进行着。在多方的努力下，自日本殖民统治时期进入韩国语中的日语词汇，至少在日常用语范围内基本被清除。但在服装制造、建筑、印刷等领域，以及美容美发用语中还残留较多的日语词汇，但这些词语几乎未被词典作为标准词收录，而且在韩国社会各方面的努力下，这些词语逐渐被相应的韩国语固有词或是西方外来词取代。另一方面，光复后的韩国仍从日语中引进了一些词语，这些词语多是以翻译西方语言学术语为主的汉字词。如"형태소（形態素）、음운론（音韻論）、생성문법（生成文法）"分别是"morpheme、phonology、generative grammar"的日式汉字词译词。

朝鲜半岛光复以后，随着韩国和欧美国家，尤其是和美国之间交流的快速发展，外来词的来源地几乎变成了美国，日语的影响力急速下降。另外，由于在日本殖民统治时期传入朝鲜半岛的西方外来词多是日语式外来词，如"도라꾸（truck）""스게또（skate）""도라무（drum）"等，所以在根除日语痕迹的工作扩展到外来词领域后，"도라꾸""스게또""도라무"等日语式英语外来词便直接被英语外来词"트럭（卡车）""스케이트（滑冰）""드럼（桶）"取代。此外，韩国还用英语外来词直接取代了不能转换成韩国语的日

外来词。如"에리""조시"分别被英语外来词"칼라（collar：领子）""컨디션（condition：状况）"代替。

基于上述原因，从"光复"到现在，源于英语的外来词成为韩国语外来词的"大户"。这些外来词不仅数量多，而且涉及衣食住行社会生活的各个领域。以下简略列举各领域代表性词例：

① 服装服饰、鞋子、美容美发

227）

ㄱ. 의복（服装）：드레스（dress：衣裙），바바리（Burberry：风衣），스커트（skirt：裙子），와이셔츠（white shirt：衬衫），원피스（one-piece：连衣裙），웨딩드레스（wedding dress：婚纱），코트（coat：外套），투피스（two-piece：套裙）

ㄴ. 액세서리（饰品）：거들（girdle：腹带），넥타이（necktie：领带），벨트（belt：皮带），브로치（brooch：胸针），선글라스（sunglasses：太阳镜），스카프（scarf：围巾），스타킹（stockting：丝袜），핀（pin：领带夹、发卡）

ㄷ. 신발（鞋）：부츠（boots：靴子），샌들（sandal：凉鞋）

ㄹ. 화장품（化妆品）：로션（lotion：乳液），루주（<法>rouge：唇膏），립스틱（lipstick：口红），메이크업（make up：化妆），스킨로션（skin lotion：润肤液），아이크림（eye cream：眼霜），크림（cream：面霜）

ㅁ. 헤어（美发）：린스（rinse：护发素），무스（mousse：摩丝），샴푸（shampoo：洗发液），파마（permanent：烫发），헤어숍（hair shop：美发店），헤어스타일（hair style：发型）

② 食物

228）

버터（butter：黄油），스테이크（steak：牛排），잼（jam：果酱），치킨（chicken：鸡肉），토스트（toast：土司），피자（pizza：比萨），햄버거（hamburg：汉堡）

③ 饮料、酒、零食

229)

사이다(cider：汽水), 오렌지(orange：橙子), 와인(wine：葡萄酒), 위스키(whisky：威士忌), 주스(juice：果汁), 콜라(cola：可乐)

껌(gum：口香糖), 바닐라(vanilla：香草), 비스킷(biscuit：饼干), 스낵(snack：快餐), 아이스크림(ice cream：冰激凌), 초콜렛(chocolate：巧克力), 캐러멜(caramel：焦糖)

④ 建筑、家居

230)

베란다(veranda：阳台), 벨(bell：电铃), 빌딩(building：建筑), 아파트(apartment：公寓房), 에스컬레이터(escalator：自动扶梯), 엘리베이터(elevator：电梯)

가스(gas：煤气), 블라인드(blind：百叶窗), 샹들리에(<法>chandelier：枝形吊灯), 쇼파(sofa：沙发), 스탠드(stand：台灯), 싱크대(sink臺：水池), 인테리어(interior：室内装修), 커튼(curtain：窗帘)

⑤ 交通工具及其相关词语

231)

글라이더(glider：滑翔机), 모터보트(motorboat：摩托艇), 모터사이클(motorcycle：摩托车), 버스(bus：公共汽车), 보트(boat：小船), 사이클(cycle：自行车), 스쿠터(scooter：小型摩托车), 오토바이(auto bicycle：摩托车), 카페리(car ferry：渡轮), 택시(taxi：出租车), 트랙터(tractor：拖拉机), 트럭(truck：货车), 행글라이더(hang-glider：滑翔翼)

보닛(bonnet：引擎盖), 엔진(engine：引擎), 엔진 오일(engine oil：发动机润滑油), 워셔액(washer液：玻璃水), 카센터(car center：汽车修理厂), 타이어(tire：轮胎)

⑥ 信息通信

232)

그래픽(graphic：图像), 라디오(radio：广播), 멀티미디어(multimedia：多媒体), 모뎀(modem：调制解调器), 소프트웨어

（software：软件），스캐너（scanner：扫描仪），스피커（speaker：扬声器），채팅（chatting：网络聊天），컴퓨터（computer：电脑），텔레비전（television：电视），프린터（printer：打印机），하드웨어（hardware：硬件）

⑦ 军事

233）

로켓（rocket：火箭），미사일（missile：导弹），탱크（tank：坦克）

⑧ 体育

234）

골프（golf：高尔夫），배드민턴（badminton：羽毛球），번지 점프（bungee jump：蹦极），스킨스쿠버（skin scuba：潜水运动），스포츠（sports：体育），체스（chess：国际象棋），테니스（tennis：网球），트럼프（trump：扑克牌），핸드볼（handball：手球）

⑨ 植物

235）

달리아（dahlia：大丽花），아카시아（acacia：洋槐），카네이션（carnation：康乃馨），코스모스（cosmos：大波斯菊）

⑩ 动物

236）

고릴라（gorilla：大猩猩），잉꼬（<日>inko：鹦鹉），치타（cheetah：猎豹），침팬지（chimpanzee：黑猩猩），캥거루（kangaroo：袋鼠）

除源自英语的外来词外，韩国语中还有源自法语、德语、意大利语、俄语、葡萄牙语等其他国家语言的外来词。如"그랑프리（grand prix：头奖），데뷔（début：出道），데생（dessin：素描），레스토랑（restaurant：西餐厅），부케（bouquet：捧花），샹들리에（chandelier：枝形吊灯）"源自法语；"깁스（Gips：石膏绷带），아르바이트（Arbeit：打零工）"源自德语；与音乐相关的"아다지오（adagio：柔板），안단테（andante：行板），알레그로（allegro：快板）"源自意大利语；"뜨락또르（traktor：拖拉机），빨치산（partizan：游击队），페치카（pechka：壁炉）"源自俄语；"담배（tabaco：烟草），빵

（pão：面包）"源自葡萄牙语等。

5.2 外来词构词法

外来词的构词法与固有词、汉字词有不同之处。以下我们将通过具体分析对韩国语词汇中的外来词构词进行详细地说明。

5.2.1 借音法

韩国语中的外来词多借用外语发音，使用韩文标记的方法构成。因此，下文将从语音方面阐述外来词的构词法。

（1）全借音法

在借用外来词的过程中，韩国语多采取借用外语发音，用韩文进行标注的方法。如：

237）

뉴스（news：新闻），램프（lamp：灯），카드（card：卡，卡片），하이드로미터（hydrometer：比重计）

虽然外来词多采用借音的方法，但由于韩国语的音韵体系与其他国家的语言音韵体系有所不同，所以在借用过程中，往往也会产生一些变化。如：

①语音的紧音化

韩国语的音韵体系中没有浊辅音，所以当外语中的浊辅音"b, d, g, j"出现在词头，且后面紧跟元音时，外来词的辅音多标记为松音，实际发音时发紧音。甚至还有个别外来词不仅发音为紧音，韩文标记也为紧音。如：

238）

bus→버스[뻐스]（公共汽车），dam→댐[땜]（水坝、堤坝）

gas→가스[까스]（煤气、燃气），gum→껌[껌]（口香糖）

jam→쨈[쨈]（果酱）

②音节的变化

a.音的添加

若外来词的词尾出现爆破音或摩擦音，用韩国语标记时，通常会添加元音"ㅡ"，以使音节末尾的塞音外破。如：

239）

  cake→케이크（蛋糕），camp→캠프（帐篷）

  cassette→카셋트（盒式录音带），hip→히프（臀部）

  hit→히트（打击），news→뉴스（新闻）

  scarf→스카프（围巾），silk→실크（丝绸）

b.音的脱落

外来词发音时，有时还会出现辅音脱落的现象。代表性的外来词辅音脱落现象是"ㄹ"音的脱落。如：

240）

  blouse→블라우스[브라우스]（罩衫），chocolate→초콜렛[초코렛]（巧克力）

  club→클럽[크럽]（俱乐部、夜总会），elite→엘리트[에리트]（精英）

  glass→글라스[그라스]（玻璃杯），nylon→나일론[나이론]（尼龙）

（2）其他借音方法

除采取完全借音的方法外，韩国语外来词还采用半借音和借音后加注释的构词方法。具体如下：

① 半借音、半意译的方法

241）

  노벨상（Nobel상：诺贝尔奖），브라운관（Braun관：布劳恩管、阴极射线管）

② 借音后加注释的方法

242）

  나일강（Nile강：尼罗河），핀침（pin침：别针）

5.2.2 派生法

从韩国语外来词的形态上来看，外来词大致依据派生、合成、缩略、首字母组合、混合等构词法构成。以下我们首先考察由派生法构成的派生词。

由派生法形成的外来词是指在外来词词根或词干上，通过添加前缀或后缀形成的词语。具体如下：

（1）外来词+固有词后缀

① 外来词形容词+-하다

243）

글래머러스하다（glamorous하다：有魅力的），내추럴하다（natural하다：自然的），더티하다（dirty하다：脏的），로맨틱하다（romantic하다：浪漫的），리얼하다（real하다：真实的），비비드하다（vivid하다：生动的），샤프하다（sharp하다：锋利的），섹시하다（sexy하다：性感的），소프트하다（soft하다：软的），와일드하다（wild하다：狂野的），코믹하다（comic하다：滑稽有趣的），쿨하다（cool하다：酷的），타이트하다（tight하다：紧的），파워풀하다（powerful하다：强有力的），패셔너블하다（fashionable하다：时髦的）

② 外来词动词+-하다

244）

노크하다（knock하다：敲门），디스카운트하다（discount하다：打折），리드하다（lead하다：领导），마스터하다（master하다：掌握），믹스하다（mix하다：混合），어필하다（appeal하다：提出异议），오픈하다（open하다：开），체크하다（check하다：检查、核对），커버하다（cover하다：覆盖）

③ 外来词名词+-하다/이다/나다

245）

미스터리하다（mystery하다：神秘的、不可思议的），아이러니하다（irony하다：讽刺），에러나다（error나다：出现错误），캡이다（cap이다：压倒、胜过）

④ 外来词动名词+하다

246）

쇼핑하다（shopping하다：购物），컨닝하다（cunning하다：作弊），클리닝하다（cleaning하다：清洁、扫除），파킹하다（parking하다：泊车）

在英语中，形容词和动词虽可独立使用，但因韩国语与英语属于两种完全不同的语言体系，所以如243）与244）所示，英语中的动词和形容词进入韩国语词汇系统后便失去作为谓词的独立性。若想具有谓词词性，必须在其后添加后缀"-하다"才可以。

243）中，英语形容词"로맨틱（romantic）"与韩国语后缀"-하다"结合后，才能发挥其谓词词干的作用。此外，"로맨틱"还可以与"-도"等添意助词结合，以"로맨틱도 하다"等形式进行表达。

244）中的外来词动词进入韩国语词汇系统后，不仅可与后缀"-하다"结合，还可以自由地与其他助词结合。如，外来词动词"마스터（master）"除了与后缀"-하다"结合派生为动词"마스터하다"外，还可以与添意助词"-도"，补助词"-는"结合，以"마스터도 하다""마스터는 하다"的形式表达相应的语义。不仅如此，这些外来词动词还可与宾格助词"-을/를"结合使用。如"마스터를 하다""노크를 하다""믹스를 하다"等。通过这些在外来词动词后添加宾格助词的用法可以看出，外来词动词进入韩国语词汇系统后便被视为名词，其用法也与固有词名词的用法无异。

245）～246）中的名词、动名词形的外来词在被吸收进入韩国语词汇系统后不仅可与派生词后缀"-하다"组合使用，同时也可与助词自由结合使用。

综上所述，进入韩国语词汇系统的外来词多以名词为主，动词或形容词外来词多被视为名词使用。换言之，无论是名词、动名词，还是动词或形容词外来词，在进入韩国语词汇系统后都被视为名词，所以，形容词、动词外来词可以与助词自由结合使用。若想将其做谓词使用，需与后缀"-하다"结合才可。正因如此，进入韩国语词汇系统的外来词便具有了韩国语的形态特征。

（2）外来词+汉字词后缀

① -的

247）

미스터리적（mystery的：神秘的、不可思议的），카리스마적（charisma的：超凡魅力的），페미니스트적（feminist的：女权主义的）

② -界

248）

개그계（gag界：喜剧领域），디자인계（design界：设计界），패션계（fashion界：时尚界）

③ -族

249）

실버족（silver族：银发族、老人们），오렌지족（orange族：橙子族，富二代）

④ -化

250）

네트워크화（network化：网络化），디지털화（digital化：数字化），로컬화（local-化：区域化），이벤트화（event化：事件化）

⑤ -性

251）

캠페인성（campaign性：比赛性），코믹성（comic性：喜剧性），해프닝성（happening性：偶然性）

⑥ -型

252）

슬림형（slim型：苗条型），인스턴트형（instant型：速溶型）

247）~252）列举了外来词与汉字词后缀结合形成的派生词。247）中的词例是外来词与汉字词后缀"-的"结合后形成的新造词。如，源于英语的"미스터리（mystery）"一词，在与汉字词后缀"-的"结合后，形成派生词"미스테리적"。此外，英语外来词还可与汉字词后缀"-界""-族""-化""-性""-型"等结合，形成更多的外来词派生词。

不仅如此，"코믹성""슬림형"等外来词派生词也再次证明外来词形容

词进入韩国语词汇系统后被视为名词的事实。另外，外来词形容词"코믹""슬림""스마트"还可与派生后缀"-하다"组合形成形容词性外来词派生词"코믹하다""슬림하다""스마트하다"。

（3）汉字词前缀+外来词

① 超-

253）

초인플레（超inflation：超级通货膨胀）

② 生-

254）

생크림（生cream：鲜奶油）

③ 主-

255）

주테마（主Thema：主题）

④ 低-

256）

저알코올（低alcohol：低酒精度），저칼로리（低calorie：低卡路里）

253）～256）中的词例是汉字词前缀与英语外来词结合形成的派生词。其中，"초인플레"是英语"인슬레이션（inflation）"缩略成"인플레"后与汉字词前缀"超-"结合而成的外来词派生词。除前缀"超-"外，"生-""主-""低-"等汉字词前缀与英语外来词的组合派生能力也很强。

虽然汉字词词缀具有很强的派生造词能力，但与固有词和汉字词词缀的组合造词能力相比，外来词与汉字词词缀的组合造词能力更强。这是因为虽然汉字词词缀很早就进入了韩国语词汇系统，但它并未失去其"外来"的本性。因此，与固有词相比，同是具有外来属性的外来词与汉字词词缀的组合更具有造词能力。

（4）固有词或汉字词+英语后缀

① -tic（具有……性质的）

257）

바보틱（바보-tic：傻里傻气的）

소녀틱（少女-tic：少女感）

아줌마틱（아줌마-tic：大妈风格）

유아틱（幼儿-tic：幼稚的）

촌틱（村-tic：土里土气的）

② -ist（做……的人）

258）

징글리스트（징글ist）讨厌鬼

257）～258）中的词例是将外来词词尾的一部分视为词缀，将其与固有词或汉字词组合在一起构成的派生词。257）～258）中的外来词也可与后缀"-하다"组合再次派生成具有谓词词性的外来词使用。

5.2.3 合成法

外来词合成词是以外来词为主，通过合成法构成的合成词。具体有如下几种构成形式：

（1）外来词+外来词

① 名词+名词

259）

넥타이핀（necktie pin：领带夹），러브스토리（love story：爱情故事），룸서비스（room service：客房服务），매스 커뮤니케이션（mass communication：大众传媒），베이비오일（baby oil：宝宝油，婴儿润肤油），선크림（sun cream：防晒霜），스포츠 센터（sports center：运动中心），오페라 하우스（opera house：歌剧院），월드뉴스（world news：世界新闻），월드컵（world cup：世界杯），웨딩 드레스（wedding dress：婚纱），토마토주스（tomato juice：番茄汁），패션 디자이너（fashion designer：时装设计师）

② 形容词+名词

260）

로맨틱 코미디（romantic comedy：浪漫喜剧），블랙커피（black coffee：黑咖啡），블루칼라（blue collar：蓝领），화이트보드（white board：白板）

第五章　外来词构词法

（2）外来词+固有词/汉字词

① 外来词+固有词

261）

롱다리（long다리：长腿），펄감（pear감：珠光感）

② 外来词+汉字词

262）

가솔린 기관（gasoline機關：汽油发动机、汽油机），모스 부호（Morse符號：摩尔斯电码），스펙터클 영화（spectacle映畵：大场面大制作电影），스포츠화（sports靴：运动鞋），싱크대（sink臺：水槽、洗涤槽），프린트기（printer機：打印机）

（3）固有词/汉字词+外来词

① 固有词+外来词

263）

물티슈（물tissue：湿巾），발 마사지（발massage：足部按摩），종이컵（종이cup：纸杯）

② 汉字词+外来词

264）

보습팩（保濕pack：保湿面膜），생일 파티（生日party：生日聚会），수납박스（收納box：收纳箱），안전벨트（安全belt：安全带），영화 마니아（映畵mania：电影发烧友），전자렌지（電子range：微波炉）

观察259）～264）的词例可知，外来词不仅可与外来词组合，同时还可以自由地与固有词或汉字词组合成合成词表达丰富的语义。从组合成词的造词能力来看，外来词之间、外来词与汉字词的合成能力明显高于外来词与固有词的组合成词能力。

随着韩国与外国文化的接触，尤其受美国文化的影响，外来词源源不断地进入韩国语中，这不仅体现了韩国语的包容性，而且也体现了韩国语词汇的独创性及较高的造词能力。值得注意的是，下列265）中的词例虽然也是由合成法构成的外来词，但这些词并非源自外国，而是韩国人根据语义表达需要，用外来词组合而成的。这些词在韩国的使用频率虽高,但并未被英语词典收录。因为这些韩国人自造的韩式外来词并非正规的英语单词。

(4)自造的韩式外来词

265)

골인(goal+in=attainment of the goal:进球、得分)

개그맨(gag+man=comedian:喜剧演员)

핸드폰(hand+phone=mobile phone, cellular phone:手机)

비닐하우스(vinyl+house=greenhouse, hothouse:温室、大棚、暖房)

아이쇼핑(eye+shopping=window shopping:逛街、逛商店)

사인펜(sign+pen=felt-tip pen:签字笔)

스킨십(skin+ship=physical contact:身体接触)

롱코트(long+coat=overcoat:长外套、大衣)

由243)~265)的词例可以看出,外来词中很少有助词、接续副词等功能性词语,这与外来词多用来表达人和事物的名称,或描述其性质、状态等不无关系。

5.2.4 缩略法

随着社会和科学技术的不断发展,我们生活的地球村越来越开放、多元、复杂化,新事物、新概念层出不穷,这就需要新的词语与其对应,所以词语的数量也在不断地增加。韩国语从英语引入了一些表示新事物、新现象的外来词。由于外来词的音节较多,不论是发音,还是记忆都要付出一定的努力。基于人们追求简单、便捷、易记的心理,本着语言的经济性原则,部分外来词通过省略词语中的某一部分或提取各词语的首字母,并将其组合在一起的形式来实现语言的经济性。如:

"exam"和"photo"是省略词语"examination"和"photograph"的后半部分形成的缩略词。但在韩国人对外来词的具体缩略方法未达成共识而随意进行缩略时,外来词的语义也就偏离了英语词语的本义。譬如,"빵꾸"是通过日语进入韩国语词汇系统的英语外来词,其原形是英语缩略词"punc"。外来词"펑

크"虽然也是"puncture"的缩略词，但由于"빵꾸"与"펑크"发音不同，导致在韩国语中的语义也有所区别。即"빵꾸"用来指"洞、孔"，"펑크"用来指"轮胎爆胎"。

接下来，我们将通过具体的外来词词例来观察通过缩略法构成的缩略词。

（1）省略两个或三个外来词组合中的某部分

① 省略前一个外来词

266）

chewing gum→껌（口香糖），fried chicken→치킨（炸鸡），sewing mishin→미싱（缝纫机）

② 省略前一个外来词的后半部分

267）

ballpoint pen→볼펜（圆珠笔）

③ 省略后一个外来词

268）

dry cleaning→드라이（干洗），note book→노트（笔记本），snack bar→스낵（小吃摊）

（2）省略一个词语中的某一部分

① 省略词语的前半部分

269）

platform→포옴（月台），playground→그라운드（运动场），varnish→니스（清漆）

② 省略词语的后半部分

270）

apartment→아파트（公寓），auto bicycle→오토바이（摩托车）

centimeter→센티（厘米），combination→콤비（组合）

professional→프로（职业的、专业的），terrorism→테러（恐怖主义）

除了上述266）～270）中词例所示的通过省略一个外来词或多个外来词组合

中的某部分外，还有以下省略外来词中的语法表达形式构成的外来词。

（3）省略英语语法的表达形式

① 省略复数表达形式"-(e)s"

271）

선글라스（sunglasses：太阳镜），스타킹（stockings：长筒袜），스파이크（spikes：钉鞋），슬리퍼（slippers：拖鞋），올림픽（Olympics：奥林匹克），파자마（pajamas：睡裤）

② 省略所有格表达形式"-'s"

272）

맥도날드（McDonald's：麦当劳），배터박스（batter's box：棒球击球手的击球位）

③ 省略过去分词表达形式"-ed"

273）

개더스커트（gathered skirt：百褶裙），샐러리맨（salaried man：工薪族），아이스커피（iced coffee：冰咖啡），원사이드 게임（one-sided game：一边倒的比赛）

④ 省略动名词形式"-ing"

274）

스펠（spelling：拼写），오픈 게임（opening game：公开赛），프라이팬（frying pan：煎锅）

⑤ 省略后缀

275）

클래식 음악（classical music：古典音乐）

⑥ 省略具有否定意义的后缀

276）

스텐（stainless：不锈钢）

如上述词例所示，271）~276）中的外来词在进入韩国语词汇系统的过程中，其表示复数、所属格、时制等语法意义的词素全被省略，这也从侧面反映了英韩两种语言语法词素的不同。譬如，韩国语中几乎不区分单复数，所属格完全可以通过"词语+词语"的形式来实现。所以，在外来词被韩国语词汇系统同化、吸收的过程中，这些英语语法词素自然会被省略掉。

5.2.5 首字母组合法

在外来词缩略词中，还有一定比例的首字母组合词。这类外来词与英语中的首字母缩略词既有相同点，也有不同点。如下文所示，英语中首字母缩略词多像277ㄱ）或277ㄴ）一样，在提取每个词语中的首字母后，要么按罗马字母读音拼写，要么按这些首字母组合在一起的读音来拼写。

277）

ㄱ．시에프（CF←commercial film：商业广告），유엔（UN←United Nations：联合国）

ㄴ．나토（NATO←North Atlantic Treaty Organization：北大西洋公约组织）

에스캅（ESCAP←U.N. Economic and Social Commission for Asia and the Pacific：联合国亚洲暨太平洋经济社会委员会）

에이펙（APEC←Asia-Pacific Economic Cooperation：亚太经济合作组织）

除了上述首字母缩略词外，韩国语外来词中的首字母组合词还包含以下278）和279）中所举的词例。278）中的词例是将外来词的首字母与构成该词的另一音节首字母组合在一起，279）是在英语字母缩略词的基础上添加了韩字。

278）

디시（DC←discount：折扣），피디（PD←producer：监制、制片人）

279）

ATM기（Automatic Teller Machine기：自动取款机），PC방（personal computer방：网吧）

5.2.6 混合法

"아점"一词是由"아침"和"점심（點心）"两个词分别截取了"아"与"점"之后组合在一起构成的混种词。从构词而非词源的角度解释这种由两个词

的一部分组合在一起的构词方法就是混合法。韩国语外来词中有不少词通过该方法构成。具体如下：

（1）外来词+外来词

280）

디카（digital-camera：数码相机），레포츠（leisure-sports：闲暇运动），리모콘（remote-control：遥控器），메일진（mail-magazine：电子邮件杂志），빌라트（villa-apartment：别墅公寓），오피스텔（office-hotel：居住兼办公的处所），캐포츠（casual-sports：休闲运动），키덜트（kid-adult：孩子气的成人）

（2）固有词+外来词

281）

몰카（몰래-camera：偷拍、偷拍用相机）

（3）汉字词+外来词

282）

재테크（財-technology：理财）

280）中的词例"레포츠"是截取英语词语"leisure"的前部分"le"与"sports"的后部分"ports"结合在一起构成的混合外来词。281）中的词例"몰카"是分别截取固有词"몰래"中的"몰"与外来词"camera"中的"ca"后，将二者组合在一起形成的混种词。同理，282）中的"재테크"是由汉字词"財"与英语"technology"一词的前部分"tech"组合而成。像这种将两个外来词中各截取一部分组合在一起，或将某个外来词中截取的一部分与另一个词组合在一起的构词法便是外来词混合法。由这种方法形成的词语就是外来词混合词。由于外来词混合词是在两个词语中各截取一部分或由一个词语与另一个词语的某部分组合而成，因此，从某种意义上来说，混合词也是合成词的一种。但合成词通常由两个词的词基组合而成，所以从形态上来看，合成词的结构是扩张型。而混合词是在两个词语中各截取一部分或由一个词语与另一个词语的某部分组合而成，其结构较两个词的组合而言呈短缩态。

280）~282）中的词例从不同词源的角度介绍了外来词混合词的构成情况。

第五章　外来词构词法

以下将通过词例对截取不同部位组合而成的混合词结构进行具体考察。

① AB+CD→AD型

283）

액션（action）+시티즌（citizen）→액티즌（集会族）

② AB+CD→ABD型

284）

김치+할리우드（Hollywood）→김치우드（韩国电影界）

헬스（health）+에어로빅（aerobic）→헬스로빅（增氧健身运动）

③ AB+CD→ACD型

285）

컴퓨터（computer）+도사（道士）→컴도사（电脑通、电脑达人）

④ AB+CD→BD型

286）

아줌마+신데렐라（Cinderella）→줌마렐라（有经济能力、漂亮且积极投身社会生活的已婚女性）

根据词语截取部位的不同，外来词混合词可分为如上四种类型。其中，AB、CD并不指词语的内部结构，而是以截取为前提，对词语的首尾进行的区分标识而已。283）由AB+CD构成的AD型混合词是将前一个单词的词首与后一个单词的词尾组合在一起形成的混合词；284）由AB+CD构成的ABD型混合词中，前一个词AB未发生截取，直接与后一个词CD的词尾D组合形成混合词；与284）相似，在285）AB+CD构成的ACD型混合词中，后一个词CD未发生截取，直接与前一词AB的词首结合形成ACD结构的混合词；286）是分别截取AB与CD两个词的词尾后，将其组合在一起形成的BD型混合词。

在上述四种类型的混合词中，AD型混合词最具代表性，数量也最多。据研究结果显示，在英语中，非AD型结构的混合词大概占4-6%，比例很小（Ingo Plag, 2003:123）。黄振永（2009:19-20）对韩国语混合词的研究结果也表明AD型混合词在韩国语混合词中占比最高。如果用"浴缸效应"来解释该构词现象的话，似乎会更容易理解。这就好像词语是躺在浴缸里的人，头（词首）和脚（词尾）都露出水面，比较显眼，所以两个外来词的词首和词尾组合在一起更简洁，更容易被人们识记。

287）

개그운서（gagman+announcer：幽默、有才气的主播）

다큐테인먼트（documentary+entertainment：娱乐性纪录片）

레캉스（leisure+vacance：享受休闲运动的夏季休假）

비조트（business +resort：疗养酒店）

액티즌（action+citizen：集会族）

에듀시터（education+baby sitter：教师保姆，既陪学习又陪玩的人）

에듀테인먼트（education+entertainment：寓教于乐）

캐포츠（casual+sports：个性运动休闲服饰）

287）中的词例是韩国人自造的AD型外来词混合词。由这些词例我们可以总结出AD型混合词的构词规律。即，构成AD型混合词的后一词语CD的音节数基本与AD型混合词的音节数一致。如287）中的"개그운서, 레캉스, 액티즌"等混合词的音节数与构成这些词的后一词语"아나운서, 바캉스, 시티즌"的音节数是一致的。可以说这些混合词的音节数与后一词语有很大的关联，AD型混合词是以后一词语CD为基础形成的。

接下来我们通过与"코리아"相关的混合词来验证这一构词规律。

288）

코리우드（Korewood←Korea + Hollywood：韩国的电影界）

코메리카（Komerica←Korea + America：韩式美国体制，对韩国文化领域急剧美国化的讽刺）

콜리건（Koligan←Korea + hooligan：既狂热又守纪律的韩国球迷）

288）中的词例是韩国人自造的与"코리아"相关的混合词。这些词语的结构再次印证了AD型混合词是基于后一词语的音节数形成的这一规律。具体来看，构成上述混合词的前一个单词AB都是"코리아"，但在其构成的混合词AD中，"코리아"AB却分别变成了"코，코리，콜"等不同形态。这是因为在形成混合词AD时，人们根据后一词语CD的音节数和音韵情况进行了不同的截取

所致。也就是说因为对"코리(아)+(할리)우드"①,"코(리아)+(아)메리카","코(리아)+(훌)리건"中的"코리아"进行了不同的截取,所以导致组合后的混合词以"코리우드","코메리카"和"콜리건"的形式呈现。以"코리우드"为例,可能有人会将其视为"코리아"中"코"与"할리우드"中的"리우드"组合。但是从混合词"김치우드""실리우드"的构成可以看出,两个词的后半部分均截取了"할리우드"的后半部分"우드",所以把"코리우드"视为"코리+우드"更合理。而且,若是"코+리우드"结构,它似乎应该与"콜리건"一样,最终被组合成"콜리우드"的形式才合理。毕竟"콜리건"中的"콜"是因为"코"受了"훌리건"中"l"音的影响才变为"콜"的。而"코리아+할리우드"既未组合成"*코우드",也未组合成"콜리우드",而是组合成了"코리우드"。这正是由于它为了保持与后一词CD的音节数一致而进行了相应的截取所致。而"코"之所以呈现出不同的形态,也是基于后一词语的音节数才做出的不同截取或形态上的变化。

那么284)～286)中的ABD型、ACD型、BD型混合词是否也适用上述音节数保持一致的规律呢?285)中构成ACD型混合词的后一词语CD未发生截取,直接与前一词语的截取部分A组合,所以音节数必然会比后一词语的音节数多;286)中的BD型混合词音节数与后一词语的音节数相同。284)中的ABD型混合词虽然是前一词语AB与后一词语 CD的截取部分D组合,但音节数与后一词语相同,符合音节数保持一致的规律。但这并不意味着ABD型的混合词音节数都能够与后一词语CD的音节数一致。譬如,与"햄버거"相关的混合词"떡버거",因"떡"是单音节,所以与"버거"组合形成的混合词保持了3个音节。但在"새우버거, 치킨버거, 라이스버거"等词语中,其构成词素"새우, 치킨, 라이스"是完整的一个词语,并未发生截取,因此它与"버거"组合而成的词语音节数自然会增加。

在这些词例中,"버거"代表着"햄버거"。它与上述食物名称组合生成了多个不同种类的"버거"名称,这时它就丧失了作为固有意义上的混合词的资

---

① 括号中的音节为截取后不需要的音节。

格。因此，这些将食物名称与"버거"结合而成的词语失去了混合词的特性，自然也不会遵守音节数一致的限制。像"버거"这样，当一个词作为多个混合词或词语的组成部分出现时，多倾向于保持之前被截取过的形态。

与之相似，虽然下列词例中的"모텔, 쓰파라치"是通过混合法形成的混合词，但随着"텔, 파라치"在多个词语的构词中形成了一定的范式，人们更倾向于将其视为后缀，这样一来组合后形成的词语便有了不遵守音节数限制（混合而成的词语音节数与混合前的后一单词的音节数保持一致）的倾向。如：

289）

 ㄱ. 모텔（motor+hotel：汽车旅馆）

  민텔（民泊+hotel：民宿）

  스키텔（ski+hotel：滑雪酒店）

  에어텔（airline+hotel：机票酒店预订服务）

  오피스텔（office+hotel：商务公寓，商住两用房）

  휴게텔（休憩+hotel：胶囊酒店）

 ㄴ. 노파라치（노래방+paparazzi：对不法经营练歌房进行举报并领取酬金的人）

  담파라치（담배+paparazzi：对在禁烟区吸烟行为进行举报并领取酬金的人）

  땅파라치（땅+paparazzi：对擅自改变土地用途的人进行举报并领取酬金的人）

  보파라치（补助金+paparazzi：对不当领取补助金行为进行举报并领取酬金的人）

  성파라치（性+paparazzi：对性交易进行举报并领取酬金的人）

  식파라치（食+paparazzi：对生产销售对人体有害食物的商家或进行虚假广告宣传的商家进行举报并领取酬金的人）

  쓰파라치（쓰레기+paparazzi：对违规投放垃圾行为进行举报并领取酬金的人）

짬짜미파라치（짬짜미+paparazzi：对背着别人私下进行的约定进行举报并领取酬金的人）

크레디파라치（credit card +paparazzi：对伪信用卡加盟店进行举报并领取酬金的人）

표파라치（票+paparazzi：对利用不法手段进行选举的人进行举报并领取酬金的人）

289ㄱ）中的"모텔"是由混合法构成的混合词。"민텔, 스키텔, 에어텔, 오피스텔, 휴게텔"等词可以说是以"모텔"为模板仿造而成的词语。在这里"텔"不只单纯地具有"호텔"的意思。在它参与多个词语形成的过程中，其语义也发生了细微的变化，并像后缀一样去使用。随着"텔"具有了后缀的造词能力，它便自由地与"수면, 스키, 오피스"等能够独立使用的词语组合构成派生词。因此也就无须考虑音节数的限制问题；289ㄴ）中的"쓰파라치"也可视为由"쓰레기+paparazzi"构成的混合词。但是，随着"보파라치, 성파라치, 식파라치, 표파라치"等词语的出现，人们越来越倾向将"파라치"视为后缀。之所以这么说是因为尽管这些词的音节数与"파파라치"相同，都是4个音节，但最近又陆续出现了"서울시파라치, 크레디파라치"等词语。若将这些词中的"파라치"视为后缀，且不对"서울시, 크레디"进行截取，直接将二者进行组合的话，那么它所遵循的便是"词基+后缀"的派生词构词原理。这种情况下，"파라치"便获得了后缀的派生造词能力，再加上前一个单词的语义透明性，也就很容易推测出整个词语的语义了。对于这种类型的词语而言，一般仅需对后一词语CD进行截取，截取部分D通常具有变为后缀的倾向性。换句话说，逐渐被人们视为后缀的"-텔, -파라치"等截取部分现已成为积极参与外来词形成的一种功能性单位。总之，就这种类型的词语而言，因为前一词语AB并未发生截取，因此它比AD型这种典型的混合词更容易推测语义。而且在部分词例中，后一词CD的截取部分具有后缀化的倾向，因此组合后的词语语义透明性也随之增强。如果构成该类混合词的截取部分D后缀化了，那么它将很难具有混合词的特性。

5.3 小结

通过前文的分析可知，外来词具有如下构词特点。

音韵方面，首先，外来词多采用借音的方法。在借用过程中，还会根据韩国语的音韵体系特点做一些改变。如，因韩国语中没有浊辅音，所以当外来词中的浊辅音"b, d, g, j"出现在词头，且后面紧跟元音时，外来词的辅音多标记为松音，但实际发音时发紧音；其次，韩国语的辅音体系中不存在唇齿音，英语中的"f, v"之类的辅音无法按其本来的音值直接借用，通常用"ㅂ，ㅍ"来代替。因此，韩国语中不存在英语中的"v：b"和"f：p"音对立的现象；第三，韩国语通常不区分"th"和"s"音，将两者都标记为"ㅅ"；第四，若外来词的词尾出现爆破音或摩擦音，那么用韩国语标记时，通常会添加元音"ㅡ"，以使音节末尾的塞音外破；第五，外来词发音时，有时会出现辅音脱落的现象。代表性的外来词辅音脱落现象是"ㄹ"音脱落。

形态方面，首先，不论外来词的词性如何，被借用到韩国语中的外来词大都作为名词使用。若外来词原词词性是动词或形容词，只有将其与后缀"-하다"结合，才能发挥其谓词词干的作用；其次，就不同词源的词语组合成词的能力而言，外来词之间、外来词与汉字词的组合成词能力比外来词与固有词的组合成词能力更强；第三，由于音节结构上的差异，较长的外来词被借用到韩国语中后，常会被省略某一部分；第四，首字母组合词既包括英语中的首字母缩略组合词，同时也包括抽取单词内部几个字母构成的字母组合词；第五，由混合法构成的混合词外来词中，AD型混合词在混合词中的占比最高，是典型的混合词构词法。而且该构词法还遵循混合词的音节数与构成该混合词的后一词语的音节数一致的规律。当构成该混合词的后一词语的截取部分呈后缀化时，由其组成的词语便很难继续具有混合词的特性。

由上述构词特点可知，无论是音韵方面，还是形态方面，被借用吸收到韩国语词汇系统的外来词都已被韩国语语言体系同化，并符合韩国语的语言特点。

第六章　汉字成语构词法

6.1　汉字成语简介

（1）汉字成语的定义

综合韩国各大国语辞典对"成语（성어）"的解释，会发现成语有两层含义：① 自古以来人们习用的词语、故事成语；② 熟语。辞典中对"熟语"的定义也有两层含义：① 两个以上的词相组合，功能相当于句子中的一个词；② 惯用语，表达一个特定的意义。

从辞典对成语的解释可知：成语是人们长期习用的语言表达形式，它在结构上具有稳定性、语义上具有整体性这一特点。所谓结构上的稳定性是指构成成语的文字次序和文字不能轻易改变；语义上的整体性是指大多数成语的意义不是各个词素意义的简单相加，需要从整体上把握和了解。

韩国语成语大部分源自汉语成语[①]。除此之外，也有诸如"咸興差使（함흥차사）、贼反荷杖（적반하장）"之类模仿汉语成语四字格的形式，用汉字标注

---

① 据文献记载，汉字于公元前后传入朝鲜半岛并得以逐渐推广使用，直到19世纪末，韩国都是以汉字为书面语。韩国语词汇中有大量的汉字词，这其中就包含着成语。

的韩国自造成语。这些由汉字构成的成语称为"汉字成语"。另一方面，由于汉字成语多源于历史典故、神话、寓言故事，所以也称之为"故事成语"。从汉字成语的构成形态上来看，有二字格、三字格、四字格以及五字格以上多字格成语。其中，四字格成语占绝对优势，亦被称为"四字成语"。

（2）汉字成语的分类

① 根据词源，汉字成语可分为如下几类：

a. 汉源汉字成语

这类韩国语成语源自汉语成语，有与之相对应的汉语成语。部分进入韩国语词汇系统的汉语成语在形态或语义上多少会发生变化，根据成语形态和语义的异同又可将这些成语分为形同义同、形同义异、形近义同、形近义异、形异义近五大类。

首先，是形同义同型，这类成语在汉语和韩国语中的形态和语义完全相同。如"刻舟求剑"与"각주구검（刻舟求劍）""狐假虎威"与"호가호위（狐假虎威）"等；其次，形同异义型成语是指形态上完全相同，但语义上却有差别的成语。如"百尺竿头"这个成语在汉语里比喻学问、事业有很高的成就，而在韩国语里却是形容危险到了极点；形近义同型成语是指语义相同，但形态上有差别的成语。如汉语成语"行尸走肉""走马观花""鹤立鸡群"在韩化过程中变成了"주시행육（走尸行肉）""주마간산（走馬看山）""군계일학（群鷄一鶴）"；形近义异与形异义近型成语分别指形态上相似的中韩成语在语义上是相异的关系和形态上相异的中韩成语在语义上是相近的关系。如，汉语成语"如鱼得水"与韩国语成语"유어유수（猶魚有水）""好好先生"与"무골호인（無骨好人）"就是典型的形近异义、形异义近型成语。

b. 汉译佛经成语

随着佛教的传入，汉译佛经中的一些四字格词语成为汉语成语，它们随着佛教的传播传入了朝鲜半岛。如：

290）

불가사의（不可思議），삼라만상（森羅萬象），생로병사（生老病死），아비규환（阿鼻叫喚），오체투지（五體投地），이심전심（以心傳心）

c. 韩源汉字成语

这类成语即为土生土长的"韩国制造"成语。多源自历史事实、寓言、神话故事、谚语及韩民族的风俗习惯。如：

291）

계란유골（鷄卵有骨），남남북녀（南男北女），녹의홍상（綠衣紅裳），동가홍상（同價紅裳），이열치열（以熱治熱），편복지역（蝙蝠之役）

② 根据音节数，汉字成语可分为如下几类：

a. 双音节

292）

각축（角逐），낙백（落魄），완벽（完璧），괘관（掛冠），녹림（綠林），퇴고（推敲）

b. 三音节

293）

곽식자（藿食者），다반사（茶飯事），등용문（登龍門），파천황（破天荒）

c. 四音节

294）

사면초가（四面楚歌），삼고초려（三顧草廬），연목구어（緣木求魚）

d. 五音节

295）

가빈사양처（家貧思良妻），낙화난상지（落花難上枝）

e. 六音节

296）

가이동가이서（可以東可以西），노사불상왕래（老死不相往來），천부당만부당（千不當萬不當）

f. 七音节

297）

남녀칠세부동석（男女七歲不同席）

g. 八音节

298）

거자불추내자불거（去者不追來者不去），임하선어불여결망（臨河羨魚不如結網）

h. 九音节

299）

칠년지병구삼년지애（七年之病求三年之艾）

i. 十音节

300）

천양지피불여일호지액（千羊之皮不如一狐之腋），파산중적이파심중적난（破山中賊易破心中賊難）

除上述分类外，根据成语出处的不同，还可划分为源自古典书籍、文学作品、历史·寓言故事、佛经、谚语的成语。与其他词汇相比，汉字成语具有构词凝练、表意生动、内涵丰富等特点。汉字成语以简练的语言形式，承载着韩民族丰富多彩的社会文化内涵，它既丰富了韩国语的词汇系统，也提高了韩国语的表现力，因此历来都是高级语言材料。

6.2 四字成语的词源

虽然韩国语中的汉字成语多源自汉语成语，但由于汉语与韩国语是两种不同的语言，部分进入韩国语词汇系统的汉字成语无论在形态方面还是在语义方面多多少少都发生了变化。另一方面，韩民族在接受汉语成语的同时还积极地自创了汉语里没有的汉字成语。以下将以汉字成语中占绝对优势的四字成语为对象，对进入韩国语词汇系统的汉源成语及"韩国制造"的韩源四字成语进行具体分析。

6.2.1 汉源四字成语

进入韩国语词汇系统的汉语成语大多都被"原封不动"地接纳使用至今，但也有部分汉字成语在形态或语义上发生了变化。根据形态、语义是否一致，韩国语中的汉源四字成语具体可分为形同义同、形同异义、形近义同、形近义异及形异义近五个类型。具体如下：

（1）形同义同

301）

犬马之劳—견마지로（犬馬之勞），空中楼阁—공중누각（空中樓閣），南柯一梦—남가일몽（南柯一夢），同床异梦—동상이몽（同牀異夢），目不识丁—목불식정（目不識丁），半信半疑—반신반의（半信半疑），四面楚歌—사면초가（四面楚歌），弱肉强食—약육강식（弱肉强食），自暴自弃—자포자기（自暴自棄），千篇一律—천편일률（千篇一律），兔死狐悲—토사호비（兔死狐悲），平地风波—평지풍파（平地風波），虚张声势—허장성세（虛張聲勢），厚颜无耻—후안무치（厚顔無恥）

上述301）所列的成语中，连接符左侧的是汉语成语，右侧是与之对应的韩国语汉字成语。两者无论在形态还是语义方面都是相同的，这类成语在韩国语四字成语中占绝大部分。值得一提的是这些成语所源自的经典、文学作品、古代文献的时间越久远，这种类型的成语就越多。反之，到了后代，"形同义同"的成语越来越少。[①] 这一方面说明了中韩两国文化交流的密切，汉文化对朝鲜半岛文化的影响之深，同时也说明了吸收的文化到了一定时期就会固化。

汉语成语虽简洁明了、内涵丰富，由于不是韩民族自创的，所以在接受的过程中对这些成语语义的理解和使用未必完全准确，甚至可能会出现意义理解的偏差。另外，由于中韩两国人民生活环境、风俗习惯、中韩两国语言语法结构的

---

① 汉语大词典出版社2002年出版的《汉语成语词典》共收录了5500个成语。其中，有出处的成语共4500个。源自上古至秦汉时期的成语有690个（15%），隋唐时期的有414个（9%），宋代的有276个（6%），元清时期的有92个（2%），源自上古至秦汉时期的成语最多，到了后代则越来越少。文美振（2002）对《中国成语通检》（刘占锋，河南大学出版社，2002.）和《东亚新国语词典》（李基文 监修，斗山东亚，1997.）中同时收录的1099条有出处的"形同义同"成语进行了分析并将成语产生的时间划分为先秦阶段、秦汉到宋朝、金·元朝到清朝三个阶段。其中，第一阶段即先秦时期的汉韩"形同义同"成语最多，第二阶段秦汉到宋朝的成语条数比前一阶段少了一半，第三阶段金·元朝到清朝的成语条数只是前一时期的三分之一。这说明中韩两国自公元前后就开始了文化交流，源自中国各个时期的成语在朝鲜半岛得到了很好的传播与吸收，其中绝大部分成语都被"原封不动"地接纳。

不同也会导致韩国人民在接受汉源成语的过程中对其进行加工改造，这便造成了有些韩国语四字成语虽源于汉语成语，但在形态或语义上却与汉语有差别。具体如下：

（2）形同义异

302）

ㄱ. 百尺竿头—백척간두（百尺竿頭），左顾右盼—좌고우면（左顧右眄）

ㄴ. 不得其所—부득기소（不得其所），自初至终—자초지종（自初至終）

ㄷ. 孤掌难鸣—고장난명（孤掌難鳴），锦绣江山—금수강산（錦繡江山）

ㄹ. 金声玉振—금성옥진（金聲玉振），落花流水—낙화유수（落花流水）

上述中韩四字成语虽形态完全一致，但语义却有差别。其中，302ㄱ）中的汉语成语"左顾右盼"是指向左右两边看。形容"得意、犹豫等神态"。而在韩国语中，"좌고우면（左顧右眄）"则是指"考虑得太多，犹豫不决"。两个形态相同的成语语义不完全相同。同样，302ㄴ）中的"不得其所"的汉语释义有两个：① 本指未得善终，后指没有得到适当的安顿；② 不能达到目的。但在韩国语中，"부득기소（不得其所）"仅有"有着出色的能力，却没有得到适当的安顿"这一层意思。有一个义项相同302ㄱ）和302ㄴ）代表了两种不同的类型：302ㄱ）是形态相同，有一个义项相同；302ㄴ）是汉语义项比韩国语义项多，有一个义项不同。语义关系是"汉＞韩"的语义内包关系。

302ㄷ）和302ㄹ）的词例代表了另外两种形同义异的类型：302ㄷ）中"锦绣江山"的汉语语义是"形容美好的国土"，韩国语语义有两条：① 美丽的自然；② 比喻"韩国"。韩国语成语的义项比汉语成语多，但两者中至少有一个义项是相同的。语义关系是"韩＞汉"的语义内包关系。

302ㄹ）中"落花流水"的汉语义项有三个：① 形容残春的情景；② 比喻惨败零落的样子；③ 比喻说话夸大而不切实际。与其对应的韩国语义项也有三个：① 指残春的情景；② 比喻衰残零落；③ 比喻男女相互有思念之情。汉语和韩国语语义都有多个义项，但其中至少有一个义项是相同的。属于语义交叉型。

经过如上分析可知，进入朝鲜半岛的汉语成语在不同于中国文化的土壤中沿着自己的轨迹发展着。究其原因，大概有如下两种：

其一，汉语成语产生有一定的故事背景或比喻引申义。如不了解这些，仅是望文生义，按照成语的词素义进行直译，那必然会造成语义理解的偏差或理解错误。如，汉语成语"顾名思义"在汉语里是指"看到名称联想到它的含义"。韩国语里则是指"遇事先考虑到是否有损名誉，是否违背义理"，是字面义的简单叠加。

其二，事物的特征是多重的，人们理解的侧重点及联想有差别。对于同一事物，每个人或每个民族对它的描述与理解都会不同。如"雪泥鸿爪"这个成语，汉语取义的重点是"鸿雁在雪地上走过时留下的脚印"，后来比喻"事情过后留下的痕迹"；而韩国语则抓住了在雪地上留下的爪印不能持久这一特点，比喻"人生会像雪融化之后消失一样不留任何痕迹"。

正因如此，汉语成语在韩化的过程中出现了形同义异以及后文中会进行说明的形近义异的现象。

（3）形近义同

"形近义同"型是指中韩成语的语义相同，形态上虽然相似，但却有些差别。这个差别体现在构成中韩成语的词素顺序不同、构成词素不同、构成词素顺序及词素不同三个方面。具体如下：

① 构成词素的语序不同

a. ABCD→BACD

303）

弄假成真—가롱성진（假弄成眞），反客为主—객반위주（客反爲主）

衣锦夜行—금의야행（錦衣夜行），生死关头—사생관두（死生關頭）

福寿康宁—수복강녕（壽福康寧）

b. ABCD→CBAD

304）

千方百计—백방천계（百方千計）

c. ABCD→ADCB

305）

年深岁久—연구세심（年久歲深），云消雾散—운산무소（雲散霧消）

越瘠秦视—월시진척（越視秦瘠），昼度夜思—주사야탁（晝思夜度）

走肉行尸—주시행육（走尸行肉）

d. ABCD→ABDC

306）

因果报应—인과응보（因果應報）

e. ABCD→BADC

307）

贪小失大—소탐대실（小貪大失），根深柢固—심근고저（深根固柢）

居安思危—안거위사（安居危思）

f. ABCD→CDAB

这类成语大致可分为两类：第一类，前两个字与后两个字的位置调换，但并不改变成语内部的结构关系。也就是说成语的前后两部分在结构上是相同的，语义上也处于同等地位，无主次之分，调换位置也不会改变成语的基本意义和内部结构。如：

308）

焚书坑儒—갱유분서（坑儒焚書），民脂民膏—민고민지（民膏民脂）

半死半生—반생반사（半生半死），长生不老—불로장생（不老長生）

年深岁久—세구연심（歲久年深），独立自主—자주독립（自主獨立）

这类成语均属并列结构的成语，所以即使发生前后语序的颠倒，其语义仍是相同的。

第二类，前两个字与后两个字的位置调换后，成语内部结构关系发生变化。如：

309）

ㄱ.世态炎凉—염량세태（炎涼世態），人生朝露—조로인생（朝露人生）

ㄴ.不通水火—수화불통（水火不通），不辨菽麦—숙맥불변（菽麥不辨）

这种类型的成语在前两个字与后两个字的位置调换后，语义虽未发生变化，但内部结构发生了变化。309ㄱ）中的汉语成语是主谓结构，调换前后语序的韩国语成语则是偏正结构；309ㄴ）中述宾结构的汉语成语语序发生变化后变成了宾述结构的韩国语成语。

g. ABCD→BDAC

310）

开天辟地—천지개벽（天地開闢）

h. ABCD→ACBD

311）

旋转乾坤—선건전곤（旋乾轉坤），爱屋及乌—애급옥오（愛及屋烏）

② 构成词素不同

"构成词素不同"是指中韩成语的语义虽相同，但构成成语的个别词素有差别。根据不同词素的个数，具体又可分为单词素替换与双词素替换两种类型。具体如下：

a. 单词素替换型

312）

ㄱ. 道骨仙风—옥골선풍（玉骨仙風），快马加鞭—주마가편（走馬加鞭）

ㄴ. 轻裘肥马—경의비마（輕衣肥馬），四面八方—사방팔방（四方八方）

ㄷ. 塞翁失马—새옹지마（塞翁之馬），雨后春笋—우후죽순（雨後竹筍）

ㄹ. 好事多磨—호사다마（好事多魔），花容月貌—화용월태（花容月態）

312ㄱ）～312ㄹ）的词例分别代表了四种单词素位置不同的类型。

b. 双词素替换型

ㄱ. 前两个汉字不同 ●●○○

313）

没齿难忘—백골난망（白骨難忘），飞扬跋扈—도량발호（跳梁跋扈）

日以继夜—주이계야（晝而繼夜），蹉跎岁月—허송세월（虛送歲月）

ㄴ. 中间两个汉字不同 ○●●○

314）

门庭若市—문전성시（門前成市）

ㄷ. 末尾两个汉字不同 ○○●●

315)

结草衔环—결초**보은**（結草**報恩**），同舟共济—동주**상구**（同舟**相救**）

不言**而喻**—불언**가상**（不言**可想**），二八**年华**—이팔**청춘**（二八**青春**）

舐犊**情深**—지독**지애**（舐犢**之愛**），千载**难逢**—천재**일우**（千載**一遇**）

ㄹ. 第一、四个汉字不同 ●○○●

316)

沧海一**粟**—**대**해일**적**（**大海**一**滴**），**异想**天**开**—**기**상천**외**（**奇想**天**外**）

ㅁ. 第二、四个汉字不同 ○●○●

317)

一言难**尽**—일**구**난**설**（一**口**難**說**），昼想夜梦—주**사**야**탁**（晝**思**夜**度**）

日**新**月**异**—일**개**월**화**（日**改**月化**）

从以上312) ~317) 所举的四字成语词例可知，较单词素替换型而言，双词素替换型的种类更丰富。

③ 语序、构成词素不同

这种类型的韩国语成语融合了成语构成的语素次序不同、构成词素不同两种类型。即，中韩成语语义虽相同，但其构成词素及词素的顺序有所差别。根据构成词素个数的不同，又可分为单词素综合型和双词素综合型两种类型。

a. 单词素综合型

"单词素综合型"是指中韩成语的构成词素只有一个不同或相同，且该词素不在对应的位置上。如：

ㄱ. 只有一个词素不同，且该词素不在对应的位置

318)

斑衣戏彩—반의지희（斑衣之戲），津津有味—흥미진진（興味津津）

脱胎换骨—환골탈태（換骨奪胎），鹤立鸡群—군계일학（群鷄一鶴）

ㄴ. 只有一个词素相同，且该词素不在对应的位置

319)

滥竽充数—남곽남취（南郭濫吹），家常便饭—항차반사（恒茶飯事）

b. 双词素综合型

"双词素综合型"是指中韩成语的构成词素中有两个是相同的，但它们并不在完全对应的位置上。如：

320）

口若悬河—현하웅변（懸河雄辯），同甘共苦—동고동락（同苦同樂）

黍离麦秀—맥수지탄（麥秀之嘆），画饼充饥—화중지병（畵中之餠）

（4）形近义异

汉源成语中还有如下一些形态上相近，但语义不同的四字成语。如：

321）

刻骨铭心—각골난망（刻骨難忘），百尺竿头—간두지세（竿頭之勢）

姑息养奸—고식지계（姑息之計），刮目相看—괄목상대（刮目相對）

水鱼之交—군신수어（君臣水魚），锦心绣肠—금수지장（錦繡之腸）

望门投止—망문투식（望門投食），毛羽未丰—모우미성（毛羽未成）

眉来眼去—미거안래（眉去眼來），仰观俯察—부찰앙관（俯察仰觀）

缘木求鱼—상산구어（上山求魚），偃鼠饮河—언서지망（偃鼠之望）

说来说去—설왕설래（說往說來）/언왕언래（言往言來）/언왕설래（言往說來）

以水投水—여수투수（如水投水），逃之夭夭—요요작작（夭夭灼灼）

流连忘返—유련황락（流連荒樂），如鱼得水—유어유수（猶魚有水）

旭日东升—욱일승천（旭日昇天），中原逐鹿—중원지록（中原之鹿）

兰芷之室—지란지화（芝蘭之化），天崩地坼—천붕지괴（天崩地壞）

汉语成语"缘木求鱼"是指"爬到树上去找鱼"，比喻"方向或方法不对，不可能达到目的"。与之形态上相似的韩国语成语"상산구어（上山求魚）"是指"上山去求鱼"，比喻"执意要做根本不能实现的事情"。同样，汉语成语"望门投止"是指"逃难或出奔时，见有人家就去投宿，求得暂时栖身"。后泛指"在仓促的情况下，来不及选择栖身之处"。而韩国语成语"망문투식（望門投食）"则是指"在没有路费的情况下，找人家投宿"。尽管这两组中韩成语在形态上相似，但语义完全不同。

值得一提的是个别汉语成语有多个与之形态相近的韩国语成语相对应，而且这些形态相近的中韩成语语义是完全相同的。同时也存在着像汉语成语"说来说去"与韩国语成语"설왕설래（說往說來）/언왕언래（言往言來）/언왕설래（言往說來）"这种一对多的形近异义现象。

（5）形异义近

322）

答非所问—동문서답（東問西答），滔滔不绝—청산유수（青山流水）

素不相识—생면부지（生面不知），作茧自缚—자업자득（自業自得）

张三李四—갑남을녀（甲男乙女），好好先生—무골호인（無骨好人）

322）中的汉语成语"滔滔不绝""张三李四"与韩国语成语"청산유수（青山流水）""갑남을녀（甲男乙女）"形态上完全不同，但语义相近。而汉语成语"答非所问""素不相识""作茧自缚""好好先生"与韩国语成语"동문서답（東問西答）""생면부지（生面不知）""자업자득（自業自得）""무골호인（無骨好人）"尽管各有一个或两个构成词素相同，但因形态上的差异较大，因此也被归为"形异"类。但这几对中韩成语在语义上没有太大的差别。

那么是何原因导致汉源成语在进入韩国语词汇系统的过程中发生了形态上的变化呢？对比形态上发生变化的中韩成语构成词素，大致可总结如下原因：

第一，追求通俗易懂的心理。韩国语成语对个别汉语成语的词素进行了替换，这便引起了二者形态上的差异。根据替换前后的词素语义关系，可分为如下两种类型：

（1）用同义或近义字替换汉语成语的某词素。如：汉语成语"地广人稀"与韩国语成语"토광인희（土廣人稀）"中词素"地"与"土"同义；汉语成语"俯首听命"与韩国语成语"부수청령（俯首聽令）"中的词素"命"与"令"同义。类似的例子还有："入乡随俗"与"입향순속（入鄉循俗）"，"花容月貌"与"화용월태（花容月態）"等等。

（2）类义字替换。即，用与汉语成语中同属一类事物的类义字进行替换。如，汉语成语"木石心肠"与韩国语成语"목석간장（木石肝腸）"中词素

"心"和"肝"虽不是同一概念的同义词，但却都是人体器官，属类义词。又如，汉语成语"锦衣玉食"与韩国语成语"옥의옥식（玉衣玉食）"中"锦"和"玉"都是含有"不平常、珍贵的东西"之义的词，这一类的词可以替换。另外，下述这些成语则有在保持成语语义不变的前提下，把生僻字改为常用字的趋势。

323）
轻裘肥马—경의비마（輕衣肥馬），松筠之节—송죽지절（松竹之節）
腥风血雨—혈풍혈우（血風血雨），引咎自责—인과자책（引過自責）
坐而待毙—좌이대사（坐而待死），皓首苍颜—창안백발（蒼顏白髮）

从以上323）所举的四字成语不难看出，连接符左边加点的汉语成语用字生僻晦涩难懂，所以在保持基本语义不变的前提下，把生僻字改成了常用字，把难字改成了容易字。其中，"轻裘肥马"与"경의비마（輕衣肥馬）"中的词素"裘"与"衣"不是同义字，但在韩国语中"경의（輕衣）"的意思是"轻轻的、穿起来很舒服的绸缎衣服"。因此，这条成语的基本义没变，为了使之更通俗易懂，韩民族在接受、使用汉源成语的过程中自觉或不自觉地做了改动。又如：

324）
ㄱ.崇山峻岭—태산준령（泰山峻嶺），蹉跎岁月—허송세월（虛送歲月）
ㄴ.枯燥无味—건조무미（乾燥無味），无依无靠—무의무탁（無依無托）

324ㄱ）中的汉语成语"崇山峻岭"与韩国语成语"태산준령（泰山峻嶺）"构成词素有所不同。在汉语中"崇山"意为"高山"，韩国语中没有"崇山"一词，但有语义相同的"태산（泰山）"一词，所以用它来代替。成语"蹉跎岁月"与"허송세월（虛送歲月）"中，"蹉跎"是"虚度光阴"之意，在韩化过程中，它被韩国本土词"허송（虛送）"替代。

324ㄴ）中，成语"건조무미（乾燥無味）""무의무탁（無依無托）"的构成词素"건조（乾燥）"和"의탁（依托）"在韩国语中是一个双音节单词，所以用"건（干）""탁（托）"替代了汉语成语的词素"枯""靠"，使成语的语义更加明了。可见，韩民族并不是机械、被动地"照单全收"汉语成语，而

是为了便于自己理解，选择了通俗易懂的汉字或常见的本土词语取代一些晦涩难懂的汉字或汉语词语。

第二，韩民族出于为了保护自身文化或文字的"以我为主"的心理。韩国语成语中还存在用同音字替换的现象。所谓的"同音替换"是指用与韩国语成语中某个韩文字的同音汉字来替换该成分。尽管替换前后的汉字汉语发音可能相同或相近，也可能完全不一样，但其对应的韩文发音却是一样的。如，汉语成语"袖手旁观"与韩国语成语"수수방관（袖手傍觀）"中，汉字"旁（páng）"与"傍（bàng）"发音虽不同，但在韩国语里都对应"방（bang）"这个音，韩国人用"傍"替换了原成语中"旁"字。于是，汉语成语"袖手旁观"在韩国语里变成了"袖手傍觀（수수방관）"。同样，汉语成语"洞房花烛"与韩国语成语"동방화촉（洞房華燭）"中汉字"花"与"华"在韩国语里都对应"화（hwa）"这个音。以"华"替换"花"，"洞房花烛"就变成了"洞房華燭"。类似的例子还有：

325）

ㄱ.拈花微笑—염화미소（拈華微笑），老师宿儒—노사숙유（老士宿儒）
全智全能—전지전능（全知全能），稠人广坐—조인광좌（稠人廣座）
好事多磨—호사다마（好事多魔）

ㄴ.保国安民—보국안민（輔國安民），千态万状—천태만상（千態萬象）

325）四字成语中，替换前后的汉字，既有像325ㄱ）中"坐"与"座""磨"与"魔"这样同音同声调的；也有像325ㄱ）中的"师"与"士""花"与"华""知"与"智"这样音同但调不同的；更有像325ㄴ）中的"保"与"辅""状"与"象"这样既不同音也不同调的。尽管汉字的音或调不同，但它们在韩国语里的发音却是相同的。虽然用字发生了变化，但并未影响成语的整体语义，它们仍是相互对应的成语关系。

第三，因汉语与韩国语的语序不同，造成部分进入韩国语词汇系统中的汉语成语在语序上发生了变化。众所周知，汉语与韩国语分属两种不同的语系，语法结构也不同。汉语的语序是"主+谓+宾"，而韩国语则是"主+宾+谓"。汉语与韩国语成语的语序差别大致有如下两种类型：① 词素之间位置虽被调

换,但并未改变成语的内部结构关系。如,"行尸走肉"与"주시행육(走尸行肉)","辅车唇齿"与"순치보거(唇齒輔車)";②词素之间位置调换后,成语内部的结构关系发生变化。这种结构关系的变化主要体现在:汉语中"述—宾"结构的成语在韩国语里转变为"宾—述"结构。如:

326)

　　ㄱ.述+宾(汉)—宾+述(韩)

　　　不辨／菽麦—숙맥불변(菽麥/不辨)

　　　不通／水火—수화불통(水火/不通)

　　ㄴ.述宾+述宾(汉)—宾述+宾述(韩)

　　　贪小／失大—소탐대실(小貪/大失)

　　　惩一／戒百—일벌백계(一罰/百戒)

　　　问东／道西—동문서답(東問/西答)

　　ㄷ.述宾+状述(汉)—宾述+状述(韩)

　　　衣锦夜行—금의야행(錦衣夜行)

除了上述326ㄱ)~326ㄴ)中述宾结构发生变化外,还有如下述补结构的变化:

327)

述补+述宾(汉)—述状+述宾(韩)

居安／思危—안거위사(安居/危思)

327)中"居安思危"中的构成词素"居安"是述补结构,到了韩国语里则变成了状述结构的"안거(安居)",这也与中韩句子成分排列顺序不同有关。通常,汉语的补语与韩国语中的状语对应,所以韩国语中使用了状述结构的"안거(安居)"。

第四,为求隐含的意义更加分明对部分词素进行了替换。汉语成语中有部分像"장유유서(長幼有序)""반신반의(半信半疑)"之类的成语,它们的语义与其字面义基本一致。由于理解起来并不困难,所以韩民族便"原装"接纳使用。但大多数汉语成语都有自己特定的出处,在其产生和发展的过程中,人们常常会通过概括、引申、比喻等方式赋予成语一些约定俗成的含义。这类成语多是

从历史故事、神话、寓言、传说、名著名篇中概括出来的，蕴含着很强的民族色彩和特定的文化涵义，其意义往往很难从字面辨识出。这些汉语成语在进入韩国语词汇系统的过程中，由于人们倾向表义明确的心理影响，便在用字上发生了变化。如：

328）
结草衔环—결초보은（結草報恩），铭心镂骨—명심불망（銘心不忘）
慈乌反哺—반포지효（反哺之孝）

上述成语中，汉语成语"慈乌反哺"是对一个故事的概括；"结草衔环"是把出处不同典故的词语融合在了一起；"铭心镂骨"是出自古代文人作品的成语。如果不弄清楚故事背景或成语的来源，就不知它们的实际含义。与之相反，韩国语成语"반포지효（反哺之孝）""결초보은（結草報恩）""명심불망（銘心不忘）"即使不知道它们的来源，从字面也能理解其实际意义。韩国语成语中用"지효（之孝）""보은（報恩）""불망（不忘）"来替换汉语成语中的词素"衔环""镂骨""慈乌"，更直接地表达了成语的实际意义。

第五，由于中韩成语的构成方法和途径不同，引起两者形态上的差异。四字格成语的构成方法主要有截取法、裁剪法、追加·更换字眼法、融合·概括法这四大类。其中，"截取法"是指从既有的语句中直接截取四个字；"剪裁法"是指从既有的语句中取舍个别虚词、实词等，选取四个字；"追加·更换字眼法"中的"追加"是将既有的不足四个字的词语添加到四个字，"更换"是指在既有的四个字中更换个别字，更换后仍保持四字格的形态；"融合·概括法"中的"融合"分为两种情况：一种是把出处不同的典故、词语融成四字格的形式；另一种是把出现在同一段落，位置上相隔较远的词语糅合在一起，构成四字格形式的方法；"概括"是把一个故事概括在一个四字格的成语里的方法。[①] 如上这几种构成方法和途径的不同也是造成中韩成语形式上差异的原因之一。如，汉语成语"盲人摸象"与韩国语成语"군맹무상（群盲撫象）"同出于《大般涅槃经》：

---

① 唐启运《论四字格成语》，《华南师院学报》，1979（2）.

"而时大王，即唤众盲各各问言：'汝见象耶？'众盲各言：'我已得见。'王言：'象为何磊？'其触牙者即言象形如芦菔根，其触耳者言象如箕，其触头者言象如石，其触鼻者言象如杵，其触脚者言象如箕木臼，其触脊者言象如床，其触腹者言象如瓮，其触尾者言象如丞。"

汉语用"盲人摸象"来概括这个完整的故事，韩国语则用"群盲抚象"来概括。在概括的过程中，因各自选择的组字不同便产生中韩成语形式上的差异。韩国语里"即唤众盲各各问言"的"众盲"更换为"群盲"，"触象"的"触"改成了"抚"；在汉语里更侧重"盲人"这个事实。"触象"中"触"的实际动作是"摸"。最后融合在一起便成了"盲人摸象"。

第六，汉语成语在韩国语化过程中，因结构类推引起了形态上的差异。从"形近义同"型中韩成语形态上的差别可以发现：借自汉语的韩国语成语有把汉语成语"○○○○"改为"○○之○"结构的趋势，如：

329）

旷世奇才—광세지재（曠世之才），望洋兴叹—망양지탄（望洋之嘆）

塞翁失马—새옹지마（塞翁之馬），蝇头微利—승두지리（蠅頭之利）

邯郸学步—한단지보（邯鄲之步）

329）中的成语是"ABCD"形式的汉语成语，在韩国语里变成了"AB之D"的形式。其中，汉语成语"望洋兴叹""塞翁失马""邯郸学步"情节化地浓缩了整个故事内容，相应的韩国语成语"望洋之嘆""塞翁之馬""邯鄲之步"则用"之"字替换了动词"兴""失""学"，将其变形成名词性偏正结构。汉语成语"旷世奇才""蝇头微利"是偏正（名词性）结构的成语。韩国语借用时，把汉语成语的第三个词素替换为"之"字，更加突出了名词性偏正结构的特点。类似的成语还有：

330）

斑衣戏彩—반의지희（斑衣之戲），鞍马劳顿—안마지로（鞍馬之勞）

冶容诲淫—야용지회（冶容之誨）

与329）不同，330）中同样是"ABCD"形式的汉语成语，在韩国语里变成了"AB之C"的形式。也就是说，韩国语成语去掉了汉语成语的第四个词素"D",选择第三个词素"C"作为第四个词素。事实上,词素"戏""劳""诲"与"彩""顿""淫"相比,更是成语内容的核心词素,替换后更能凸显成语实际意义的具体信息。

331)
倾国倾城—경국지색(傾國之色),骑虎难下—기호지세(騎虎之勢)
陵谷沧桑—릉곡지변(陵谷之變),鹬蚌相持—방휼지쟁(蚌鷸之爭)
遗珠弃璧—유주지탄(遺珠之嘆)

332)
陈雷胶漆—교칠지교(膠漆之交),危如累卵—누란지위(累卵之危)
爱礼存羊—존양지의(存羊之義)

331)是"ABCD"形式的汉语成语,在韩国语里变成了"AB之E"的形式;332)中"ABCD"形式的汉语成语在韩化过程中则变成了"CD之E"的形式。这两类成语的共同特点是"之"字后面的词素并不是原汉语成语中的某一词素,取而代之的是一个能够凸显成语实际意义的其他词素。具体来看,汉语成语"鹬蚌相持"浓缩地概括了整个故事内容,相应的韩国语成语"방휼지쟁(蚌鷸之爭)"则略去了出典故事的背景"相持",选用了能突出该故事核心内容的"争"字。

332)中的汉语成语"陈雷胶漆"在去掉"陈雷",补添"之"字后形成了韩国语成语"교칠지교(膠漆之交)"。与"陈雷胶漆"相比,"교칠지교(膠漆之交)"更加突出了成语含义的结论—"交"。

由此可见,借自汉语成语的韩国语成语有把汉语成语"〇〇〇〇"改为"〇〇之〇"这一结构的类推趋势,这也是汉源成语韩国语化在结构上的一个特点。

第七,中韩成语出处不同也是造成二者形态上出现差异的原因之一。

如,"门庭若市"与"문전성시(門前成市)"这对成语,"门庭若市"出自《战国策》:"群臣进谏,门庭若市"。"문전성시(門前成市)"则出自《汉书》:"'君门如市人,何以欲禁切主上?'崇对曰:'臣门如市,心如

水,愿得考覆'"。类似的还有"玉石不分"与"옥석동궤(玉石同櫃)",它们分别出自于《堂摭言》与《楚辞》;"积水成渊"与"수적성천(水積成川)"则分别出自于《荀子》和《说苑》。

6.2.2 韩国语中未见诸汉语成语词典的汉源成语

韩国语中还有些汉源成语,它们源于中国经史子集,但却未被《汉语成语词典》收录。如:

333)

가무이주(家無二主), 게부입연(揭斧入淵)

동성이속(同聲異俗), 번리지안(蕃籬之鷃)

부귀재천(富貴在天), 아궁불열(我躬不閱)

십상팔구(十常八九)/십중팔구(十中八九)

어시지혹(魚豕之惑), 옥석혼효(玉石混淆)

333)中所列的词语在百度网上可以搜索到,尽管具备四字格的形式,也有明确的出处,但在汉语里,它们并未被列入成语之列。相反,在韩国语中,它们是标准的汉源四字成语。之所以出现这种情况可能有如下几种可能:

首先,有些汉语成语在使用过程中被淘汰,但在韩国却仍然使用;

其次,成语是约定俗成的。有些成语可能在中国没被公认,但在韩国被公认;

第三,有些成语在编撰《汉语成语词典》时被删除或遗漏;

第四,韩国的很多文人墨客熟知中国古典文献,他们根据中国古典文献自造了这些成语。

6.2.3 韩源四字成语

除了来自中国的汉语成语外,韩民族还根据汉语成语四字格的特点自创了具有自己民族特色的四字成语。为了区别于汉源成语,我们将之称为韩源成语。尽管这些成语创制于韩国，但由于当时使用的文字是汉字①，所以这些成语仍属汉字成语。

韩源成语的来源是多渠道的，有源于历史事实的，也有源于寓言故事、韩国语谚语的。此外，还有源于古典文献、文学作品和风俗习惯的。

(1) 源于历史事实

这类成语多是对历史故事或对历史人物的言行概括而成。除了代表性的"함흥차사（咸興差使）""삼일천하（三日天下）""오방저미（五方豬尾）"之外，还有如下成语：

334）

강좌칠현（江左七賢），견금여석（見金如石）

계란유골（鷄卵有骨），고려삼은（高麗三隱）/여말삼은（麗末三隱）

삼가재상（三可宰相），삼마태수（三馬太守）

왕형불형（王兄佛兄），차계기환（借鷄騎還）

(2) 源于神话、传说、寓言故事

335）

구토지설（龜兎之說），난생설화（卵生說話）

단군신화（檀君神話），만파식적（萬波息笛）

묘항현령（猫項懸鈴），슬갑도적（膝甲盜賊）

편복지역（蝙蝠之役），홍익인간（弘益人間）

335）成语中"구토지설（龜兎之說）""만파식적（萬波息笛）"出自《三国史记》中的神话故事；"단군신화（檀君神話）""홍익인간（弘益人間）"源于檀君建国神话；"난생설화（卵生說話）"是以成语的形式概括了韩国历史人物东明圣王朱蒙、首露王金首露、朴赫居世的诞生传说；"묘항현령（猫項懸鈴）""편복지역（蝙蝠之役）"和"슬갑도적（膝甲盜賊）"则分别源于《伊索寓言》《旬五志》中的寓言故事。

---

① 世宗大王创制谚文（훈민정음）前，朝鲜半岛使用的文字是汉字。即使在1446年颁布了"训民正音"有了自己的文字之后，士大夫们仍以汉字作为书面语。

（3）源于古典文献、文学作品

由于成语用字凝练，表意丰富，所以除了汉源成语外，一些韩国文人自创的四字成语也出现在韩国古代文献或文学作品之中。如：

336）

니불도천（泥佛渡川），백년지객（百年之客）

송도계원（松都契員），천장지비（天藏地祕）

초헌마편（軺軒馬鞭），춘우수래（春雨數來）

336）所列的成语中"백년지객（百年之客）""송도계원（松都契員）""천장지비（天藏地祕）"分别源自《春香传》《松都记异》《格庵遗录》；"니불도천（泥佛渡川）""초헌마편（軺軒馬鞭）""춘우수래（春雨數來）"源自洪万宗的《旬五志》。

（4）源于韩国语谚语

谚语一般来自民众的口头创作，是对社会生活实践以及自然法则认识的一种经验总结与概括，它蕴含着丰富的生活常识和哲理。前文提及过，尽管世宗大王在1446年颁布了训民正音，韩国有了自己的文字，但士大夫们仍以汉字作为书面语。因此，不仅是汉语成语，连一些口语化的韩国语谚语也以四字格成语的形式进入文人文集及汉文小说中。这类成语多被收录在洪万宗的《旬五志》、李瀷的《百谚解》、李德懋《洌上方言》、丁若镛《耳谈续纂》、赵在三的《松南杂识·方言类》和《松南杂识·进取篇》里。

通常，大部分源于谚语的韩源四字成语都保留并沿用了原谚语的语义，但也有部分成语只保留了原谚语的一个义项[①]或者改变了语义。具体如下：

① 源于韩国语谚语且与原谚语语义一致的四字成语

337）

간목수생（乾木水生）/ 강목수생（剛木水生）←마른 나무에 물 내기라.

---

① 这类谚语通常有多个义项，而与之相对应的四字成语却只含有其中的一个义项。如，谚语"한강에 돌 던지기"有两个义项：① 某些事物因其太微不足道，不能产生什么效果或影响；② 不论怎么投资或花心思，都是枉然的。源于这个谚语的成语"한강투석（漢江投石）"仅含有"某些事物因太微不足道，不能产生什么效果或影响。"这一个义项。

강철지추（强鐵之秋）←강철이 간 데는 가을도 봄.
거익태산（去益泰山）←갈수록 태산.
걸아득금（乞兒得錦）←비렁뱅이 비단 얻은 것.
경전하사（鯨戰蝦死）/ 경투하사（鯨鬪鰕死）←고래 싸움에 새우 등 터진다.
고리정분（槁履丁粉）←짚신에 정분을 칠한다.
고망착호（藁網捉虎）/ 초망착호（草網着虎）←썩은 새끼로 범을 잡기.
괴두시사（蝌蚪時事）←개구리 올챙이 적 생각 못한다.
구반상실（狗飯橡實）←개밥에 도토리.
당구풍월（堂狗風月）←서당 개 삼 년에 풍월을 한다.
동가홍상（同價紅裳）←같은 값이면 다홍치마.
비불외곡（臂不外曲）←범 없는 골에 이리가 범 노릇 한다.
수우강남（隨友江南）←벗 （친구） 따라 강남 간다.
실마치구（失馬治廐）/ 실우치구（失牛治廐）←말 （소） 잃고 외양간 고친다.
오비삼척（吾鼻三尺）←내 코가 석자.
오비이락（烏飛梨落）←까마귀 날자 배 떨어진다.
적반하장（賊反荷杖）←도둑이 매를 든다.
조족지혈（鳥足之血）←새 발의 피.
추경정용（椎輕釘聳）/ 퇴경정용（槌輕釘聳）←마치가 가벼우면 못이 솟는다.

上述337）源于韩国语谚语的四字成语与原谚语的语义一致，其语义多是字面义的引申或比喻义。

② 源于韩国语谚语，但与原谚语语义有差别的四字成语338）

ㄱ. 견문발검（見蚊拔劍）←모기 보고 칼 빼기.
　관저복통（官猪腹痛）←관가 돼지 배 앓은 격.
　담호호지（談虎虎至）←호랑이도 제 말 하면 온다.

주마가편（走馬加鞭）←달리는 말에 채찍질.

한강투석（漢江投石）←한강에 돌 던지기.

ㄴ. 기성안혼（技成眼昏）←재주를 다 배우고 나니 눈이 어둡다.

동족방뇨（凍足放尿）←언 발에 오줌 누기.

등하불명（燈下不明）←등잔 밑이 어둡다.

세답족백（洗踏足白）←상전의 빨래에 종의 발뒤축이 희다.

월진승선（越津乘船）←나루 건너 배 타기.

ㄷ. 감탄고토（甘吞苦吐）←달면 삼키고 쓰면 뱉는다.

노인발피（老人潑皮）←늙은이 가죽 두껍다.

무장기갱（無醬嗜羹）←장 없는 놈이 국 즐긴다.

아가사창（我歌查唱）/아가군창（我歌群唱）←내 노래를 사돈이 부른다.

차청차규（借廳借閨）←청을 빌려 방에 들어간다.

팽두이숙（烹頭耳熟）←머리를 삶으면 귀까지 익는다.

하선동력（夏扇冬曆）←하선동력으로 시골에서 생색낸다.

화전충화（花田衝火）←꽃밭에 불 지른다.

338ㄱ）中源自谚语的四字成语只具有原谚语多个义项中的一个义项，与原谚语相比，属语义缩小。例如，谚语"모기 보고 칼 빼기"有两个义项：① 比喻因琐碎的小事而吵闹；② 对不起眼的小事兴师动众，采取了与之不相称的对策。与之对应的成语"견문발검（見蚊拔劍）"仅含"对琐碎的小事大发雷霆，小题大做"这一个义项。

338ㄴ）中的四字成语与原谚语相比，语义有细微差别。如，谚语"언 발에 오줌 누기"是"虽能应急，但效力不仅不能持久，最终反而使事态恶化"的意思。与之对应的成语"동족방뇨（凍足放尿）"是"仅在短时间内有效，效力很快就消失"的意思，语义与原谚语有差别。

338ㄷ）中的四字成语与原谚语的语义完全不同。如，谚语"달면 삼키고 쓰면 뱉는다"的意思是"不管对错都不讲理，只图对自己有利"。与之对应的成语"감탄고토（甘吞苦吐）"的意思是"根据是否合自己的心意判断是非曲直。

合心意的就是好的,不合心意的就是坏的",语义与原谚语完全不同。

(5)源于风俗习惯·健康理念、自然环境等

成语的创制与该民族的生活习惯、文化传统、自然环境等密切相关。韩源成语也有如下源于韩民族风俗习惯·健康理念及自然环境的成语。

① 源于韩国生活风俗的四字成语

339)

ㄱ. 가취지례(嫁娶之禮), 사모관대(紗帽冠帶)
　 사주단자(四柱單子), 전안지례(奠雁之禮)
　 택일단자(擇日單子), 합근지례(合졸之禮)

ㄴ. 두동미서(頭東尾西), 어동육서(魚東肉西)
　 조율이시(棗栗梨柿), 좌포우혜(左脯右醯)
　 홍동백서(紅東白西)

ㄷ. 남부여대(男負女戴), 신불합장(辛不合醬)
　 양반답교(兩班踏橋), 인불제사(寅不祭祀)

339ㄱ)~339ㄷ)中的四字成语分别反映了韩民族的婚姻礼仪、祭品摆放及民间风俗。虽然随着社会的发展与进步,有些风俗已渐渐或完全消失,但通过这些成语我们多少能了解韩民族的传统民俗生活。

② 源于韩民族健康理念的四字成语

340)

고침단명(高枕短命), 두한족열(頭寒足熱)

신토불이(身土不二), 이열치열(以熱治熱)

③ 源于韩国自然环境、地名的四字成语

341)

감홍난자(酣紅爛紫), 관동팔경(關東八景)

삼수갑산(三水甲山), 송도삼절(松都三絶)

파주미륵(坡州彌勒)

（6）源于中国文化的四字成语

342）

세속오계（世俗五戒），팔년병화（八年兵火）

342）中的"세속오계（世俗五戒）"是新罗时期圆光法师提出的五条戒律："事君以忠、事亲以孝、交友以信、临战无退、杀生有择"。不难看出，这五戒源于儒家和佛家的思想。"팔년병화（八年兵火）"源自项羽和刘邦的八年之战，借以比喻敌我相持，胜败久久不定。这是以中国历史事件为语料的韩源成语。

韩源四字成语是土生土长的"韩国制造品"，无论语义还是形态结构都具有较强的民族特性。但在这些成语里有不符合韩国语语法习惯、构成词素用字比较特别的特殊现象。具体如下：

韩国语的基本语序是"主+宾+述"，但在韩源成语中却存在着诸如"묘항현령（猫项懸鈴）""동족방뇨（凍足放尿）""화전충화（花田衝火）""실마치구（失馬治廐）""적반하장（賊反荷杖）""설저유부（舌底有斧）""도문계살（屠門戒殺）"等符合汉语"主+述+宾"语序结构的成语。可见，在创制韩源成语的过程中，韩民族不仅借鉴模仿了汉语成语四字格的形式，而且有些成语的语法结构也受到了汉语语法结构的影响。

在成语构成词素用字方面存在着使用韩国自造的汉字、借用韩国语同音的汉字来标注成语中的固有词词素、由音译汉字组成成语的特殊现象。具体如下：

成语"문전옥답（門前沃畓）"的意思是"집 가까이 있는 기름진 논（家附近肥沃的稻田）"。其构成词素"답（畓）"是韩民族用汉字"水"和"田"组合在一所创制的表意汉字，它与固有词"논（水田、稻田）"对应。

成语"백지애매（白地曖昧）"是"蒙受不白之冤"的意思。其构成词素"애매（曖昧）"如果按汉字词"曖昧"的词义"模糊、不清楚"来理解的话，就失去了原成语的本义。固有词"애매（하다）"是"没错儿却受到责备或惩罚、冤枉"的意思。可见，这个成语是借用了韩国语发音相同的汉字词"애매（曖昧）"表达了固有词"애매하다"的语义。同理，"계란유골（鷄卵有骨）"的构成词素"골（骨）"也是借用韩国语发音相同的汉字"骨"来表达

固有词"골"的意思。[①]这种借用韩国语发音相同的汉字来表达固有词语义的成语，如果不知其创制背景是很难准确理解其义的。

除此之外，韩源成语中还有一些源自佛教经典的汉字音译成语。这些成语虽由汉字构成，但已不具有这些汉字本身的意义，仅仅是发音与梵语相同而已。如：成语"백수건달（白手乾達）"的意思是"没有一分钱，整天游手好闲、吃闲饭的人"。其构成词素"건달（乾達）"源于梵语"gandharva"，在使用"건달파（乾達婆）"这个词的过程中，又赋予其新义："无所事事、游手好闲、偷懒的人"，后来这个词便固化成了汉字词"건달（乾達）"。可见，"백수건달（白手乾達）"这个韩源成语是由韩国固有汉字词"백수（白手）"与音译汉字词"건달（乾達）"构成。

6.3 四字成语的派生及与其他词的组合使用

由于汉语和韩国语分属不同语系，所以四字成语在这两种语言中的使用方法和语法功能大相径庭。具体表现为：在汉语中，四字成语不仅可作为单词，在句子中不受任何限制地充当主语、谓语、宾语、定语、状语、补语等各种成分，还可单独成句。换句话说，在汉语中，四字成语的用法不受其内部构成要素语法关系的制约，功能多样。而在韩国语中，四字成语只相当于一个由四个词素构成的单词，除此之外再不能细分。因此，在韩国语中，四字成语的使用要受韩国语语法的制约，有很大的局限性。例如，通过派生或与其他词组合才能在韩文中使用（胡翠月：2012b）。具体如下：

6.3.1 四字成语的派生

韩国语中，四字成语是名词。其中，绝大部分具有动作性或描述性的四字成语可与派生后缀"-하다""-되다"结合形成派生谓词。如：

[①] "계란유골（鷄卵有骨）"如果按字面义理解的话，就会理解成"鸡蛋里挑骨头"。但这个成语的本义是"运气不好，喝凉水都塞牙"。这里的"骨"不是"骨头"，而是韩国语固有词"골（坏）"的意思，它与汉字"骨"的发音相同。

第六章　汉字成语构词法

（1）四字成语+하다/되다→动词

343）

ㄱ. 결초보은（結草報恩）+-하다→결초보은하다

　　대성통곡（大聲痛哭）+-하다→대성통곡하다

ㄴ. 좌지우지（左之右之）+-되다→좌지우지되다

　　일망타진（一網打盡）+-되다→일망타진되다

343ㄱ）～343ㄴ）中的四字成语与谓词派生后缀"-하다""-되다"结合后分别变成了他动词和自动词。

（2）四字成语+-하다→形容词

344）

간단명료（簡單明瞭）+-하다→간단명료하다

공명정대（公明正大）+-하다→공명정대하다

우유부단（優柔不斷）+-하다→우유부단하다

전지전능（全知全能）+-하다→전지전능하다

在日常使用中，上述具有描述性的成语多与派生后缀"-하다"结合，作为形容词使用。如：

345）

그가 화를 낸 이유는 간단명료하다.（他生气的原因很简单。）

그는 스스로를 전지전능하다고 생각한다.（他自认为自己无所不能。）

이번 사건은 어디까지나 공명정대하게 처리할 것이니 염려 마십시오.

（无论在哪儿，这件事情都会得到公平公正地处理，请别担心。）

부장이 우유부단해서 매사에 결정을 잘 내리지 못하니 결국 직원들이 피해를 봤다.（部长处理每件事情都优柔寡断，遭殃的还是员工们。）

（3）四字成语+Ø→副词

部分四字成语还可通过零派生形成副词。如：

346）

기왕지사（既往之事），삼삼오오（三三五五）

시시각각（時時刻刻），시종일관（始終一貫）

애지중지（愛之重之），우왕좌왕（右往左往）

호시탐탐（虎視眈眈）

这些通过零派生具有副词词性的成语在句中多修饰动词或动词性短句。如：

347）

기왕지사 도와줬으면 끝까지 뒤를 봐줘야 할 게 아니야.

（<u>既然</u>都出手相助了，难道不应该帮忙帮到底吗？）

그들은 삼삼오오 떼를 지어 함께 몰려다닌다.（他们<u>三五成群</u>，结伴而行。）구름이 연분홍빛을 띠더니 그것이 시시각각 짙어지면서 봉우리마다 조금씩 다른 색조를 드리운다.

（云彩呈现出淡粉色，随着颜色<u>逐渐</u>加深，每座山峰都呈现出不同的色调。）

우리는 그 아이를 온 정성을 다해서 애지중지 길러 왔습니다.

（我们倾尽所能，把<u>所有的爱</u>都用来培养孩子。）

화재가 나자 호텔 직원들이 재빨리 조치를 취하지 못하고 우왕좌왕 시간을 끄는 바람에 많은 인명 피해가 났다.

（火灾发生，宾馆员工未能及时采取有效措施，<u>犹豫不决</u>，浪费了很多时间，结果出了很多人命。）

6.3.2 四字成语与其他词的组合使用

前文已提及过，四字成语在韩国语中是名词。因此，在句子中它可与助词、后缀或其他词语结合一起充当句子的某一成分。根据可结合的助词、后缀或词语的不同，具体可分为如下几种类型：

（1）可与助词"-의"结合的四字成语

348）

각양각색（各樣各色），개과천선（改過遷善）

경천동지（驚天動地），고립무원（孤立無援）

용호상박（龍虎相搏），욱일승천（旭日昇天）

유일무이（唯一無二），적자생존（適者生存）

전대미문（前代未聞），존망지추（存亡之秋）
진퇴양난（進退兩難）

（2）可与助词"-（으）로"结合的四字成语

349）

구사일생（九死一生），단도직입（單刀直入）
대대손손（代代孫孫），이구동성（異口同聲）
적반하장（賊反荷杖），천정부지（天井不知）
치지도외（置之度外），파죽지세（破竹之勢）

（3）可与助词"-에"结合的四字成语

350）

감언이설（甘言利說），일조일석（一朝一夕）
임기응변（臨機應變）

（4）可与叙述格助词"-이다"结合的四字成语

351）

감지덕지（感之德之），금시초문（今始初聞）
기고만장（氣高萬丈），노발대발（怒發大發）
무사태평（無事太平），시기상조（時機尚早）
어불성설（語不成說），언어도단（言語道斷）
유만부동（類萬不同），자승자박（自繩自縛）
자업자득（自業自得），점입가경（漸入佳境）
종무소식（終無消息），좌불안석（坐不安席）
후회막급（後悔莫及）

（5）可与"-이다/-（으）로"结合的四字成语

352）

설상가상（雪上加霜），언어도단（言語道斷）
종횡무진（縱橫無盡），중과부적（衆寡不敵）
중구난방（衆口難防）

（6）可与"-（으）로/-에"结合的四字成语

353）

감언이설（甘言利說），일언지하（一言之下）

（7）可与"-적（으로）"结合的四字成语

354）

권선징악（勸善懲惡），단도직입（單刀直入）

불가항력（不可抗力），선남선녀（善男善女）

어부지리（漁父之利），천편일률（千篇一律）

（8）可与"-식"结合的四字成语

355）

마이동풍（馬耳東風），우이독경（牛耳讀經）

전광석화（電光石火），주마간산（走馬看山）

综上，四字成语在韩国语中只相当于一个名词。只有极少数四字成语可通过零派生，保持原来的形态作为副词使用。四字成语在韩国语中不能像在汉语或者汉文中那样可保持原形使用，并可充当句子中的任何成分，要受韩国语语法的制约。有的成语后要添加表示语法关系的助词，才能在韩国语句子中真正充当句子成分，有的要添加动词或者形容词后缀，派生成动词或形容词使用。甚至有一部分四字成语已完全丧失了作为单词独立使用的资格，只能作为构成其他单词内部成分的"潜在语"。这种现象说明，韩国语中的汉字词原则上既要符合汉文的语法规则，又要遵循韩国语语法，但当汉文的语法规则与韩国语语法发生矛盾时，由于四字成语被用于韩国语中，所以要优先遵循韩国语语法的原则，受韩国语语法的制约，丧失了其独立性、自由性，体现了韩国语是黏着语的特征（胡翠月：2012b）。

6.4 小结

通过前文对韩国语四字成语的分析，可总结出韩国语四字成语具有如下特点：

第一，就形态而言，四字格形式是四字成语最大的特点。它结构简洁而稳定，不能再插入其他词素。但现代韩国语中存在一些由四字成语缩略而成的二字格或三字格成语，相对四字成语而言，虽然语义上可能会发生变化，但它们在日常生活中的使用频率很高。如：

356）

경이원지（敬而遠之）→경원（敬遠）

노당익장（老當益壯）→노익장（老益壯）

사시이비（似是而非）→사이비（似而非）

약법삼장（約法三章）→법삼장（法三章）

완벽귀조（完璧歸趙）→완벽（完璧）

이여반장（易如反掌）→여반장（如反掌）

추풍선（秋風扇）→추선（秋扇）

화사첨족（畵蛇添足）→사족（蛇足）

第二，语义方面。虽然像"가가호호（家家戶戶）""무궁무진（無窮無盡）""장유유서（長幼有序）"这样的成语从字面就可知其语义，但大部分四字成语都不是字面义的简单相加，而是从字面义引申出来的引申义或比喻义。

第三，大部分韩国语成语都有明确的出处。韩国语成语大部分源自汉语成语，这些成语多出自中国古代经典、文献、文学作品、寓言故事等。另一方面，韩民族自创的成语虽创作来源广泛，但大多都有据可查。

第四，故事性。韩国语中部分四字成语源于传说、历史典故、寓言或神话故事。故事性也是四字成语的一大特点，只有了解故事背景才能准确理解该成语的真正含义。

第五，四字成语中存在着前后构成词素（如词素ABCD中的AC、AD或BD两个词素）语义相反的特殊现象。如：成语"침소봉대（針小棒大）"中的词素"小"与"大""막상막하（莫上莫下）"中的"上"与"下""전무후무（前無後無）"中的"前"与"后"都是反义词素。类似的还有如下几组类型成语：

（1）词素A与C语义相反

357）

ㄱ. 남선북마（南船北馬），동문서답（東問西答）
　　동표서랑（東漂西浪），동행서주（東行西走）
　　부찰앙관（俯察仰觀），우왕좌왕（右往左往）
　　좌고우면（左顧右眄），주사야탁（晝思夜度）

ㄴ. 감탄고토（甘吞苦吐），대경소괴（大驚小怪）
　　대기소용（大器小用），동공이체（同工異體）
　　동교이곡（同巧異曲），소탐대실（小貪大失）

ㄷ. 남부여대（男負女戴），남흔여열（男欣女悅）
　　부전자전（父傳子傳）

上文357ㄱ）中词素A与C是一对方向相反的方位名词或动作动词；357ㄴ）是语义相反的形容词；357ㄷ）属于语义相反的一般名词。

（2）词素A与D语义相反

358）

야이계주（夜以繼晝）/주이계야（晝而繼夜）

（3）词素B与D语义相反

359）

감탄고토（甘吞苦吐），무시무종（無始無終）
설왕설래（說往說來）/ 언왕언래（言往言來）/언왕설래（言往說來）
완전무결（完全無缺），호형호제（呼兄呼弟）/ 왈형왈제（曰兄曰弟）

第六，部分四字成语有多个不同的书写形态。如，与汉源成语"对牛弹琴"对应的韩国语成语除了"대우탄금（對牛彈琴）"之外，还有"우이송경（牛耳誦經）""우이독경（牛耳讀經）""마이동풍（馬耳東風）"等不同形式；源于车胤和孙康两人勤学苦读的故事成语"형설지공（螢雪之功）"在韩国语中广为使用。此外，还有"설안형창（雪案螢窓）""손강영설（孫康映雪）""차형손설（車螢孫雪）"这几个形近义同的成语。

第七，习用性与书面语性。韩国语四字成语是自古流传下来的一种惯用表达形式，具有习用性。同时，由于构词简洁、表义丰富多被用于书面表达。

第八，部分含有动词词素的汉语成语在韩化过程中多被名词性汉字或助词"之"代替，成为具有"○○之○"形式的成语，凸显了成语的名词性。如，"경국지색（傾國之色）"源于汉语成语"倾国倾城"。原成语中的动词"倾"被助词"지（之）"取代，整个成语由动宾并列结构变成了偏正结构的名词。类似的还有"邯郸学步"与"한단지보（邯鄲之步）"、"塞翁失马"与"새옹지마（塞翁之馬）"等。

四字成语在韩国语中的语法功能方面，由于韩国语属于黏着语，这就决定了被韩国语词汇体系吸纳的四字成语不能像在汉语中那样可以不受任何限制地充当句子中的各种成分，甚至可以单独成句，而是要受韩国语语法的制约，有很大的局限性。在韩国语中，四字成语只能被看作是由四个词素构成的单词，再不能细分。除了个别通过零派生词形没有发生变化，可以作为副词使用的四字成语之外，其余四字成语在韩国语中有的需要添加动词或者形容词后缀，派生成动词或者形容词使用；有的已经完全丧失了其作为单词独立使用的资格，只能作为构成其他单词内部成分的"潜在语"。这种现象说明，四字成语在韩国语中要遵循韩国语语法规则，受韩国语语法的制约，体现了韩国语是黏着语的特征。

韩国语能力考试（TOPIK）中出现过的四字成语

韩国语四字成语	汉语释义
각양각색（各樣各色）	各式各样、形形色色
개과천선（改過遷善）	悔过自新、改恶从善、放下屠刀立地成佛
거두절미（去頭截尾）	掐头去尾；提纲挈领
격세지감（隔世之感）	恍如隔世
고진감래（苦盡甘來）	苦尽甘来
과유불급（過猶不及）	过犹不及
구사일생（九死一生）	九死一生
군계일학（群鷄一鶴）	鹤立鸡群
궁여지책（窮餘之策）	权宜之计

（续表）

韩国语四字成语	汉语释义
금상첨화（錦上添花）	锦上添花
금지옥엽（金枝玉葉）	金枝玉叶
기암괴석（奇巖怪石）	奇岩怪石
난형난제（難兄難弟）	难兄难弟
노심초사（勞心焦思）	费尽心思、绞尽脑汁、尽心尽力
다다익선（多多益善）	多多益善
다재다능（多才多能）	多才多艺
다정다감（多情多感）	多情善感
단도직입（單刀直入）	单刀直入、直截了当、开门见山
대동소이（大同小異）	大同小异
대서특필（大書特筆）	大书特书
동고동락（同苦同樂）	同甘共苦
동문서답（東問西答）	东问西答、答非所问
동병상련（同病相憐）	同病相怜
동분서주（東奔西走）	东奔西走
동상이몽（同床異夢）	同床异梦
두문불출（杜門不出）	闭门不出
막상막하（莫上莫下）	不相上下、伯仲之间
만장일치（滿場一致）	全体一致、一致同意
무궁무진（無窮無盡）	无穷无尽
무사안일（無事安逸）	安然无恙
부지기수（不知其數）	不计其数
부화뇌동（附和雷同）	随声附和
불가사의（不可思議）	不可思议
불편부당（不偏不黨）	不偏不倚

（续表）

韩国语四字成语	汉语释义
비일비재（非一非再）	比比皆是
사필귀정（事必歸正）	事必归正
심사숙고（深思熟考）	深思熟虑
상부상조（相扶相助）	相辅相成
새옹지마（塞翁之馬）	塞翁失马 焉知非福
선견지명（先見之明）	先见之明
설상가상（雪上加霜）	雪上加霜
수수방관（袖手傍觀）	袖手旁观
식자우환（識字憂患）	不知者无罪、无知者无畏
십중팔구（十中八九）	十有八九
아전인수（我田引水）	我田引水、自私自利
애지중지（愛之重之）	爱不释手
약육강식（弱肉強食）	弱肉强食
양자택일（兩者擇一）	二者择一
어부지리（漁父之利）	鹬蚌相争 渔翁得利
역지사지（易地思之）	易地思之、换个角度考虑
외유내강（外柔內剛）	外柔内刚
우유부단（優柔不斷）	优柔寡断
우후죽순（雨後竹筍）	雨后春笋
유명무실（有名無實）	有名无实
유유자적（悠悠自適）	悠然自得
이심전심（以心傳心）	心有灵犀一点通
이열치열（以熱治熱）	以热制热、以毒攻毒
일거양득（一舉兩得）	一举两得
일사천리（一瀉千里）	一气呵成、三下五除二

(续表)

韩国语四字成语	汉语释义
일석이조（一石二鳥）	一石二鸟、一箭双雕、一举两得
일장춘몽（一場春夢）	黄粱美梦、南柯一梦
일확천금（一攫千金）	一获千金
임기응변（臨機應變）	随机应变
자승자박（自繩自縛）	作茧自缚
작심삼일（作心三日）	三天打鱼两天晒网
전무후무（前無後無）	空前绝后
전화위복（轉禍爲福）	因祸得福
조삼모사（朝三暮四）	朝三暮四
죽마고우（竹馬故友）	竹马故友、青梅竹马
천고마비（天高馬肥）	秋高气爽、天高马肥
천만다행（千萬多幸）	实属万幸
천방지축（天方地軸）	冒冒失失、慌里慌张
천생연분（天生緣分）	天生缘分、天作之合
천양지차（天壤之差）	天壤之别
천우신조（天佑神助）	犹如天助
천진무구（天眞無垢）	天真无邪
천차만별（千差萬別）	千差万别
천편일률（千篇一律）	千篇一律
천하장사（天下壯士）	（力气大）天下无敌、大力士
청천벽력（靑天霹靂）	晴天霹雳
침소봉대（針小棒大）	言过其实、夸大其词
탁상공론（卓上空論）	纸上谈兵
팔방미인（八方美人）	八面玲珑者
풍전등화（風前燈火）	风前灯火、风前烛

（续表）

韩国语四字成语	汉语释义
학수고대（鶴首苦待）	翘首以待
함흥차사（咸興差使）	有去无回
허심탄회（虛心坦懷）	坦怀相告
홍익인간（弘益人間）	弘益人间、造福人类
횡설수설（橫說竪說）	胡说八道
희로애락（喜怒哀樂）	喜怒哀乐

第七章　新词构词法

语言体系是一个开放的系统，具有强烈的时代特征，是伴随着社会的变化而发展的。它与当代政势变化、经济发展、科技进步、文化交流密切相关。在语言的变化中，语音和语法相对稳定，词汇较活跃，因为词汇集开放性、敏感性和代表性于一身。随着新现象、新事物、新思想、新观念的产生，与之对应的词汇应运而生，这就是新词。新词的产生不仅丰富了词汇体系，而且反映了时代的脉搏，更体现了人们的思考方式和思维方法。新词的构词法也与传统词汇的构词法有不同之处，因此在本书中也将新词的构词法列入其中进行考察研究。

7.1　新词简介

何谓新词？我们可以通过中国、韩国和西方比较权威的词典及各国较有代表性的学者对"新词"的定义来一窥究竟。

中国的词典及相关学者对"新词"的定义如下：

《新华字典》（新华字典编纂组，商务印书馆，1980.）

a. 新做的诗词

b. 新产生的词语或词组

c. 没学过的词语或词组

《现代汉语规范词典》（第二版）（外语教学与研究出版社，语文出版，2010.）

a. 新做的诗、戏剧、说唱文艺的新咏唱

b. 表现新意的句子

c. 语言中新出现的话

中国学者对新词的定义大致如下：

陈原（1983）认为新词就是语言的使用者在常规的语料库中无法找到能确切表现他的思想，因而导入书面语或口头语的新语词。

李建国（1996）认为所谓新词语就是新出现的，符合民族语言构成法则的，表意明确而能进行交际的词语。

亢世勇（2003）将汉语新词界定为1978年以来通过各种途径产生的，在现代汉语常用词汇中没有的新形式、新意义或新用法的词，具体包括新造词语、有新用法的旧词、由方言进入普通话的词汇、外来词、简略词、由修辞用法稳定下来构成的新词语、因意义泛化而改变了使用范围的专业术语、字母词、网络用语。

杨彬（2008）认为新词是新近出现的，在语言交际中表达新思想、新观点，描述新事物、新现象，或提供了新的视角的词语。新词包括具有新的形态的词语，或者原有词形不变获得了新的意义的词语。新词一般应有一定的出现频率和较广的使用范围，至少为部分语言使用者熟知。

韩国的词典对新词的定义如下所示：

《标准国语大辞典》（韩国国立国语院，斗山东亚，1999.）：新词就是新产生的话或者新归化的外来词，也叫新语。

《우리말 큰 사전》（语文阁，1992.）：新产生或新造的话、新出现的话，也叫新语。

《语言学词典》（博英社，2000.）：所谓"neologism（新造语）"就是新单词，或者给已有的单词赋予某种新意。外语或者专业领域的借用语等都包含于此。

韩国学者对新词的定义如下所示：

南基心（1983）认为所谓新词就是为了表现新概念、新事物而创造的词，或者对旧词赋予新义。

姜信沆（1991）认为新词就是随着社会的发展产生新事物时，因须描述该事物创造的词汇。群体语、专业术语、流行语、借用语、惯用语包含其中。

金光海（1993）认为新语是随着语言社会的物质变动出现新概念时，为了表达需要而新创造的词汇。

英文词典对新词的定义如下所示：

《朗文当代高级英语词典》（Longman Dictionary of Contemporary English，英国培生教育有限公司，外语教学与研究出版社，2019.）

a. 新的词语或表达法

b. 一个词的新意义

c. 这样的新词或新义的使用

《韦氏新世界英语词典》（Webster's New World Dictionary，Michael E. Agnes, Pocket Books, 2019.）

a. 新词语或已有词语衍生出的新义

b. 新词的创造及使用，旧词新义的形成及使用

西方语言学家对新词的定义如下：

Rey（1995）认为新词是词汇中的一个单位，一个词、词素或者短语。它的意义或者它能指的关系预设着其在一定交际模式下的有效功能，语言中没有现存的形式与之对应。

Newmark（2001）将新词定义为新创造的词汇单位或获得新意义的现有词汇单位。

以上我们考察了中国、韩国和西方的词典及学者对"新词"的解释，综合以上解释，我们可以将新词定义为：新词是在一定时期内首次出现的具有新鲜感和神秘性的单词。是人们为了表达新想法、新思想，命名新事物、新现象，包含新信息的词。新词既包括拥有新词形的词，即新形词；也包括为了表达新思想、新想法，说明新现象、新事物而蕴含新信息的词，即新义词；还包括外来词和复燃词。新词的使用范围相对较广，且符合母语的语言规范（胡翠月：2020）。

第七章 新词构词法

本书以韩国国立国语院2014—2018年发布的韩国语新词为研究对象[①]，需要说明的是，此间韩国国立国语院共发布了2044条韩国语新词，因本书主要研究单词的构词，所以这里的研究对象不包含单纯词和以词组或语句形式出现的新词，仅限单词中的复合词。因此本书中，新词的研究对象是韩国国立国语院2014—2018年五年间发布的韩国语新词中的967个复合词。按照构词区分2014—2018年韩国语新词，具体分布如下表所示：

年	2014		2015		2016		2017		2018	
数量	335		277		625		373		434	
分类	单词	词组	单词	词组	单词	词组	单词	词组	单词	词组
数量	246	89	180	97	247	378	188	185	222	212
分类	单纯词	复合词	单纯词	复合词	单纯词	复合词	单纯词	复合词	单纯词	复合词
数量	20	226	16	164	29	218	16	172	35	187
研究对象数	226		164		218		172		187	
合计	967									

2014—2018年韩国语967个复合词新词中，有6个动词（2014年4个、2015年1个、2018年1个）、7个形容词（2014年2个、2015年2个、2017年1个、2018年2个）、2个副词（2016年1个、2018年1个），其余952个都是名词。可见，韩国语新词中名词占绝对优势。这说明新词对新现象、新事物、新概念命名最有效。新词在构词形式上与其他词大致类似，大的方面可以分为派生与合成两种形式。但与其他类型的词不同的是，在通过派生法形成单词的类型中，除了有固有词前缀、固有词后缀、汉字词前缀、汉字词后缀之外，还有外来词后缀；在通过合成法形成单词的类型中，除了传统的句法合成之外，还有混合和缩略两种形式。以下将按照新词的词源，即固有词、汉字词、外来词、混种词对新词的构词进行研究。由于这些复合词新词绝大部分是名词，所以在按照构词类型分析新词时不再

[①] 2014—2018年的《韩国语新词资料集》是作者与韩国国立国语院语言信息科签署了《研究协议》后获得的使用权。

按照词性进行细分考察,如遇到非名词的情况,再单独进行说明。

7.2 固有词新词构词法

7.2.1 派生法

在新词构词的过程中,通过派生形成的单词数远远不及合成形成的单词数多。而且都是通过外部派生法形成的。即单词内部不发生变化,由词根加上没有独立意义的前缀、后缀构成新的单词。外部派生法又可分为前缀派生法和后缀派生法两种。在韩国语复合词新词中,通过前缀派生形成的纯固有词只有1个。具体如下:

(1)前缀派生

360)

개-(强调程度深):개소름(浑身鸡皮疙瘩)

"개소름"是由"强调程度深"的韩国语固有词前缀"개-"与韩国语固有名词"소름(鸡皮疙瘩)"结合形成的前缀派生名词,表示"浑身鸡皮疙瘩"。韩国语前缀只具有修饰、限定的作用,不具有句法功能。因此前缀派生词的词性通常情况下都与词根的词性相同。

(2)后缀派生

通过后缀派生形成的纯固有词也仅有6个,其中有4个名词,1个动词、1个形容词。具体如下:

361)

-거리다(表示"某种动作持续"):뾰작거리다【动】(行动像小孩一样可爱)

-맡(表示"附近、近处"):잠자리맡(床铺)

-붙이(表示"家族、类、种"):숨붙이(生物)

-지기(用于某些名词后,表示"守卫者"):대숲지기(运营网上公告栏

"대나무 숲"的人）

-질（表示"某种行为"）：욱질（不分青红皂白恼羞成怒的行为）

-하다（动词或形容词后缀，表示"做某个动作或具有某种状态"）：으리뻑적하다【形】（人山人海）

以上361）中所列的"-맏"，"-붙이"，"-지기"，"-질"四个固有词后缀都是能将词根名词化的名词后缀；"-거리다"是可以将词根动词化的动词后缀；"-하다"是可将词根动词化或者形容词化的后缀。这几个后缀派生固有词新词的造词能力很弱。

7.2.2 合成法

在韩国语新词中通过合成法形成的单词数量居多。合成又可细分为三种类型，分别是句法合成、混合和缩略。所谓句法合成在此书的固有词构词部分已做过说明，就是构成合成词的词基的结合方式符合韩国语的句法法则；混合就是一个完整的词基与另一个单词的部分形态结合，或两个单词各取一部分形态，或是很难区分合成词的各形态的结合界限；缩略就是由几个单词、词组或一个完整的句子缩略而成。在这里为了更便于区分新词的构词，把混合和缩略从大的合成法中分离出来，单独列为一种类型的构词法做说明。以下我们就先观察通过句法合成和非句法合成的新词。

（1）句法合成

362）

ㄱ. 강방순이（伴娘），개딸（像女儿一样亲近的雌性宠物狗），곰손（手残党），꽃오빠（像花一样漂亮的年轻小哥哥），똥수저（出生在贫穷或社会地位低的家庭的人），쓸개혹（胆囊息肉），엉덩이턱（像臀部一样中间凹进去的下巴），존맛（好吃），짱멋（帅极了），흙수저（出生在贫穷或社会地位低的家庭的人）

ㄴ. 꺅도요（沙锥鸟）

ㄷ. 롬곡롬곡（都是眼泪）

ㄹ. 소매넣기（不征得刚开始玩网络游戏用户的同意，直接向其提供游戏装

备的强塞行为）

 ㅁ. 앵까다【动】（说谎）

 ㅂ. 잿개비（火灰）

 ㅅ. 할마할빠（代替双职工夫妇照顾孙辈的奶奶和爷爷）

以上362）所举的例子中，362ㄱ）都是"名词词基+名词词基"构成的句法合成名词；362ㄴ）的"꺅도요"是"副词词基+名词词基"构成的句法合成名词，这种组合类型在传统的固有词中没有；362ㄷ）的"롬곡롬곡"是"눈물눈물"颠倒过来的形态，在网络贴吧中常见；362ㄹ）"소매넣기"是动词"넣다"的词基"넣-"与名词派生后缀"-기"结合后，再与名词词基"소매"合成，是先派生后合成；362ㅁ）"앵까다"是"副词词基+动词词基"构成的动词；362ㅂ）"잿개비"属于出现了"ㅅ"形态的中间音现象的句法合成名词；362ㅅ）"할마할빠"是由"할머니"的第一个字和"엄마"的后一个字先混合，再与"할아버지"的第一个字和"아빠"的后一个字混合后合成。

（2）非句法合成

363）

 ㄱ. 단짠단짠（甜味和咸味交替出现）

 ㄴ. 부릅눈（是"부릅뜬 눈"的变形体，意为"睡眦"）

 ㄷ. 숨멎（美得令人窒息）

 ㄹ. 처발처발【副】（用各种液体在物体表面乱涂抹）

以上新词中363ㄱ）中的"단짠단짠"是形容词词基"달-"+冠形词形词尾"-ㄴ"+（省略成分：名词词基"맛"）+形容词词基"짜"+冠形词形词尾"-ㄴ"+（省略成分：名词词基"맛"）后层叠形成的名词叠词；363ㄴ）中的"부릅눈"是"부릅뜬 눈"的变形体，可以将"부릅"视为词基；363ㄷ）"숨멎"是名词词基"숨"与动词"멎다"的词干"멎-"结合而成的；363ㄹ）"처발처발"是表示"程度更甚"的前缀"처-"与动词"바르다"词基"바르-"通过变形派生后整体作为词基，再层叠形成的副词叠词，构词属于先派生后合成；以上单词都属于非句法合成。

7.2.3 混合法

通过混合法形成的韩国语固有词的词形可以分为以下三大类，即：由合成词的内部两个单词的首字合成，可以称之为AC型；一个单词的整体与另一个单词的一部分构成，有ABD、ACD型；合成新词的内部两个单词中前一个单词的首字与后一个单词的后半部分合成，可以称为AD型。具体如下：

（1）合成词的内部两个单词的首字混合—AC型

364）

감튀（薯条）

364）中的"감튀"是由"감자（马铃薯）"和"튀김（油炸食品）"各取首字混合而成。

（2）一个单词的整体与另一个单词的一部分混合—ABD、ACD型

365）

ㄱ. 개린이（狗宝宝），나로서기（不拘泥或依赖他人，真实地生活），앞벅지（大腿根儿前部分）

ㄴ. 뒷벅지（大腿根儿后部分）

ㄷ. 할아재（中老年男性）

以上单词的构词方式是一个单词与另一个单词的一部分结合而成。其中365ㄱ）的构词形式都是由前一个词与后一个词的后半部分混合而成。具体是"개린이"是由名词词基"개（狗）"和"어린이（小孩儿）"的后半部分混合而成；"나로서기"是由"나（我）"和"홀로서기（独当一面）"的后半部分组成；"앞벅지"是由名词词基"앞（前边）"和"허벅지"（大腿）的后半部分混合而成，这些词的构词类型可以归为ABD型。

365ㄴ）的"뒷벅지"是由名词词基"뒤（后边）"和"허벅지"（大腿）的后半部分结合而成，而且发生了"ㅅ"形态的中间音现象。这个词的构词类型可以理解为与365ㄱ）相同，是ABD型。

365ㄷ）的"할아재"是由"할아버지（爷爷）"的前一个字和名词词基"아재（大叔）"组成。这个词的构词类型可以理解为ACD型。

(3) 前一个单词的首字与后一个单词的后半部分混合—AD型

366)

고답이（闷葫芦、死脑筋），할줌마（中老年女性），할저씨（中老年男性）

366）中所举词例都是由构成混合词新词内部的两个单词的前一个词首字和后一个单词的后半部分混成的AD型。具体如下："고답이"是由"고구마（红薯）"的首字和"답답이（不开窍的人）"后两个字组成；"할줌마"是由"할머니（奶奶）"的首字和"아줌마（大婶）"的后两个字组成；"할저씨"是由"할아버지（爷爷）"的首字和"아저씨（大叔）"的后两个字组成。

从364）~366）所列的新词构词类型可知，韩国语固有词新词的混合词型有AC、ABD、ACD、AD四种类型。在这四种类型中，A和D被选取的频率最高。这在前面外来词构词法中已经介绍过，是"浴缸效应"所致。

7.2.4 缩略法

新词构词法中，缩略法的造词能力比较强，缩略的范围比较广，缩略的种类也比较多。小到可以缩略一个单词的发音，缩略一个词组，再到几个单词取首字母，大到可以缩略一句话，将一句话变为由几个词素构成的单词。具体如下：

367)

ㄱ. 얼집←어린이집（幼儿园）

ㄴ. 냄져←냄새나는 아저씨（臭气熏天的大叔）

맛저←맛있는 저녁（美味的晚餐）

술싫모←술을 싫어하는 사람들의 모임（厌酒者聚会）

쓰랑꾼←쓰레기 사랑꾼（爱垃圾的人）

젊꼰←젊은 꼰대（把自己的想法或价值观强加给他人的年轻人）

혼집←혼자 사는 집（独自居住的家）

ㄷ. 듣말쓰← 듣기, 말하기, 쓰기（听说写）

ㄹ. 낄끼빠빠←낄 때는 끼고 빠질 때는 빠져야 함（伺机行事）

너곧나←너의 의견이 곧 나의 의견이다（你的意见就是我的意见）

맴찢←마음이 찢어짐（心碎）

멍줍←멍멍이 줍기（领养流浪狗）

별다줄←별것을 다 줄임（统统省略）

얼빠몸빠←얼굴에 빠지고 몸매에 빠짐（被某人的美貌和身材所吸引）

졌잘싸←졌지만 잘 싸웠음（虽败犹荣）

치빠←치고 빠짐（打退堂鼓）

피꺼솟←피가 거꾸로 솟는다（被气得血都倒流了）

혼말←혼자서 말을 함（自言自语）

혼밥←혼자서 밥을 먹음（独自进餐）

以上367）所举的固有词新词缩略语词例中，367ㄱ）"얼집"是由一个单词缩略而成；367ㄴ）"냄져"，"맛저"，"술싫모"，"쓰랑꾼"，"젊꼰"，"혼집"是由一个短语缩略而成；367ㄷ）"듣말쓰"是由三个单词的首字母组成；367ㄹ）是由一个完整的句子取核心成分的首字缩略而来的。可见，小到可以从一个单词，大到可以从一个完整的句子缩略成一个新词。从词源的角度考察韩国语新词，纯固有词的数量最少。因为语言的经济性原则和省力原则不允许无限制地创制新形字，往往可以通过缩略短语，赋予旧词新义来满足由于社会的发展和新事物的产生对新词的需要。

7.3 汉字词新词构词法

汉字属于表意文字，其一个字就代表某种，甚至好几种意义，因此汉字表意的能力特别强，以下我们将通过具体的汉字词新词来考察分析韩国语中汉字词新词的构词。

7.3.1 派生法

（1）前缀派生

368）

극（極）-：극호감（極好感：极好的感觉）

대（大）-：대협치（大協治：联合管理体系）

무（無）-：무근본（無根本：没根据）

선（先）-：선남방계（先南方系：以一定时期为标准，在前一时期分布于南方的人、动物、植物的系统。）

신（新）-：신항상성（新恒常性：由于抵抗外部压力而失去了正常状态）

역（逆）-：역저격（逆狙擊：防守反击）

왕（王）-：왕면봉（王綿棒：大而粗的棉签）

탈（脫）-：탈사축（脫社畜：摆脱像牛马那样为公司工作的职员生活）

탈억제대（脫抑制帶：不使用为了防止患者无意识伤害自己而不得不捆绑患者时使用的绳子等）

韩国国立国语院2014～2018年发布的新词中，有8个汉字词前缀，分别是"극（極）-，대（大）-，무（無）-，선（先）-，신（新）-，역（逆）-，왕（王）-，탈（脫）-"。除了"탈（脫）-"派生出了2个汉字词之外，其余的7个汉字词前缀都只派生出了1个纯汉字词，可以说，汉字词前缀创造韩国语汉字词新词的能力并不强。这与新词的词源特点有关，在韩国语新词中，固有词的数量最少，其次是汉字词，外来词比较多，混种词的数量最多。汉字词前缀派生汉字词新词的造词能力比较弱，但其在韩国语整体词汇中的造词能力却很强。

（2）后缀派生

汉字词后缀无论在自身数量、还是在派生出的词汇数量上都远远多于汉字词前缀，具体如下：

369）

-곡（曲）：수련곡（修鍊曲：锻炼人格、技能、学问之歌。）

-관（觀）：생로병사관（生老病死觀：遵循人生规律的观点或主张）

-권（圈）：

강세권（江勢圈：大江周边的居民分布范围）

공세권（公勢圈：公园周边的居民分布范围）

다세권（多勢圈：各种基础配套设施优越的居住区）

무세권（無勢圈：首尔的文化空间"失重地带"周边的居民分布范围）

병세권（病勢圈：医疗配套服务优越的居住区）

의세권（醫勢圈：大型医院周边的居民分布范围）

직세권（職勢圈：临近工作单位的居住区）

청세권（靑勢圈：临近绿化地带的居住区）

편세권（便勢圈：临近便利店的居住区）

-남（男）：

탄산남（炭酸男：痛快男）

문명남（文明男：思想成熟的男人）

졸혼남（卒婚男：没办离婚手续就放弃婚姻的男人）

-녀（女）：

목공녀（木工女：女木匠）

반도녀（半島女：拥有韩国国籍的女人）

-력（力）：

궁예력（弓裔力：洞察力）

발향력（發香力：产生香气的能力）

현상력（現象力：以某种形象示人的能力）

-물（物）：연성물（鍊成物：对特定作品的素材或内容进行加工后重新制作的作品）

-법（法）：

보석법（寶石法：没收难民随身携带的贵重物品供难民们使用的法律）

허특법（許特法：为了保护获得药品专利的人的权利，在专利权保护期间禁止销售其他仿制药的法律）

-생（生）：공취생（公就生：同时准备公务员考试和一般企业考试的准就业生）

-선（線）：월판선（月板線：连接"월곶（月岬）"和"판교（板桥地区）"之间的电铁）

-선（船）：백골선（白骨船：载着白骨的船）

-썰（說）：연애썰（戀愛說：是"연애설"的变形，意为"恋爱经

验谈"。)

-어(語):교정어(校定語:批改时使用的语言)

-유(油):탈봉유(脫封油:酒精和食用油勾兑而成的油)

-자(者):

고나리자(是"관(管)"的错字"고나리"和表示人的"자(者)"字结合而成的词,意为"过分干涉他人的人"。)

반퇴자(半退者:提前退休后再就业的人)

진지병자(眞摯病者:认真执着的人)

혐연론자(嫌煙論者:讨厌吸烟的人)

-제(制):직시급제(直時給制:将退休金或加班费固定纳入时薪支付制度)

-족(族):

가성비족(價性比族:重视性价比的人)

가심비족:(價心比族:"가격 대비 심리적 만족의 비율(心理满意度与价格对比)"的缩略语。是"가심비"与表示某一类人的汉字词后缀"-족"派生而来的词。表示"重视心价比的人"。)

독강족(獨講族:在大学里没有认识的同学陪伴独自听课的学生)

부포족(扶抛族:放弃被子女抚养权利的人)

야노족(野露族:喜爱户外活动的人)

열대야락족(熱帶夜樂族:享受高温夜生活的人)

염전족(鹽田族:省吃俭用的人)

책맥족(冊麥族:一边读书一边喝啤酒的人)

편가족(便家族:经常到便利店购买家庭快餐的人)

편퇴족(便退族:下班后到便利店买小吃的人)

-주(酒):소원주(燒原酒:用咖啡豆和烧酒勾兑而成的酒)

-주의(主義):사소주의(事小主義:善待小国和弱势群体的观点)

-촌(村):

공동체촌(共同體村:融教育、居住、文化等各领域为一体的村庄)

전략촌（戰略村：用于军事的村庄）

-충（蟲）：

설명충（說明蟲：把所知道的内容翻来覆去地讲的人）

진지충（眞摯蟲：凡事都有执念的人）

-층（層）：비혼층（非婚層：社会成员中不结婚的人）

-탕（湯）：용어탕（龍魚湯：玉筋鱼汤）

-파（派）：개헌론파（改憲論派：主张修改宪法的人）

韩国国立国语院2014～2018年发布的新词中，有24个汉字词后缀，分别是"-곡（曲），-관（觀），-권（圈），-남（男），-녀（女），-력（力），-물（物），-법（法），-생（生），-선（線），-선（船），-썰（說），-어（語），-유（油），-자（者），-제（制），-족（族），-주（酒），-주의（主義），-촌（村），-충（蟲），-층（層），-탕（湯），-파（派）"。其中，"-녀（女），-법（法），-촌（村），-충（蟲）"各派生出了2个汉字词；"-남（男），-력（力）"各派生出了3个汉字词；"-자（者）"派生出了4个汉字词；"-권（圈）"派生出了9个汉字词；"-족（族）"派生出了10个汉字词。其余的后缀各派生出了1个汉字词。可见汉字词后缀派生汉字词新词的造词能力出现了比较明显的分化。"-권（圈）"和"-족（族）"的造词能力非常强，"-녀（女），-법（法），-촌（村），-충（蟲），-남（男），-력（力），-자（者）"造词能力一般，其余的汉字词后缀派生汉字词的造词能力很弱。另外，以上24个汉字词后缀中，"-선（線）"和"-충（蟲）"可以作为独立的词根使用。作为独立词根时"선（線）"的含义是"用丝、棉、麻、金属等制成的细长而可以任意曲折的东西"，或"几何学上由一个点任意移动构成的图形"；"충（蟲）"作为独立词根时的含义是"昆虫的统称"。而作为后缀时，这两个汉字都失去了本义，分别表示"交通路线"和"对具有某种特点的人的鄙称"。

7.3.2　合成法

汉字属于表意文字，每个汉字都有独立的意义。大部分汉字词是由词素与词素通过合成形成的合成词。韩国语中的汉字词合成词虽然在句中使用时会受韩国语语法的约束，但单词合成的过程要遵从汉语语法。以下我们就从汉字词合成词的形态、句法和意义三方面的特征考察韩国语汉字词新词中的合成词。具体词例如下所示：

370）
ㄱ. 동원동근（同源同根：某些集团或团体的本质相同）
ㄴ. 강변불패（江邊不敗：比喻位于江边、视野好的建筑的投资价值高）
　갑대출（甲貸出：高收入阶层获得的贷款）
　광삭（光削：删除的速度如光速一样快）
ㄷ. 고독방（孤獨房：没有任何语言交流，只用照片沟通的聊天群）
　공대체촌（共同體村：融教育、居住、文化等为一体的村庄）
　과즙미（果汁美：表示"从清爽的外貌中感受到的美，就像果汁流下来一样"）
　과즙상（果汁相：拥有像果汁一样清爽的外貌）
　금전두엽（金前頭葉：主管思维的大脑的前头叶非常发达）
　마약풍선（痲藥風船：气球里使用了在防腐剂或者麻药里添加的二氧化氮，如果被人吸入，就如同服用了麻药，会让人不自觉地发笑，意识不清）
　멸화군（滅火軍：朝鲜时代负责灭火工作的军人或者部队）
　무전감방（無錢監房：穷人受到的惩罚比实际犯的罪重的情况）
　사과상（沙果相：长相如苹果）
　상사병（上司病：因上司的行动或业务指示而产生的压力或闷气）
　수어책（手語冊：教或学手语所用的书）
　승가오칙（僧家五則：佛教用语。意为僧伽传下来的五条规则，即参禅、念佛、看经、仪式、守护伽蓝。）
　썰만화（設漫畫：以自己或他人的经验为素材制作的漫画）
　연애고자（戀愛鼓子：不会谈恋爱的人）
　청사병（廳舍病：比喻夏季因公共机关室内最低温度有要求，导致办公楼内非常热的现象。）

핵공감（核共感：对别人的感情、意见、主张等产生了共鸣。）

핵인정（核認定：完全同意别人意见、主张。）

ㄹ. 여자여자（女子女子：非常有女人味）

370ㄱ）中的"동원동근"是由"동원"和"동근"两个偏正短语构成，具有并列关系的合成词；370ㄴ）中的三个单词从合成的类型来分析属于主谓结构；370ㄷ）中的词语都属于偏正类型，单词的后半部分是核心，前半部分起修饰、限定的作用；370ㄹ）中的"여자여자"是通过词根的层叠形成的。

7.3.3 混合法

从词形而非词源的角度解释混合法就是由两个词的一部分组合在一起的构词方法。在韩国语新词中通过混合法构成的词非常多。具体类型如下所示：

（1）两个单词中的前一个单词与后一个单词的前半部分混合—ABC型

371）

구타흔（毆打痕：随意殴打人或动物留下的痕迹）

여혐혐（女嫌嫌：厌恶"嫌弃女性"的现象）

인골흔（人骨痕：人骨凸显的状态）

조직압（組織壓：施加到身体组织上的压力）

충돌흔（衝突痕：对峙的痕迹）

以上371）中所列的新词结构都是组成新词的内部两个单词的第一个单词与第二个单词的前半部分混合而成。具体如下：

"구타흔"是"<u>구타</u>"和"<u>흔</u>적"的前半部分混合而成；"여혐혐"是"<u>여혐</u>"和"<u>혐</u>오"的前半部分混合而成；"인골흔"是"<u>인골</u>"和"<u>흔</u>적"的前半部分混合而成；"조직압"是"<u>조직</u>"和"<u>압</u>력"的前部分混合而成；"충돌흔"是"<u>충돌</u>"和"<u>흔</u>적"的前半部分混合而成。

（2）两个单词中的前一个单词与后一个单词的后半部分混合—ABD型

372）

문구부심（文具负心：对自己使用或拥有的文具感到自豪）

배려식（配慮食：为饮食须特别注意的老年人制做的特别注重营养和口感的

食品）

　　보편칙（普遍则：与国家、人种、性别无关，所有人都适用的规则）

　　선배부심（先辈负心：对自己作为学长或学姐感到自豪）

　　핵존심（核尊心：对某些事情决不屈从于他人，十分看重自己的品位）

　　以上372）中所列的新词结构都是组成新词的内部两个单词的第一个单词与第二个单词的后半部分混合而成。具体如下：

　　"문구부심"是"문구"和"자부심"的后半部分混合而成；"배려식"是"배려"和"음식"的后半部分混合而成；"보편칙"是"보편"和"규칙"的后半部分混合而成；"선배부심"是"선배"和"자부심"的后半部分混合而成；"핵존심"是"핵"和"자존심"的后半部分混合而成。

（3）两个单词中的前一个单词的前半部分与后一个单词混合——ACD型

373）

　　시상사（媤上司：把在单位中过度干涉下属或者太唠叨的领导比喻成"婆婆上司"。）

　　자접영（自蝶泳：自由泳和蝶泳）

　　以上373）中的"시상사"是由"시어머니"的前半部分"시"和"상사"混合而成；"자접영"是"자유형"的前部分"자"和"접영"混合而成。

（4）两个单词各取一部分混合——AC/AD型

374）

　　ㄱ.개총（開總：开学大会）

　　　양맥（羊麥：羊肉和啤酒）

　　ㄴ.관태기（關怠期：人际关系倦怠期）

　　　살충란（殺蟲卵：含有对人体有害的杀虫剂成分的鸡蛋）

　　以上374ㄱ）中的"개총"是"개강"前半部分"개"和"총회"的前半部分"총"混合而成；"양맥"是"양고기"的前半部分"양"和"맥주"的前半部分"맥"混合而成，这两个词的词形都属于AC型；374ㄴ）中的"관태기"是"관계"的前半部分"관"和"권태기"的后半部分"태기"混合而成；"살충란"是"살충제"的前半部分"살충"和"계란"的后半部分"란"混合而

成，这两个词的词形都属于AD型。

7.3.4 缩略法

之前已介绍过，新词通过缩略的方法构词的能力比较强，范围比较广，种类也比较多。小到可以缩略一个单词的发音，缩略一个词组，再到几个单词取首字母，大到可以缩略一句话，将一句话变为由几个词素构成的单词。具体如下：

375）

ㄱ. 뭉실（美容室）

　성장（游泳池）

　쟈철（地铁）

ㄴ. 교순대원（交巡隊員：交通巡查队员）

　시강（視強：能够强力吸引眼球的漂亮的或具有魅力的人、事物）

　심폭（心暴：美得或者帅得令人窒息到心脏受不了的程度）

　악편（惡編：按照制作方的意图编辑影像，出演者所说所做并非属实，有误导观众之嫌）

　연포자（戀抛者：放弃恋爱的人）

　완피（完疲：疲惫不堪）

　육퇴（育退：把晚上将孩子哄入睡后暂时从育儿这件事情中分身比喻成"下班"）

　퇴준생（退準生：准备辞职的人）

　행특（行特：行动特点及综合意见）

　현미（現美：真实的美貌）

ㄷ. 청마용성（清麻龍城：韩国首尔的四个地区"청량리（清凉里）""마포구（麻浦区）""용산구（龙山区）""성동구（城东区）"的首字组合而成。）

ㄹ. 경준생（警準生：准备警察公务员考试的学生）

　기활법（企活法：为了提高企业活力的特殊法规）

　뇌순남（腦順男：头脑单纯的男子）

뇌순녀（腦順女：头脑单纯的女子）

문송（文悚：文科生对自己毕业后也很难就业的现实的自嘲）

변포자（辯抛者：放弃成为律师梦想的人）

소확성（小確成：虽小但很切实际的成功）

수부지（水不脂：缺水性皮肤）

지여인（地女人：地方大学毕业的人文学科的女大学生）

평부심（平負心：因很了解平壤冷面而具有的自豪感）

폐렴력（肺炎歷：曾患过肺炎）

훈녀생정（薰女生情：靓女们的生活信息）

我们可以将以上缩略的词语分为以下四种类型：

（1）语音缩略。如375ㄱ）中的"뮹실, 셩장, 쟈철"都是通过合并、删减单词"미용실, 수영장, 지하철"内部的发音，变换了单词的外形而来的。

（2）短语或词组缩略。如375ㄴ）中的"교순대원, 시강, 심폭, 악편, 연포자, 완피, 육퇴, 퇴준생, 행특, 현미"是通过缩略修饰与被修饰成分的字数而来的。具体如下："교순대원"是"교통 순찰대원"的缩略语；"시강"是"시선 강탈"的缩略语；"심폭"是"심장 폭행"的缩略语；"악편"是"악마의 편집"的缩略语；"연포자"是"연애 포기자"的缩略语；"완피"是"완전히 피곤함"的缩略语；"육퇴"是"육아 퇴근"的缩略语；"퇴준생"是"퇴사 준비생"的缩略语；"행특"是"행동 특성 및 종합 의견"的缩略语；"현미"是"현실 미모"的缩略语。这部分新词都是通过截取短句或词组内部各核心成分的首字组合而成。

（3）各个单词的首字组合。如375ㄷ）中的"청마용성"是由韩国首尔四个地区名"청량리（清凉里）""마포구（麻浦区）""용산구（龙山区）""성동구（城东区）"的首字组成的。

（4）短句缩略。如375ㄹ）中的"경준생, 기활법, 뇌순남, 뇌순녀, 문송, 변포자, 소확성, 수부지, 지여인, 평부심, 폐렴력, 훈녀생정"是通过缩略短句内部各成分的字数而来的；具体如下："경준생"是"경찰 공무원 시험을 준비하는 학생"的缩略语；"기활법"是"기업 활력 제고를 위한 특별법"的缩略

语；"뇌순남"是"뇌가 순수한 남자"的缩略语；"뇌순녀"是"뇌가 순수한 여자"的缩略语；"문송"是"문과라서 죄송"的缩略语；"변포자"是"변호사가 되기를 포기한 자"的缩略语；"소확성"是"소소하지만 확실한 성공"的缩略语；"수부지"是"수분 보족형 지성 피부"的缩略语；"지여인"是"지방대 출신의 여자 인문대생"的缩略语；"평부심"是"평양냉면에 대해서 잘 안다고 자부하는 마음"的缩略语；"폐렴력"是"폐렴을 앓은 이력"的缩略语；"훈녀생정"是"훈녀들의 생활 정보"的缩略语。通过以上分析可知，这部分缩略语都是通过截取短句内部各核心成分的首字组合而成。

7.4 外来词新词构词法

从词源的角度考察韩国国立国语院2014～2018年发布的新词可知，外来词和混种词的数量最多。这是因为韩国语固有词或汉字词中没有与之对应的词汇，借用外来词对新事物或新现象命名。以下我们将按照派生、合成、混合、缩略的顺序考察韩国语外来词新词的构词。

7.4.1 派生法

韩国国立国语院2014～2018年发布的新词中，没有由外来词前缀构成的纯外来词。由外来词后缀派生而成的纯外来词也只有一个，具体如下：

376）

-어/러（er）：엔잡러（n-jober，多职业者）

"-er"是英语后缀，表示"做……的人""从事……职业的人""来自……的人""……地方的居民"等。

7.4.2 合成法

通过合成的方法形成的纯外来词合成类型大的方面只有句法合成一种，没有发现通过非句法合成形成的纯外来词。这是因为我们在这里设定的纯外来词是除了固有词和汉字词之外的只有一种词源的词。而非传统意义的除了固有词和汉字词之外的其他所有词源的词。具体如下：

377）

ㄱ．그린 라이트（green light：对方对自己有好感的信号）

로열 와이프（royal wife：主要购买昂贵厨房用品的家庭主妇）

브라운 칼라（brown collar：技工）

ㄴ．머글킹（muggle king：吸粉的艺人）

밀크필（milk peel：让肌肤如牛奶般白皙洁净的去角质功效）

以上377）中所举的都是由英语词源构成的合成外来词。其中377ㄱ）的合成类型是"形容词+名词"；377ㄴ）是由"名词+名词"合成的。无论是"形容词+名词"还是"名词+名词"都属于名词合成中的句法合成。

7.4.3 混合法

这里所指的"混合法"不是从词源的角度，而是从词形的角度由单词和单词的一部分混合成新词的方法。由混合法形成的韩国语外来词新词类型有由一个单词和另一个单词的一部分混合而成的ABD型和ACD型，有一个单词的前半部分和另一个单词的后半部分构成的AD型。具体如下：

（1）前一个单词与后一个单词的后半部分混合—ABD型

378）

골든브리티（英+英 golden celebrity：大咖级名流）

랩툰（英+英 lab cartoon：实验漫画）

로플레이션（英+英 low inflation：物价上涨率过低的现象）

팩트리어트（英+英 fact patriot：以事实为依据直接戳穿对方想要隐瞒事实的行为）

페이크슈머（英+英 fake consumer：冒牌消费者）

（2）前一个单词的前半部分与后一个单词混合—ACD型

379）

케미포비아（英+英 chemical phobia：化学恐惧症）

（3）前一个单词的前半部分与后一个单词的后半部分混合—AD型

380）

바이슈마（英+英 buyer consumer：直接到海外网店以低廉的价钱购物的人）

리스티클（英+英 list article：以一定的顺序罗列内容的报道）

케요네즈（英+英 ketchup mayonnaise：番茄酱和蛋黄酱混合而成的酱汁）

모루밍（英+英 mobile showrooming：移动展厅）

由378）～380）所举的混合词词例可知，通过混合法形成的韩国语外来词新词都保留了首和尾，这与本书之前考察的其他词源的混合型单词相同，属于"浴缸效应"，因为首和尾最能引起人们注意。

7.4.4 缩略法

381）

워라벨（工作和生活平衡）

"워라벨"是三个纯英语名词"work（工作）""life（生活）""balance（平衡）"的韩国语拼写"워크""라이프""밸런스"的三个首字组合而成的。

7.5 混种新词构词法

韩国语传统意义上的混种词是指来自不同词源的词，如汉字词、固有词、外来词搭配形成的词。除了由固有词、汉字词构成的新词外，韩国语新词中还有不少由两种或者三种甚至更多国家语言中的词语构成的混种词，这类混种词的数量在韩国语新词中占一半左右，是新词中的"大户"。以下我们将按照派生、合成、混合、缩略的顺序考察韩国语新词中的混种词。

7.5.1 派生法

(1) 前缀派生

① 固有词前缀

在混种型韩国语新词中,只有两个固有词前缀,分别是"개-"和"헛-",具体如下:

a. 개-

382)

ㄱ. 개노답(固+英+汉 개no答:无解)

ㄴ. 개노잼(固+英+固 개no재미:无聊的事)

ㄷ. 개이득(固+汉 개利得:更多的收益,赚大了)

382)是表示"名不副实"的固有词前缀"개-"与其他词源的词形成的派生词。382ㄱ)"개노답"是表示"没有"之意的英语"no"与表示"解答、答案"之意的汉字词"答"先结合构成合成词,意为"无解",然后再与表示"名不副实"之意的固有词前缀"개-"结合形成合成派生词,词源是"固+(英+汉)"。

382ㄴ)"개노잼"是表示"趣味"之意的韩国语固有词"재미"先通过单词内部音节的缩略,得到词形"잼",然后与表示"没有"之意的英语"no"结合,表示无聊,最后与表示"名不副实"之意的固有词前缀"개-"结合形成合成派生词,词源是"固+(英+固)"。

382ㄷ)"개이득"是固有词前缀"개-"与汉字词"利得"形成的派生词,词源是"固+汉"。

b. 헛-

383)

ㄱ. 헛모양새(固+汉+固 헛模樣새:表象)

ㄴ. 헛욕(固+汉 헛辱:口头脏话)

383ㄱ)中的"헛모양새"是汉字词"模樣"先与表示"模样、状态"的固有词后缀"-새"派生成混种词"모양새",然后再与表示"徒劳的、没意义的、无理由"之意的固有词前缀"헛-"结合形成二次派生合成词,这个词是先

发生了后缀派生，然后再进行了前缀派生，词源是"固+（汉+固）"。

383ㄴ）"헛욕"是表示"徒劳的、没有意义的、无理由"之意的固有词前缀"헛-"与表示"脏话"之意的汉字词"辱"形成的混种派生词，词源是"固+汉"。

综合382）～383）的词例可知，在混种词中，固有词前缀与汉字词搭配的造词能力要比与固有词或外来词强。

② 汉字词前缀

在混种类型的韩国语新词中，有六个汉字词前缀，分别是"大-""再-""無-""逆-""脫-""抗-"具体如下：

a. 大（대）-

384）

대유잼（汉+汉+固 大有잼：非常有趣）

384）中的"대유잼"是表示"趣味"之意的韩国语固有词"재미"先通过单词内部音节的缩略，得到词形"잼"，再与表示"有"之意的汉字词"有"形成合成词"有잼"，最后再与表示"大"含义的汉字词前缀"大-"形成派生词。总结这个词的构词是先缩略，再合成，最后派生。这个词从词源的角度来分析是"汉+（汉+固）"

b. 再（재）-

385）

재재입덕（汉+汉+汉+固 再再入덕：再入粉）

385）的"재재입덕"是汉字词"入"和固有词"덕"先通过合成，形成合成词"입덕"，再与汉字词前缀"再-"结合，形成派生词"再입덕"，最后再与汉字词前缀"再-"结合，形成派生词"再再입덕"。总结这个词的构词是先合成，再派生，最后派生。这个词从词源的角度来分析是"汉+[汉+（汉+固）]"

c. 無（무）-

386）

무수저（汉+固 無수저：没有家庭背景，没靠山）

"무수저"是原义为"勺和筷子",后来比喻"家庭背景、靠山"的固有词"수저"与表示"没有"之意的汉字词前缀"無-"结合,形成派生词"無수저"。这个词的词源是"汉+固"。

d. 逆(역)-

387)

역쇼루밍(汉+英 逆showrooming:上网挑选,线下购买)

e. 脱(탈)-

388)

탈팩트(汉+英 脱fact:脱现实理想化)

f. 抗(항)-

389)

항메르스(汉+英 抗MERS:抑制中东呼吸综合征冠状病毒)

387)~389)中的"역쇼루밍""탈팩트""항메르스"分别是汉字词前缀"逆-""脱-""抗-"与英语"showrooming""fact""MERS"结合形成派生词。这三个词的词源都是"汉+英"。

(2)后缀派生

① 固有词后缀

a. -꾼

390)

견본꾼(汉+固 見本꾼:在样板房转悠骗钱的人)

어그로꾼(英+固 aggressive 꾼:与网络论坛性质不符的文章、习惯针对某一对象恶意留言的人)

390ㄱ)中的"견본꾼"是表示"样板儿"的汉字词"見本"与表示"具有某种性质的人"的固有词后缀"-꾼"形成派生词"見本꾼"。词源是"汉+固"。

390ㄴ)"어그로꾼"是英语"aggressive"取前部分发音"aggre"与表示对人的鄙称的固有词后缀"-꾼"形成的派生词。词源是"英+固"。

第七章 新词构词法

b. -님

391）

ㄱ. 금손님（汉+固+固 金손님：手艺高超者）

ㄴ. 리자님（汉+固 理者님：对网络社区管理者的亲切称呼）

391ㄱ）中的"금손님"是表示"质量高、价值高"的汉字前缀"金-"先与表示"手"的固有词"손"派生成"金손"，再与表示"对人尊称"的固有词后缀"-님"结合派生成"金손님"。这个词的词源是"（汉+固）+固"。

391ㄴ）"리자님"是汉字词"管理者"省略了"管"字之后的"理者"，与表示"对人尊称"的固有词后缀"-님"结合派生成"理者님"。这个词的词源是"汉+固"。

c. -스럽다

392）

휘게스럽다【形】（丹+固 hygge스럽다：幸福）

"휘게스럽다"是表示"舒服""温暖""清闲""安乐"之意的丹麦语"hygge"与"具有某种性质"之意的韩国语固有词后缀"-스럽다"形成的派生形容词。这个词的词源是"丹+固"

d. -이

393）

예랑이（汉+固 豫郎이：准新娘对准新郎的称呼"准夫婿"。）

393）中的"예랑이"是表示"准新郎"的汉字词"豫郎"与表示"人"的固有词后缀"-이"形成的派生词。这个词的词源是"汉+固"。

e. -지다

394）

고급지다（汉+固 高級지다：变得高级）

"고급지다"是汉字词"高级"与表示"状态变化"的固有词后缀"-지다"派生而来的。这个词的词源是"汉+固"。

f. -질

395）

고나리질（汉+固 管理질：指导、统率）

궁예질（汉+固 弓裔질：妄加揣测毫无根据的行为）

395）中所列的词例词源都是"汉+固"。"고나리질"是"관리질"的变形体。即，是汉字词"管理"与表示"行为"的固有词后缀"-질"形成的派生词；"궁예질"是汉字词"弓裔"与表示"行为"的固有词后缀"-질"形成的派生词。

g.-하다

396）

심쿵하다【动】（汉+固+固 心쿵하다：怦然心动，心跳加速）

인스타워시하다【形】（英+固 instaworthy하다：值得上传到网民留言板上）

396）中的"심쿵하다"是汉字词"心"与固有词"쿵"先合成，然后再与固有词后缀"-하다"派生成动词"心쿵하다"。这个词的构词过程是先合成再派生。词源是"（汉+固）+固"。

"인스타워시하다"是英语"instaworthy"与固有词后缀"-하다"派生而成的形容词。词源是"英+固"。

观察390）~396）所列的由固有词后缀派生而来的混种词可知，除了几个英语和丹麦语单词与固有词后缀形成的派生词之外，大部分都是汉字词与固有词形成的派生混种词。

② 汉字词后缀

a.-계（界）

397）

부먹계（固+固+汉 부먹界：喜欢将酱汁直接倒进炸肉里吃的人）

찍먹계（固+固+汉 찍먹界：喜欢将炸肉蘸着酱汁吃的人）

397）所列的两个词例词源都是"（固+固）+汉"。"부먹계"是表示"倒入"之意的韩国语固有动词"붓다"的词基"붓-"与表示"吃"含义的韩国语固有动词"먹다"的词基"먹-"通过非句法合成形成"부먹"，再与表示"某

领域",可引申为"具有某种特点的人"之意的汉字词后缀"-界"形成的派生词,构词属于合成派生。

同样,"찍먹계"是表示"蘸"含义的韩国语固有动词"찍다"的词基"찍-"与表示"吃"含义的韩国语固有动词"먹다"的词基"먹-"通过非句法合成形成"찍먹",再与表示"某领域",可引申为"具有某种特点的人"之意的汉字词后缀"-界"形成的派生词,构词属于合成派生。

b. -곡(曲)

398)

스테디곡(英+汉 steady曲:经典老歌)

혼곡(固+汉 혼曲:独唱)

398)中的"스테디곡"是英语"steady"与表示"歌曲"的汉字词后缀"-曲"形成的派生词。词源是"英+汉"。

"혼곡"是表示"独自"含义的韩国语固有名词"혼자"的"혼"与表示"歌曲"的汉字词后缀"-曲"形成的派生词。这个词构词过程是先缩略,后派生。词源是"固+汉"。

c. -광(狂)

399)

팩트광(英+汉 fact狂:事实发烧友)

399)的"팩트광"是表示"事实"含义的英语"fact"与表示"痴迷于某种事情的人"含义的汉字词后缀"-狂"形成的派生词。词源是"英+汉"。

d. -권(圈)

400)

ㄱ. 게이트권(英+汉 gate圈:军人可以短时间内归队的距离部队近的营外居住范围)

ㄴ. 골세권(英+汉+汉 golf勢圈:高尔夫球场周边的居民分布范围)

몰세권(英+汉+汉 mall勢圈:配套服务圈)

벅세권(英+汉+汉 burger勢圈:汉堡外卖服务周边的居民分布范围)

뷰세권(英+汉+汉 view 勢圈:视野开阔的居住区)

올세권（英+汉+汉 all 勢圈：基础设施便利的居住区）

400ㄱ）"게이트권"是英语"gate"与表示"范围"的汉字词后缀"-圈"直接形成的派生词。词源是"英+汉"；400ㄴ）都是英语外来词先与表示"具有某种特点"的汉字词后缀"-勢"先形成派生词，然后再与表示"范围"的汉字词后缀"-圈"形成的派生词。这些词的词源都是"（英+汉）+汉"。

从400）可知，汉字词后缀"-圈"无论在何词源中其造词能力都很强。

e. -국（國）

카레국（英+汉 curry 國：印度）

"카레국"是表示"咖喱"含义的英语词语"curry"与表示"国家"含义的汉字词后缀"-国"形成的派生词。需要说明的是这个词是用一个国家的代表性食物来比喻这个国家，从认知语言学的角度分析这个词属于转喻（胡翠月：2020）；从构词法的角度分析这个词属于派生；从词源的角度分析这个词属于"英+汉"。

f. -남（男）

401）

ㄱ. 메뉴판남（英+汉+汉 menu 板男：男吃货）

ㄴ. 사이다남（英+汉 cider 男：痛快男）

인테리어남（英+汉 interior 男：室内软装男工）

키링남（英+汉 keyring 男：外表或性格可爱得让人想挂在钥匙链上随身携带的男人）

ㄷ. 소금남（固+汉 소금男：像盐一样给人白净感的男人）

ㄹ. 츤데레남（日+汉 tsundere 男：外冷里热的男人）

ㅁ. 해먹남（固+固+汉 해먹男：亲手做饭吃的男人）

以上是表示"男人"之意的汉字词后缀"-男"与其他词源的词构成的混种词。

401ㄱ）"메뉴판남"是表示"菜单"含义的英语"menu"与"板子"含义的汉字词后缀"-板"先形成派生词，而后再与表示"男人"含义的汉字词后缀"-男"形成派生词。这个词的词源是"（英+汉）+汉"；401ㄴ）所举的词例

第七章 新词构词法

词源是"英+汉";401ㄷ)"소금남"的词源是"固+汉";401ㄹ)"츤데레남"的词源是"日+汉";401ㅁ)"해먹남"的构词是表示"做"含义的韩国语固有动词"하다"的词基"하-"与连接词尾"-여"先结合,形成动词连接形"해",再与表示"吃"含义的韩国语固有动词"먹다"的词基"먹-"通过句法合成法合成动词词基"해먹",然后没加任何冠形词型词尾直接与名词性汉字词后缀"-男"通过非句法派生形成"해먹남"。这个词的词源是"(固+固)+汉"。

从401)可知,汉字词后缀"-男"在韩国语混种新词中多与英语搭配使用,造词能力很强。

g. -녀（女）

402）

ㄱ. 껌딱지녀（英+固+汉 gum딱지女：依附于别人片刻不离的女人）

ㄴ. 런피스녀（英+汉 running one-piece女：身穿连衣裙脚着跑鞋的女人）

머슬녀（英+汉 muscle女：通过肌肉锻炼来塑造肌肉身材的女人）

바이어트녀（英+汉 bicycle diet女：骑自行车减肥的女人）

사이다녀（英+汉 cider女：痛快女）

ㄷ. 섬녀（固+汉 섬女：拥有日本国籍的女人）

혼자녀（固+汉 혼자女：独身女子）

ㄹ. 심쿵녀（汉+固+汉 心쿵女：让人怦然心动的美女）

402）中所举的词例具体词源分别是：402ㄱ）是"(英+固)+汉";402ㄴ）是"英+汉";402ㄷ）是"固+汉";402ㄹ）是"(汉+固)+汉"。可见,"-女"这个汉字词后缀在混种新词中多与英语或韩国语固有词搭配使用。也是一个造词能力很强的后缀。

h. -단（團）

403）

옵알단（英+德+汉 option Arbeit團：打开选项打工族）

这个词是由表示"选项"含义的英语"option"的前半部分,与表示"打工"含义的德语"Arbeit"的前半部分先合成,然后与表示"团体、聚集"含义的汉字词后缀"-團"形成的派生词。所以这个词的词源是"（英+德）+汉"。这个词语源自那些收钱跟帖的人在复制文字跟帖的过程中不小心把"打开选项"这个词也复制粘贴上了。

i. -력（力）

404）

ㄱ. 소셜력（英+汉 social力：通过网络上传各种信息预测未来并应对的能力）

이슈력（英+汉 issue力：能成为焦点话题的能力）

ㄴ. 아재력（固+汉 아재力：落伍的样子）

엉덩이력（固+汉 엉덩이力：学习时可以长时间集中精力的能力）

以上404）是表示"能力"含义的汉字词后缀"-力"派生的混种词。这些词的词源分别是：404ㄱ）是"英+汉"；404ㄴ）是"固+汉"。可见，这个后缀在韩国语混种新词中与固有词和汉字词搭配的造词能力比较强。

j. -론（論）

405）

스몰텐트론（英+英+汉 small tent論：少数政治倾向或信念相投的人成群结队的现象。）

"스몰텐트론"是表示"少的、小的"之意的英语"small"，与原义表示"帐篷"，后可引申为"倾向、信念"含义的英语"tent"先合成，然后再与表示"主张、理论"的汉字词后缀"-論"结合，形成派生词"small tent論"。这个词的词源是"（英+英）+汉"。

k. -법（法）

406）

ㄱ. 마티법（英+汉 Mathys法：马西斯法，允许同事向因疾病、残疾、事故等需要照顾的20岁以下子女的父母转让休假的法律。）

웰다잉법（英+汉 well dying法：安乐死法）

ㄴ. 몰카법（固+英+汉 몰camera法：禁止偷拍法）

406ㄱ）中所举的词例词源是"英+汉"；406ㄴ）的词源是"（固+英

+汉"。

l. -석（席）

407）

외톨이석（固+汉 외톨이席：主要是指为了不让前面的人看见，每张桌子都竖起遮挡板的座位。）

407）"외톨이석"的词源是"固+汉"。

m. -설（說）

408）

썸설（英+汉 something 說：两人没交往，但彼此有好感的传闻。）

408）"썸설"是英语"something"截取前半部分后，与表示"……之说"之意的汉字词后缀"-說"构成的词源是"英+汉"的混种词新词。

n. -식（式）

409）

랙크식（英+汉 rack式：吊挂式）

409）"랙크식"的词源是"英+汉"。

o. -실（室）

410）

셋톱실（英+汉 settop室：机顶盒堆栈）

410）"셋톱실"的词源是"英+汉"。

p. -심（心）

411）

냥심（固+汉 냥心：爱猫之心）

411）"냥심"的词源是"固+汉"。这个词是表示"猫"之意的韩国语固有词"고양이"先通过单词内部缩减音节变成"냥"，再与表示"心、心理"之意的汉字词后缀"-心"形成的派生词。

q. -썰（說）

412）

카스썰（英+汉 Kakao Story說：网络论坛"Kakao Story"中的经验之谈。）

412)"카스썰"是"카스설"的变形。是英语"Kakao Story"先通过截取变为"카스",然后再与表示"……之说"含义的汉字词后缀"-說"形成派生词,词源是"英+汉"。

r. -용(用）

413）

지름용（固+汉 지름用：随便买东西用）

413）"지름용"的词源是"固+汉"。

s. -자（者）

414）

찍퇴자（固+汉+汉 찍退者：被勒令辞职的人）

"찍퇴자"的词源是"（固+汉）+汉"。这个词具体构词层次是表示"被解职"之意的韩国语固有动词"찍다"的词基"찍-"通过非句法合成与表示"辞职"含义的汉字名词"퇴직"的前半部分"퇴"形成非句法合成名词,然后再与表示"人"之意的汉字词后缀"-者"形成派生名词。

t. -장（场）

415）

고카트장（gocart场：卡丁车赛场）

415）"고카트장"的词源是"英+汉"。

u. -족（族）

ㄱ. 词源是"固+汉"

416）

골로족（골로族：现在省吃俭用以备将来不时之需的人）

놀족（놀族：工作像玩儿的人）

다람쥐족（다람쥐族：在香烟涨价之前到处囤货的人）

메뚜기족（메뚜기族：在香烟涨价之前到处囤货的人）

쉼포족（쉼抛族：放弃休息的人）

안아키족（안아키族：在抚养孩子的过程中,孩子生病时不使用现代医学的治疗方法,只用民间疗法为孩子治疗的父母。）

하루족（하루族：过节时在家乡只待一天的人）

혼족（혼族：喜欢特立独行的人）

혼밥족（혼밥族：平常总是独自吃饭的人）

혼술족（혼술族：喜欢独自畅饮的人）

ㄴ. 词源是"英+汉"

417）

그루답터족（grooming early adopter族：先于别人购买与时尚或美容相关的新产品来打扮自己的男人）

나핑족（night camping族：夜晚露营迷）

네오비트족（neo bear族：抗拒现有的规定和道德，但却重视自身经验和与他人沟通交流的人）

노케미족（no chemistry族：不愿使用含有化学成分产品的人）

노푸족（no shampoo族：不用洗发膏只用水洗发的人）

눔프족（NOOMP族：需要福利却反对征收福利税的人）

뉴맨족（new man族：舍得为自己花钱的年轻男子）

딘치족（dinner lunch族：在午饭与晚饭时间之间，将两顿饭合二为一吃饭的人）

락페족（rock festival族：摇滚乐节爱好者）

런피스족（running one-piece族：身穿连衣裙脚穿跑鞋的人）

렉카족（wrecker族：用养老金资助儿孙的人）

리터로족（return kangaroo族：成年独立后又重新啃老的人）

린백족（lean back族：舒服地坐靠着享受网购的人）

메이비족（maybe族：选择困难症者）

모루밍족（mobile showrooming族：线下挑选之后用手机线上购物的人）

밈족（meme族：主要指10～20多岁的年轻消费者，他们的特征是购买物品时对周围环境或流行反应敏感，追求多样品牌。）

뷰니멀족（view-animal族：喜欢通过视频或者照片享受宠物带来快乐的人）

셀프기프팅족（self gifting族：给自己送礼物的人）

셀피족（selfie族：自拍族）

야누스족（anus族：如同罗马神话中两面神杰纳斯那样，白天热衷于工作，下班后享受休闲活动，过着两种完全不同生活的人。）

언택트족（uncontact消費：非接触消费）

엔지족（NG族：购买并收集国家企划制作的商品的人）

여미족（yummy族：对外貌和时尚感兴趣的年轻男子）

영포티족（young forty族：精于自我修饰和管理的四十多岁的人）

오디족（OD族：通过户外活动减肥者）

욜로족（YOLO族：追求当下的幸福和快乐的人）

워라밸족（work life balance族：重视工作与生活平衡的人）

워런치족（walking lunch族：午休时间步行爱好者）

웰족（well族：循规蹈矩的人）

첵카족（check card族：为了节省开销只使用借记卡的人）

카페인족（Kakao story Facebook Instagram 族：网络消费者）

캠프닉족（camping picnic族：喜欢在近郊安营扎寨野炊的人）

커캠족（couple camping族：热衷于在郊区露营者）

킨포크족（kinfolk族：喜欢和陌生人一起吃饭、聊天的人）

트리밍족（trimming族：注重修边幅的男人）

펨펫족（family pet族：视宠物如亲人的人）

펫미족（pet me 族：视宠物如命的人）

펫피족（pet people族：视宠物如命的人）

포비족（for baby族：舍得为孩子消费的人）

푸드캠핑족（food camping族：品尝特色食物享受野营的人）

푸스펙족（food spec族：仔细查看食物的生产日期、各种原料的来源及营养成分含量等的人。）

피딩족（feeding族：经济宽裕、乐于育儿，有活力且具有奉献精神的祖父母。）

第七章 新词构词法

ㄷ. 词源是"日+汉"

418）

혼모노족（honmono 族：过于专注或执着于某一领域而对周围的人造成伤害的人）

ㄹ. 词源是"（固+汉）+汉"

419）

길맥족（길麥族：习惯在路上喝啤酒的人）

알봉족（알封族：零买散装物品的人）

혼공족（혼工族：喜欢自学的人）

혼맥족（혼麥族：喜欢独自喝啤酒的人）

혼영족（혼映族：独自观影的人）

혼참족（혼參族：独自参加示威或集会的人）

혼휴족（혼休族：独自度假的人）

ㅁ. 词源是"（固+英）+汉"

420）

술스타그램족（술 Instagram 族：在网上主要上传与酒相关帖子的人）

엄카족（엄card 族：使用妈妈的银行卡就能实现购物、消费自由的人）

혼골족（혼golf族：独自打高尔夫的人）

혼뱅족（혼bank族：独自经营银行的人）

혼케족（혼cake族：独享蛋糕的人）

혼텔족（혼hotel族：独自在宾馆或旅馆度假的人）

홀로족（홀YOLO族：重视当下，独自享受生活的人）

ㅂ. 词源是"（固+法）+汉"

421）

집캉스족（집 vacance族：在家悠闲度假的人）

홀캉스족（홀vacance 族：独自享受假期的人）

ㅅ. 词源是"（汉+固）+汉"

422）

자라니족（自라니族：在路上骑自行车的人）

중박족（中박族：愿意承担中等风险的投资者）

학옥살이족（學獄살이族：像过牢狱生活一样学习的人）

홧술족（火술族：喝闷酒的人）

ㅇ. 词源是"（汉+英）+汉"

423）

문센족（文center族：在百货商店或大型超市的文化中心享受休闲或兴趣爱好的人）

부모러브족（父母love族：与父母一起旅行或购物的人）

안전맘족（安全mom族：为了子女的安全，接受安全教育并取得安全指导师资格证的母亲）

야라족（夜riding族：夜骑爱好者）

역쇼루밍족（逆showrooming族：在网上挑选之后到实体店购买的人）

일코노미족（一economy族：一人一户经济独立者）

ㅈ. 词源是"（汉+法）+汉"

424）

피캉스족（皮vacance族：以在皮肤科医院接受皮肤治疗的方式度假的人）

ㅊ. 词源是"（英+汉）+汉"

425）

갓수족（god手族：靠啃老过上比上班族富裕生活的人）

ㅋ. 词源是"（英+英）+汉"

426）

바이어트족（bike diet族：骑自行车减肥者）

어번그래니족（urban granny族：有经济实力且不吝啬对自己投资的50～60岁的女性）

ㅌ. 词源是"（英+法）+汉"

427)

호캉스족（hotel vacance族：在市中心的宾馆里度假的人）

ㅍ. 词源是"（意+英）+汉"

428)

솔캠족（solo camping族：独自露营爱好者）

以上是表示"具有某种特征的人"含义的汉字词后缀"-族"派生出的韩国语混种词新词。词源组合类型分别有："固+汉""英+汉""日+汉""（固+汉）+汉""（固+英）+汉""（固+法）+汉""（汉+固）+汉""（汉+英）+汉""（汉+法）+汉""（英+汉）+汉""（英+英）+汉""（英+法）+汉""（意+英）+汉"。其中，词源是"英+汉"和"固+汉"组合的造词能力最强，来自三种词源的组合类型中"固+英+汉"类型的造词能力最强。另外，日语、法语、意大利语也可以与这个后缀组合构成混种词。总体来说，"-族"是一个造词能力非常强的汉字词后缀。

v. -주（酒）

429)

에너자이저주（英+汉 energizer 酒：用能量饮料勾兑的酒）

429) 的"에너자이저주"词源是"英+汉"。

w. -주（主）

430)

포털사주（英+汉+汉 porta社主：经营门户网站的公司老板）

430) 的"포털사주"词源是"（英+汉）+汉"。

x. -체（體）

ㄱ. 词源是"固+汉"

431)

새오체（새오體：用"-새요"或"-애요"的形式替换"-세요"或者"-예요"词尾做终结词尾的方式。）

아재체 [아재體："아저씨"（大叔们）在网络上的说话方式]

ㄴ. 词源是"英+汉"

432）

이모티콘체（emoticon體：在网上留言或发短信时，主要用表情包传达意义的方式。）

휴먼급식체（human給食體：在学校接受供餐的十几岁的青少年们在网络上的说话方式）

ㄷ. 词源是"（英+固）+汉"

433）

휴먼줌마체（human줌마體：30岁以上的已婚女性在网络上的说话方式）

以上431）~433）是表示"具有一定的状态或形体"的汉字词后缀"-體"派生出的韩国语混种词新词。这些词例的词源组合分别是"固+汉""英+汉""（英+固）+汉"。但这个后缀在混种词新词中的造词能力并不强。

y. -층（層）

434）

아재층（固+汉 아재層：中年男性社会成员）

434）"아재층"是表示"具有某种水平或能力的群体"之意的汉字词后缀"-層"与表示"中年男子"的韩国语固有名词"아저씨"的缩略语"아재"形成的派生词。这个词的词源构成类型是"固+汉"。

z. -파（派）

435）

ㄱ. 리허설파（英+汉 rehearsal派：演出前以彩排代练的人们）

ㄴ. 부먹파（固+固+汉 부먹派：喜欢将酱汁直接倒进炸肉里吃的人）

찍먹파（固+固+汉 찍먹派：喜欢将炸肉蘸着酱汁吃的人）

435）是表示"具有某种思想或行动特征的人"含义的汉字词后缀"-派"派生的韩国语混种词新词。其中，435ㄱ）的词源是"英+汉"；435ㄴ）的词源是"（固+固）+汉"，构词层次与之前已经做过说明的"부먹계""찍먹계"相同。

a'. -학（學）

436）

퀴어학（英+汉 queer 學：研究同性恋群体性取向、性别认同等的学问）

436）是表示"学问"之意的汉字词后缀"-學"派生的韩国语混种词新词。"퀴어학"的词源是"英+汉"。

b'. -화（化）

437）

ㄱ. 스파게티화（意+汉 spaghetti化：当某个物体进入黑洞的范围内时，由于强大的重力，它的形状变得像意大利面一样长的现象。）

ㄴ. 우버화（英+汉 Uber化：经济活动由线下转为线上）

以上437）是表示"具有某种特征的现象"之意的汉字词后缀"-化"派生的韩国语混种新词。437ㄱ）的词源构成类型是"意+汉"；437ㄴ）的词源构成类型是"英+汉"。

以上考察了汉字词后缀在韩国语混种派生新词中的构词类型和词源类型。从后缀的数量上来说，汉字词后缀远远多于固有词后缀。造词能力方面，汉字词后缀在韩国语混种派生新词中的造词能力也要明显强于固有词后缀。在所有汉字词后缀中，表示"具有某种特征的人"含义的汉字词后缀"-族"表现出强大的造词能力。与汉字词后缀搭配形成韩国语混种派生新词的词源组合类型有："固+汉""英+汉""日+汉""意+汉""（固+汉）+汉""（固+英）+汉""（固+法）+汉""（固+固）+汉""（汉+固）+汉""（汉+英）+汉""（汉+法）+汉""（英+汉）+汉""（英+英）+汉""（英+法）+汉""（意+英）+汉"。其中，"英+汉"和"固+汉"组合类型最常见，造词能力最强。

③ 外来词后缀

在韩国语混种派生新词中外来词后缀有3个，分别是"-어/러（er）""-이언（ian）""-이스트（ist）"。具体如下：

a. -어/러（er）

438）

ㄱ. 여혐러（汉+英 女嫌er：讨厌女性的人）

지균너（汉+英 地均er：大学通过地区均衡择优录取的学生）

지방러（汉+英 地方er：不住在首都的人）

ㄴ. 겟꿀러（英+固+英 get꿀er：购买符合自己喜好的商品或服务来提高自身消费满意度的人）

ㄷ. 혼행러（固+汉+英 혼행er：独自旅行的人）

438）是表示"人"的英语后缀"-er"派生的韩国语混种派生新词词例。其中，438ㄱ）的词源组合是"汉+英"；438ㄴ）的词源组合是"（英+固）+英"；438ㄷ）的词源组合是"（固+汉）+英"。

b. -이언（ian）

439）

혼바비언（固+固+英 혼밥ian：独自进餐的人）

439）是表示"具有某种特征的人"之意的英语后缀"-ian"派生的韩国语混种派生新词。"혼바비언"的词源组合是"（固+固）+英"。这个词的构词层次是表示"独自"之意的韩国语固有名词"혼자"的首字，与表示"饭"的韩国语固有名词"밥"合成"혼밥"，再与英语后缀"-ian"的韩语发音"이언"形成"혼밥이언"，其中"밥"的收音"ㅂ"与其后的元音音节"이"发生连读，最后形成"혼바비언"。

c. -이스트（ist）

440）

안아키스트（固+英 안아키ist：在抚养孩子的过程中，孩子生病时不使用现代医学的治疗方法，只用民间疗法为孩子治疗的人。）

440）是表示"……的使用者"之意的英语后缀"-ist"派生的韩国语混种派生新词。"안아키스트"的词源组合是"固+英"。

7.5.2 合成法

韩国国立国语院2014~2018年发布的混种合成新词中可见的词源组合类型多种多样，但合成的新词词性只有名词一种，合成方法有句法合成和非句法合成两种。具体如下：

第七章　新词构词法

（1）词源是"英+汉"

441）

갓수（god 手：靠啃老过上比工薪族更丰裕的生活的人）

노관심（no 關心：不关心）

（2）词源是"固+英"

442）

눈강（눈 gang：利用照片或图片等来折磨对方或引起不快的行为）

돼지맘（돼지 mom：比喻对教育热情很高，精通课外教育信息，引领其他学生家长的妈妈）

（3）词源是"法+意"

443）

마롱라테（marron latte：将煮好的栗子捣碎，加入牛奶和糖浆混合而成的饮料）

（4）词源是"汉+英"

444）

복도맨（複道man：坐在公交或地铁通道的人）

（5）词源是"固+汉"

445）

빛삭（빛削：删除的速度如光速一样快）

（6）词源是"英+日"

446）

낫닝겐（not ningen：外貌和能力超常人）

以上441）~446）是混种合成新词词例。这些词的词源组合类型分别是"英+汉""固+英""法+意""汉+英""固+汉""英+日"。除了446）的"낫닝겐（not ningen）"的构词是"副词+名词"属于非句法合成之外，441）~445）的词例都是句法合成。而且，除了441）中的"노관심"是由英语形容词"no"与汉字名词"關心"构成的"形容词+名词"之外，其余的词构词都是"名词+名词"。

307

7.5.3 混合法

（1）前一个单词与后一个单词的前半部分混合—ABC型

447）

발퀄（固+英 발quality：品质不优）

（2）前一个单词与后一个单词的后半部分混合—ABD型

448）

ㄱ. 词源是"汉+日"

맥덕（麥otaku：执迷于啤酒的人）

ㄴ. 词源是"固+汉"

먹부심（먹自負心：对吃有自豪感）

ㄷ. 词源是"汉+英"

산삼돌（山参idol：拥有强大体力和卓越运动神经的健康偶像）

욕밍아웃（辱coming-out：公开表明平时爱使用脏话的事实）

일코노미（一economy：以独居家庭为主的经济领域）

자충수펙（自充手spec：与应聘职务无关的资历）

ㄹ. 词源是"法+英"

셰프테이너（chef entertainer：活跃于料理综艺节目的厨师）

카페케이션（café vacation：无论在市中心还是在度假地都可以在咖啡厅里休闲度假）

ㅁ. 词源是"固+英"

흙턴（흙intern：没有正式签约无固定保障的杂活实习生）

（3）前一个单词的前半部分与后一个单词混合—ACD型

449）

미벨（英+法 mini vélo：小轮车）

베댓（英+固 best댓：众人推荐的评论）

（4）前一个单词的前半部分与后一个单词的后半部分混合—AD型

450）

대프리카（汉+英 大邱Africa：比喻韩国的"대구（大邱）"市夏天像非洲

一样热）

　　라제비（日+固 râmen 수제비：由方便面和疙瘩汤混合而成的食品）

　　레티켓（英+法 leisure etiquette：休闲礼仪）

　　역피셜（汉+英 歷史official：通过史实推测史剧剧情）

"混合法"在本书中已多次提及，从词形的角度解释混合法就是由单词和单词的一部分混合而成新词的方法。在韩国语混种词新词中，通过混合的方法生成的新词词形有如下几种类型：前一个单词与后一个单词的前半部分混合—ABC型、前一个单词与后一个单词的后半部分混合—ABD型、前一个单词的前半部分与后一个单词混合—ACD型、前一个单词的前半部分与后一个单词的后半部分混合—AD型。可见通过混合法生成的韩国语混种词新词的词形与其他词源的词通过混合法生成新词的类型一样基本保留了词首的A和词尾的D，这就是"浴缸效应"所致。

7.5.4　缩略法

通过缩略的方法形成的韩国语混种词新词有以下几种：

451）

　　ㄱ．여사친（汉+固+汉 女사親：女性朋友。是"여자 사람 친구"的缩略语。）

　　　　현눈（汉+固 現눈：现实的眼泪。是"현실 눈물"的缩略语。）

　　ㄴ．자동봉진（汉+固+汉+汉 自動奉進：是"자율 활동"（自律活动）、"동아리 활동"（社团活动）、"봉사 활동"（志愿活动）、"진로 활동"（前途活动）"四个词的首字组合而成。）

　　짬짜볶（日+固+固 champon짜볶：是"짬뽕"（champon海鲜辣面）、"짜장면"（炸酱面）、"볶음밥"（炒饭）三个词的首字组合而成。）

　　ㄷ．내로남불（固+英+固+汉 내romance남不：只许州官放火，不许百姓点灯。"내가 하면 로맨스, 남이 하면 불륜（自己做就是谈情说爱，别人做就是不伦不类）"的缩略语。）

　　이생망（固+汉+汉 이生亡：今生完蛋了。"이번 생은 망했음"的缩略语。）

인구론（汉+汉+固 人九론：人文类专业的学生就业率低。是"인문계 졸업생의 90퍼센트가 논다（人文专业的毕业生90%无法就业）"的缩略语。）

탈잘싸（汉+固+固 脫잘싸：虽败犹荣。是"탈락했지만 잘 싸웠음 的缩略语"。）

혼코노（固+英+固 혼coin노：一个人去投币练歌厅。是"혼자서 코인 노래방에 감"的缩略语。）

从451）所举词例可知缩略词小到可以从一个单词，到几个单词，再到词组，大到可以从一句话中缩略而来，呈现出多层次性。对451）进行具体分析的结果如下：

451ㄱ）是单纯地从名词词组缩略而来的。"여사친"是"여자 사람 친구（女性朋友）"的缩略语，是表示"女性"的汉字词"여자（女子）"和表示"人"的固有词"사람"及表示"朋友"的汉字词"친구（親舊）"各取第一个字组成的，这个词的词源组合类型是"汉+固+汉"；"현눈"是"현실 눈물（现实的眼泪）"的缩略语，是表示"现实"含义的汉字词"현실（現實）"与表示"眼泪"含义的固有词"눈물"各取第一个字组成的，这个词的词源组合类型是"汉+固"。

451ㄴ）是由几个并列的词汇取首字母合成的。"자동봉진"是由纯汉字词"자율 활동（自律活动）"、固有词与汉字词合成的"동아리 활동（社团活动）"、纯汉字词"봉사 활동（志愿活动）""진로 활동（前途活动）"四个名词的首字构成的，这个词的词源组合类型是"汉+固+汉+汉"。"짬짜볶"是由日语的"짬뽕（champon海鲜辣面）"、固有词与汉字词组成的合成词"짜장면（짜醬面）"和纯固有词"볶음밥（炒饭）"的三个首字组成的，词源组合类型是"日+固+固"。

451ㄷ）是由一个完整的句子通过缩略而成的。具体如下：

"내로남불（내romance남不）"是"내가 하면 로맨스, 남이 하면 불륜"的缩略语，表示"只许州官放火，不许百姓点灯"。取这句话中两个分句的核心成分的首字组合而成，这个词的词源组合类型是"固+英+固+汉"。

"이생망（이生亡）"是"이번 생은 망했음"的缩略语，表示"今生完蛋

了"。取的是这句话中各个核心成分的首字,这个词的词源组合类型是"固+汉+汉"。

"인구론(人九론)"是"인문계 졸업생의 90퍼센트가 논다"的缩略语,表示"人文专业的学生就业率低"。也是取这句话中各个核心成分的首字,这个词的词源组合类型是"汉+汉+固"。

"탈잘싸(脫잘싸)"是"탈락했지만 잘 싸웠음(虽败犹荣)"的缩略语。这个词亦是取这句话各个核心成分的首字,这个词的词源组合类型是"汉+固+固"。

"혼코노(혼coin노)"是"혼자서 코인 노래방에 감"的缩略语,意为:"一个人去投币练歌厅",这个词除了没有取谓语的首字之外,与以上其他几个词一样,取原文中各个核心成分的首字缩略而成。这个词的词源组合类型是"固+英+固"。

通过分析可知,451ㄷ)所举的混种词由一个完整的句子通过缩略而成,其构词一般都是取这个完整句子各个核心成分的首字组合而成。

7.6 小结

韩国国立国语院2014～2018年五年间共发布了2044条新词。排除词组和单纯词后,有967个复合词。因本书研究对象是单词,所以只针对复合词进行研究。按照构词区分2014～2018年967个韩国语复合词新词,具体分布如下表所示:

分类		2014	2015	2016	2017	2018	合计	占比(%)
合成词	合成	56	42	71	36	36	241	24.92
	混生	64	49	47	52	70	282	29.16
	缩略	44	28	42	34	36	184	19.03
派生词	前缀派生	6	4	4	6	0	20	2.07
	后缀派生	56	41	54	44	45	240	24.82
合计		226	164	218	172	187	967	100

2014～2018年韩国语复合新词的构词情况是：合成词占73.11%，其中属于句法合成的词根与词根结合形成的合成词占24.92%；由单词的一部分与词根结合，或者由一个单词的一部分与另一个单词的一部分形成的混合词占29.16%；由单词或词组、句子缩略而成的缩略词占19.03%。派生词占总体复合新词数量的26.89%，其中通过前缀派生形成的派生词占2.07%，数量非常少；通过后缀派生形成的派生词占24.82%。可见派生新词主要是通过后缀派生形成的。值得一提的是，派生新词中有3个外来词后缀，分别是"-어/러（er）""-이언（ian）"和"-이스트（ist）"。

本章按照词源分析了韩国语新词的构词类型，从词源的角度分析新词的数量可知固有词数量最少、汉字词次之，纯英语外来词比较多，数量最多的是"外来词+汉字词"这种类型的混种词。出现这种现象的原因是新词是为了标记新现象、新事物创造的。语言的经济性原则要求我们不能无限制地创造新字、新词。虽然汉字词很早就进入了韩国语词汇系统，但它并未失去其"外来"的本性。因此，与固有词相比，同样具有外来属性的外来词与汉字词的组合更具造词能力。而且汉字具有表意性和浓缩性特点，加上西方国家已有的外文标记，"外来词+汉字词"这种组合类型就表现出强大的造词能力，来满足韩国语中对新词的需求。

第八章　结语

以上我们分别考察了韩国语的固有词、汉字词、外来词、汉字成语、新词的构词法及各种构词类型的造词能力，可以说这些词汇几乎涵盖了整个韩国语词汇类型。总结这些词汇的构词法结果如下：

固有词的前缀派生，按照词性分析造词能力从强到弱的顺序是：名词派生＞动词派生＞形容词派生。能够派生出名词的前缀中"한-"的造词能力相对最强，"이듬-, 치-, 데-"的造词能力相对最弱；能够派生出动词的前缀中"내-"的造词能力相对最强，"검-, 드-"的造词能力相对最弱；能够派生出形容词的前缀中"새-"的造词能力相对最强，"엇-, 샛-, 싯-"的造词能力相对最弱。

按照词性分析后缀派生法的造词能力从强到弱的顺序是：名词派生＞动词派生＞副词派生＞形容词派生。名词派生后缀的数量按照词基的性质由多到少的顺序是：名词词基＞名词+不完全词基＞名词+动词词基＞动词词基、动词+不完全词基、名词+动词+形容词+不完全词基＞名词+形容词词基、动词+形容词词基、名词+动词+形容词+不完全词基＞形容词词基、不完全词基、名词+副词词基、名词+数词词基、名词+数词+不完全词基、名词+动词+不完全词基、名词+动词+副词+不完全词基、名词+动词+形容词+副词词基。动词派生后缀的数量按照词基的性质由多到少的顺序是：动词词基、动词+形容词词基＞副词+不完全词基

>形容词词基、不完全词基、动词+不完全词基、动词+形容词+不完全词基>名词+动词+形容词+副词词基。形容词派生后缀的数量按照词基的性质由多到少的顺序是：名词+不完全词基>形容词+不完全词基>名词词基、形容词词基、不完全词基、动词+形容词词基、动词+副词+不完全词基。副词派生后缀的数量按照词基的性质由多到少的顺序是：副词词基>形容词词基>名词+形容词+副词+不完全词基>名词词基、动词词基、名词+动词词基、名词+不完全词基。

按照词性统计特殊派生法造词能力从强到弱的顺序是：派生副词>派生名词>派生动词。

内部变化派生法是形态、意义上具有密切关系的单词通过元音交替法、辅音交替法转换成其他单词的构词法。其中，元音交替法有18种，辅音交替法有17种，元音交替法中"ㅏ：ㅓ"类型的造词能力最强，辅音交替法中"松音：紧音"类型的造词能力最强。

在固有词的合成法中按照词性分析句法合成词的造词能力从强到弱的顺序是：合成名词>合成动词>合成形容词>合成副词。从各词性内部先行词基和后行词基具体结合方式分析句法合成词的造词能力从强到弱的顺序是：① 合成名词：名词词基+名词词基>形容词词基+冠形词形"-ㄴ，-ㄹ"）+名词词基>动词词基+冠形词形"-ㄴ，-ㄹ"）+名词词基>形容词词基（Φ）+名词词基>数词词基（Φ）+数词词基>副词词基（Φ）+副词词基；② 合成动词：名词词基（Φ）+动词词基>动词词基+连接形"-아/어，-고，-어다"+动词词基>副词词基（Φ）+动词词基>形容词词基+连接形"-아/어"+动词词基；③ 合成形容词：名词词基（Φ）+形容词词基>形容词词基+连接形"-다，-나，-아/어"+形容词词基>副词词基（Φ）+形容词词基>名词词基（Φ）+动词词基>副词词基（Φ）+动词词基>动词词基+连接形"-아/어"+形容词词基；④ 合成副词：名词词基（Φ）+名词词基>名词词基（Φ）+副词词基>冠词词基（Φ）+名词词基。

非句法合成法是形成合成词的词基的结合方式不符合韩国语的句法法则。从词性来分析非句法合成词的造词能力从强到弱的顺序是：合成名词>合成动词>合成形容词>合成副词。从各词性内部先行词基和后行词基具体结合类型

分析句法合成词的造词能力从强到弱的顺序是：① 合成名词：副词词基（Φ）+名词词基＞动词词基（Φ）+名词词基＞形容词词基（Φ）+名词词基＞名词词基（Φ）+动词词基（Φ）＞不完全词基（Φ）名词词基＞动词词基+连接形："-아/어"+名词词基＞动词词基+终结形"-자, -료, -라, -구려"+名词词基；② 合成动词：动词词基（Φ）+动词词基＞不完全词基（Φ）+动词词基＞形容词词基（Φ）+动词词基；③ 合成形容词：形容词词基（Φ）+形容词词基＞不完全词基（Φ）+形容词词基；④ 合成副词：不完全词基（Φ）+不完全词基（Φ）＞动词词基（Φ）+动词词基（Φ）＞名词词基（Φ）+副词词基＞形容词词基（Φ）+形容词词基（Φ）＞副词词基（Φ）+冠形词词基。

固有词派生词的合成与合成词的派生这两种结构都比较复杂，但无论是派生词的合成还是合成词的派生，其内部构造都是有层次的，可以按照不同的构词方式逐层分析，就能理清其结构关系，从而准确地识别这两类词。

汉字词的构词法与固有词不同的是汉字词的派生多派生成独立性很强的名词，只有个别汉字词后缀能与双音节汉字词组合构成派生谓词的词根。汉字词的合成法分为句法合成与非句法合成两大类。汉字词合成词的组合顺序是：① 按照时间、动作的先后顺序进行组合；② 按照由内到外、由远及近、由上到下、由高到低、由左到右的空间顺序进行组合；③ 按照男尊女卑、长幼的顺序进行组合；④ 按照社会地位及力量的强弱、优劣进行组合；⑤ 按照肯定与否定的顺序进行组合，这是与固有词合成方法最大的不同。另外，可根据汉文句子结构的基本规律，将合成汉字词的结构分为以下十种类型：① 主谓结构、② 动宾结构、③ 动补结构、④ 状谓结构、⑤ 修饰结构、⑥ 并列结构、⑦ 被动结构、⑧ 否定结构、⑨ 叠词结构、⑩ 缩略结构。

汉字词既有可以独立使用的单音节、多音节单纯词，同时也有通过合成和派生等方法形成的复合词。由于进入韩文系统的汉字词仍保留着汉字的表意功能，且多为失去独立性的依存名词，所以根据语义表达和使用的需要，造词时可能不止经历一次派生或合成，这样便形成了多层结构的汉字词。汉字词的构词呈现如下特点：① 组词自由，造词能力强；② 通过截取形成的缩略词占有一定的比例；③ 部分合成词内部存在同义·近义词素重复现象；④ 叠词的构成方式比较单纯；⑤ 汉字词复合词中的"ㄹ"脱落呈不规则状；⑥ 汉字词派生词的后缀多为单音节；⑦ 汉字词派生词中不存在通过音韵交替形成的派生词；⑧ 汉字词派生词中不存在通过零派生形成的派生谓词；⑨ 汉字词中，通过词缀派生形成的谓词远远多于合成法形成的谓词；⑩ 汉字词合成词中不存在通过非句法合成法形成的谓词。

与固有词和汉字词构词不同的是外来词构词主要是通过借音法，具体可分为全借音法、半借音半译意法、借音后加注释法等。外来词也可通过派生和合成的方法来构词。除此之外，外来词还可通过缩略法、首字母组合法、混合法构词，这些是与韩国语传统的构词法不同的地方。从形态上来看，第一，不论外来词的词性如何，被借用到韩国语中的外来词大都作为名词使用。若外来词原词是动词或形容词，只有将其与后缀"-하다"结合，才能发挥其谓词词干的作用；第二，就不同词源的词语组合造词的能力而言，外来词之间、外来词与汉字词的组合造词能力比外来词与固有词的组合成词能力更强；第三，由于音节结构上的差异，较长的外来词被借用到韩国语中后，常会被省略某一部分；第四，首字母组合词既包括英语中的各单词首字母缩略组合词，同时也包括抽取某单词内部几个字母构成的字母组合词；第五，由混合法构成的混合词外来词中，AD型混合词在混合词中的数量占比最高，是典型的混合词构词法。而且该构词法还遵循着混合词的音节数与构成该混合词的后一词语的音节数一致的规律。当构成该混合词的后一词语的截取部分呈后缀化时，由其组成的词语的混合词特性被大大弱化，甚至消失。

就形态而言，四字格形式是汉字四字成语最大的特点。第一，它结构简洁而稳定，不能再插入其他词素；第二，从语义上来看，虽然有些四字成语从字面就可知其语义，但大部分四字成语不是其字面义的简单相加，而是从字面义引申出来的引申义或比喻义；第三，大部分韩国语成语都有明确的出处。韩国语成语大部分源自汉语成语，这些成语多出自中国古代经典、文献、文学作品、寓言故事等。另一方面，韩民族自创的成语虽创作来源广泛，但大多有据可查；第四，故事性。韩国语中，部分四字成语是源于传说、历史典故、寓言或神话故事的故事成语。故事性也是四字成语的一大特点，只有了解故事背景才能准确理解该成语的真正含义；第五，四字成语中存在前后构成词素语义相反的特殊现象。具体类型有：① 词素A与C语义相反；② 词素A与D语义相反；③ 词素B与D语义相反；第六，部分四字成语有多个不同的书写形态；第七，习用性与书面语性。韩国语四字成语是自古流传下来的一种惯用表达形式，具有习用性。同时，由于构词简洁、表义丰富多被用于书面表达；第八，部分含有动词词素的汉语成语在韩化过程中多被名词性汉字或助词"之"所代替，成为具有"〇〇之〇"形式的成语，凸显了成语的名词性。四字成语在韩国语中的语法功能方面，由于韩国语属于黏着语，这就决定了被韩国语词汇体系吸纳的四字成语不能像在汉语中那样可以不受任何限制地充当句子中的各种成分，甚至可以单独成句，而是要受韩国语语法的制约，有很大的局限性。在韩国语中，四字成语只能被看作是由四个词素构成的单词，再不能细分。除了几个通过零派生词形没有发生变化，可以作为副词使用的四字成语之外，其余四字成语在韩国语中有的需要添加动词或者形容词后缀，派生成动词或者形容词使用；有的已经完全丧失了其作为单词独立使用的资格，只能作为构成其他单词内部成分的"潜在语"。这种现象说明，四字成语在韩国语中要优先遵循韩国语语法的原则，受韩国语语法的制约，体现了韩国语是黏着语的特征。

2014～2018年韩国语复合词新词的构词情况是：合成词占73.11%，其中属于句法合成的词根与词根结合形成的合成词占24.92%；由单词的一部分与词根结合，或者由一个单词的一部分与另一个单词的一部分形成的混合词占29.16%；由单词或词组、句子缩略而成的缩略词占19.03%。派生词占总体复合新词数量的26.89%，其中通过前缀派生形成的派生词占2.07%，数量非常少；通过后缀派生形成的派生词占24.82%。可见派生新词主要是通过后缀派生形成的。从词源的角度分析新词的数量可知固有词数量最少、汉字词次之，纯英语外来词比较多，数量最多的是"外来词+汉字词"这种组合类型的混种词。混种词中甚至还出现了由三种以上的词源组成的词。出现这种现象的原因是新词是为了标记新现象、新事物创造的。语言的经济性原则要求我们不能无限制地创造新字、新词。虽然汉字词很早就进入了韩国语词汇系统，但它并未失去其"外来"的本性。因此，与固有词相比，同样具有外来属性的外来词与汉字词的组合更具造词能力。而且汉字具有表意性和浓缩性特点，加上西方国家已有的外文标记，"外来词+汉字词"这种组合类型就表现出强大的造词能力，来满足韩国语中对新词的需求。

我们通过使用定性、定量、统计分析等方法，按照词源对韩国语构词原理进行了全面的分析，揭示了韩国语构词体系的全貌和每种词源构词类型的造词能力以及各种词源构词的共性和特性。由于韩国语词汇系统中包含了各种词源的词汇，每种词源的构词法都有其独有的特征，又因为这些词汇都被用于韩国语中，所以其构词法也要遵守韩国语语法规则，因此韩国语词汇系统中各词源单词的构词法不仅具有其独有的特征，还具有共性。

参考文献

汉语文献

安丰丽. 韩国语汉字词后缀与汉语后缀的对比研究——以人称后缀为中心，中国海洋大学硕士学位论文，2013.

陈原. 社会语言学，上海：学林出版社，1983.

邓齐飞. 韩汉时间前缀对比研究，延边大学硕士学位论文，2020.

富天飞. 汉韩缩略词语对比研究，延边大学硕士学位论文，2005.

胡翠月. 韩国语四字成语研究，汉语史研究集刊（第七辑），2004.

胡翠月. 韩国语固有语法对韩国语四字成语用法的制约作用，扬州大学学报（人文社会科学版），2012.

胡翠月. 韩国语新词的认知研究——以2012～2018年新词为例，延边大学博士学位论文，2020.

胡翠月·管茹月. 社会语言学视域下汉、韩新词语对比研究——以2015年汉、韩新词语为例，昆明学院学报，2020.

金光海（韩）编著，白莲花·李海燕·田美花 译. 韩国语分级词汇手册，上海：上海外语教育出版社，2011.

金文植. 韩国语外来词的词形结构，考试周刊，2010.

金香花. 试析韩国语汉字词前缀"불""부"——兼论汉语前缀"不"，延边大

学学报（社会科学版），2006.

亢世勇. 新词语大辞典的编纂，辞书研究，2003.

唐启运. 论四字格成语，华南师院学报，1979.

李行健. 现代汉语规范词典（第二版），北京：外语教学与研究出版社/语文出版社，2010.

李建国. 新词新语研究与词典编纂，辞书研究，1996.

李秀成. 关于韩国语汉字词和现代汉语词汇的对比研究，中国海洋大学硕士学位论文，2010.

林从纲·李淑杰·孟丽·代丽娟. 新编韩国语词汇学（第二版），北京：北京大学出版社，2015.

刘寒晶. 韩国语汉字词和汉语词汇内部结构对比研究，文化产业，2021.

孟丽. 浅谈韩国语新词的特点，科教文汇，2010.

孟丽. 从认知的视角看汉韩"吃"的概念隐喻，青年与社会，2018.

齐英华. 韩国语汉字词前缀与汉语前缀对比——以表示范围的前缀为中心，延边大学硕士学位论文，2016.

全莲丽. 现代韩国语新词的构词法研究，中央民族大学硕士学位论文，2012.

王瑞琳. 新HSK四五级词汇中的韩国汉字词研究，天津师范大学硕士学位论文，2014.

王志国. 关于韩国语新词构造的研究，韩国语教学与研究，2018.

王宗宣·覃思. 韩国语固有词前缀语义解析方法探析，语文学刊，2013.

文美振. 汉韩"形同义异"成语的对比分析，乐山师范学院学报，2006.

新华字典编纂组. 新华字典，北京：商务印书馆，1980.

胥思名. 韩中新词的比较研究，延边大学硕士学位论文，2009.

胥思名. 浅析现用韩国语中汉字语名词的构成，中国科教创新导刊，2012.

杨彬. 心智的门铃——英语新词的认知阐释，苏州大学博士学位论文，2008.

杨小平. 当代汉语新词新语研究，北京：中国社会科学出版社，2012.

张静. 语言的学习和运用，上海：上海教育出版社，1980.

朱伟·冯慧颖. 汉韩同形汉字词异质化探究，韩国语教学与研究，2018.

韩国语文献

강신항. 현대 국어 어휘사용의 양상, 태학사, 1991.

강진식. 현대국어의 단어형성 연구, 전남대학교 박사학위논문, 1994.

고려대학교민족문화연구원. 고려대 한국어대사전, 고려대학교출판부, 2009.

고영근. 현대 국어의 접미사에 대한 구조적 연구 (1) ——자립기준을 중심으로, 서울대학교 논문집 18, 1972.

고영근. 국어 접미사 연구, 광문사, 1974.

고영근. 국어 형태론 연구, 서울대 출판부, 1989.

고영근. 파생접사의 분석한계, 어학연구 25-1, 서울대학교, 1989.

고영근. 형태소란 도대체 무엇인가? 홍익어문 10~11, 홍익어문연구회, 1992.

고영근・남기심. 표준국어 문법론 (개정판) , 탑출판사, 1996.

고재설. 국어 단어 형성에서의 형태・통사 원리에 대한 연구, 서강대학교 박사학위논문, 1993.

구본관. 경주방언 피동형에 대한 연구, 국어연구 100, 1990.

구본관. 생성문법과 국어 조어법 연구 방법론, 주시경학보 9, 1992.

국립국어원. 2014년 신어, 2014.

국립국어원. 2015년 신어, 2015.

국립국어원. 2016년 신어 조사 및 사용 주기 조사, 2016.

국립국어원. 2017년 신어 조사, 2017.

국립국어원. 2018년 신어 조사, 2018.

기주연. 근대 국어의 파생어 연구, 한양대학교 박사학위논문, 1991.

김계곤. 현대 국어의 뒷가지 처리에 대한 관견, 한글 144, 1969.

김계곤. 현대 국어 임자씨의 합성법: 사이시옷으로 표기된 합성 임자씨, 한글학회 50돌 기념논문집, 1971.

김계곤. 현대 국어 임자씨의 비통사적 합성법, 국어국문학 55~57합병호, 1972.

김계곤. 옹근이름씨끼리의 종속적 합성법: 그 속뜻에 의한 분류, 인천교대 논문집 8, 1973.

김계곤. 현대 국어 임자씨의 통사적 합성법, 인천 교대 논문 7, 1973.

김계곤. 현대 국어의 조어법 연구: 파생법의 겹침에 대하여, 인천교대 논문집 9, 1974.

김계곤. 현대 국어의 조어법 연구: 합성법의 겹침에 대하여, 한글 157, 1976.

김계곤. 현대 국어의 조어법 연구, 허웅박사 회갑기념 논문집, 과학사, 1978.

김계곤. 현대 국어의 조어법 연구, 박이정, 1996.

김광해. 복합명사의 신생과 어휘화 과정에 대하여, 국어국문학 88, 1982.

김광해·김동식. 국어 사전에서의 합성어 처리에 관한 연구, 국립국어연구원, 1993.

김규선. 국어의 복합어에 대한 연구, 어문학 23, 1970.

김규철. 한자어 단어 형성에 대한 연구: 고유어와 비교하여, 국어연구 41, 국어연구회, 1980.

김규철. 단어 형성 규칙의 정밀화: 방해현상을 중심으로, 언어 6-2, 1981.

김동찬. 단어조성론—조선어리론문법, 고등교육 출판사, 1987.

김민수. 늣씨와 morpheme, 국어국문학 24, 1961.

김민수. 주시경 연구 (증보판). 탑출판사, 1986.

김봉주. 형태론, 한신문화사, 1984.

김석득. 국어 형태구조의 연구, 인문과학 9, 1963.

김석득. 국어 형태론: 형태구조 (이름씨류어) 의 연구, 한국어문학 1, 1965.

김석득. 국어 형태론: 형태류어의 구성요소 분석, 연세논총 4, 1967.

김석득. 직접구성요소간의 기능적 관계, 이숭녕박사 송수기념논총, 을유문화사, 1968.

김석득. 구성요소의 뜻과 총합체의 뜻과의 관계, 동방학지59, 연세대학교 국어학연구원, 1988.

김석득. 우리말 형태론, 탑출판사, 1992.

김선희. 접두사의 어휘형성과 의미분석, 연세어문학 17, 1984.

김성규. 어휘소 설정과 음운현상, 국어연구 77, 1987.

김성옥. 국어 첩어 연구, 숙명여자대학교 석사학위논문, 1984.

김슬옹. 이른바 "품사통용어"의 사전 기술 연구, 연세대학교 석사학위논문,

1990.

김영석·이상억. 현대 형태론, 학연사, 1992.

김일병. 국어 합성어의 형성에 대한 연구, 인문학보 제 29집, 강릉대학교 인문과학연구소, 2000.

김정식. 앞가지 파생어의 생산성 연구, 어문학 교육 9, 한국어문교육학회, 1986.

김정은. 현대국어 합성명사의 의미론적 연구, 숙명여자대학교 석사학위논문, 1989.

김정은. 파생어론의 문제점 고찰, 숙명여자대학교 대학원 원우논총 11, 1993.

김정은. 현대국어의 조어법에 대한 연구, 어문론집 4, 숙명여자대학교, 1994.

김정은. 국어 단어형성법 연구, 숙명여자대학교 박사학위논문, 1995.

김정은. 국어 단어형성법 연구(수정·증보판), 박이정, 2000.

김종택. 복합 한자어의 어소 배합 구조, 어문학 27, 한국어문학회, 1972.

김주미. 국어 복합동사의 의미론적 고찰, 동덕여자대학교 석사학위논문, 1988.

김지홍. 몇 어형성 접미사에 대하여, 백록어문 1, 1986.

김창섭. 현대 국어의 복합동사 연구, 국어연구 47, 1981.

김창섭. '줄넘기'와 '갈림길'형 합성명사에 대하여, 국어학 12, 1983.

김창섭. 형용사 파생접미사들의 기능과 의미, 진단학보 58, 1984.

김창섭. 영파생과 의미전이, 주시경학보 5, 탑출판사, 1990.

김창섭. 국어 파생어에 대한 통사론적인 해석, 국어학회 발표요지, 1992.

김창섭. 국어 형태론 연구의 흐름과 과제, 국어국문학회 제 35회 발표요지, 1992.

김창섭. 국어의 단어형성과 단어구조, 서울대학교 박사학위논문, 1994.

김창섭. 국어의 단어형성과 단어구조 연구, 국어학총서 21, 태학사, 1996.

남기심. 새말의 생성과 사멸. 일지사, 1983.

남기심·고영근. 표준국어문법론, 탑출판사, 1985/1999.

남기심·고영근. 표준국어문법론, 도서출판 박이정, 2014.

남풍현. 모음의 음성상징과 어사 발달에 대한 고찰, 한양대학교 창립 30주년 기념 논문집(1969).

노대규. 국어의 복합어 구성법칙, 인문논총 4, 한양대학교 문과대학, 1982.

노명희. 한자어의 어휘형태론적 특성에 관한 연구, 국어연구 95, 국어연구회, 1990.

마성식. 국어 어의변화 유형에 관한 연구, 중앙대학교 박사학위논문, 1987.

문화체육관광부. 고시 제 2017-14호, 외래어 표기법, 2017.

민현식. "-스럽다", "-롭다" 접미사에 대하여, 국어학 13, 1984.

민현식·왕문용. 국어 문법론의 이해, 개문사, 1993.

박건일. 국어 접두사 연구, 동국대학교 석사학위논문, 1981.

박경숙. 국어단어형성법의 교육에 관한 연구, 중앙대학교 석사학위논문, 2007.

박경현. 현대 국어 명사보합형의 의미구조, 경찰대학교 논문집 4, 1985.

박동규. 유음첩어의 형태구조 연구, 논문집1, 전주대학교 교육학부, 1983.

박동근. 한국 상징어의 형태 의미구조 연구, 건국대학교 석사학위논문, 1991.

박용찬. 근대 국어 복합명사 연구, 국어연구 122, 1994.

박창원. 현대국어 의성 의태어의 형태와 음운, 새국어생활 3-2, 국립국어연구원, 1993.

박창해. 한국어 구조론 연구, 탑출판사, 1990.

백용학. 복합명사의 구조와 그 의미에 대한 연구, 동아논총 19, 1982.

서병국. 국어 조어론, 경상북도대학교 출판부, 1975.

서정수. 동사 "하-"의 문법, 형설출판사, 1975.

서정수. 합성어에 관한 문제, 한글 173~174, 1981.

성광수. 국어 형태소의 유형과 의미, 한국어문교육, 고래대학교 사법대학 국어교육과, 1988.

성광수. 국어의 단어와 조어—어휘구조와 어형성규칙 (1), 주시경학보 1, 1988.

성광수. 합성어 구성에 대한 검토—어휘구조와 어형성규칙 (2), 한글201/202, 1988.

성광수. 국어 어휘구조와 어형성규칙, 사대논총 13, 고려대학교 사범대학, 1988.

서정수. 국어 문법의 연구 2, 한신문화사, 1990.

성기철. 명사의 형태론적 구조, 국어교육 15, 1969.

성환갑. 접두사 연구, 중앙대학교 석사학위논문, 1972.

성환갑. 고유어의 한자어 대체에 관한 논문, 중앙대학교 박사학위논문, 1978.

송기중. 현대국어 한자어의 구조, 한국어문 1, 한국정신문화연구원, 1992.

송승현. 한국어 외래어 사용 양상 연구: 구어자료를 기반으로, 연세대학교 박사학위논문, 2022.

송원용. 국어 어휘부와 단어 형성체계에 대한 연구, 서울대학교 박사학위논문, 2002.

송철의. 파생어 형성과 음운현상, 국어연구 38, 1977.

송철의. 파생어 형성에 있어서의 어기의 의미와 파생어의 의미, 진단학보 60, 1985.

송철의. 국어의 파생어 형성 연구, 서울대학교 박사학위논문, 1989.

송철의. 국어의 파생어 형성 연구, 태학사, 1992.

송철의. 생성형태론, 국어학 연구 백년사 (1), 김민수 교수 정년기념 논총, 일조각, 1992.

송철의 · 이남순 · 김창섭. 국어 사전에서의 파생어 처리에 관한 연구, 국립국어연구원, 1992.

시정곤. 복합어 형성규칙과 음운현상, 고려대학교 석사학위논문, 1988.

시정곤. 국어의 단어형성 원리, 고려대학교 박사학위논문, 1993.

신수송. 조어의 논리형태에 관한 연구, 어학연구 23-1, 서울대학교, 1987.

신순자. 국어 접미사 '-스럽-'의 연구, 숙명여자대학교 석사학위논문, 1982.

신지영. 단어형성에서의 유표성 원리, 주시경학보 9, 탑출판사, 1992.

신창순. 한자어 소고, 국어국문학 42~43합병호, 국어국문학회, 1969.

심재기. 국어 어휘론, 집문당, 1982.

심재기. 국어 어휘의 특성에 대하여, 국어생활 22, 국어연구소, 1990.

심재기 · 조항범 · 문금현 · 조남호 · 노명희 · 시선영. 국어어휘론개설, 지식과교양, 2011.

안상철. 생성형태론의 발전과 현안문제, 주시경학보 5, 1990.

안정애. 현대국어 접두사 연구, 고려대학교 석사학위논문, 1983.

안효경. 현대국어 접두사 연구, 국어연구 117, 1994.

여영택. 말만들기 (조어론) , 한글학회 50돌 기념논문집, 1971.

유경종. 국어 복합어 형성과정의 의미론적 연구, 한양대학교 석사학위논문, 1985.

유목상. 통어론적 구성에 의한 국어형성에 관한 연구, 성곡논총 5, 1974.

유재원. 우리말 역순사전, 정음사, 1985.

유창돈. 어휘사 연구, 선명문화사, 1971.

윤동원. 형용사 파생 접미사 "-스럽-, -롭-, -답-"의 연구, 국어국문학논문집 23, 서울대학교 사범대학, 1986.

윤희원. 의성어 의태어의 개념과 정의, 새국어생활 3-2, 국립국어연구원, 1992.

이건식. 현대국어의 반복 복합어 연구, 단국대학교 석사학위논문, 1988.

이경우. 파생어형성에 있어서의 의미변화, 국어교육 39~40, 1981.

이기문. 동아 새국어사전, 두산동아, 1997.

이병근. 주시경의 언어이론과 늣씨, 국어학 8, 1979.

이병근. 국어사전과 파생어, 어학연구 22-3, 서울대학교, 1986.

이상복. 현대 국어의 조어법 연구, 연세대학교 박사학위논문, 1990.

이석주. 국어 형태론, 한샘출판사, 1989.

이선영. 15C 국어 복합동사 연구, 국어연구 110, 1992.

이숭녕. 국어에의 의미론적 반성, 예술원보 5, 1960.

이숭녕. 중세 국어 문법, 을유문화사, 1961.

이숭녕. 국어조어론고, 을유문화사, 1964.

이옥련. 후치사 재고, 숙명여자대학교 석사학위논문, 1965.

이옥련. 국어의 부부칭어에 대한 사회언어학적 고찰, 서울여자대학교 박사학위논문, 1991.

이을환. 언어학개설, 이우출판사, 1981.

이익섭. 국어 복합명사의 IC분석, 국어국문학 30, 1965.

이익섭. 복합명사의 액센트 고찰, 학술원 논문집 6, 1967.

이익섭. 한자어 조어법의 유형, 이숭녕 박사 송수기념논총, 1968.

이익섭. 한자어의 비일음절 단일어에 대하여, 김재원 박사 회갑기념논총, 1969.

이익섭. 국어 조어론의 몇 문제, 동양학, 단국대학교 동양학연구소, 1975.

이익섭. 현대국어의 반복 복합어의 구조, 정병욱선생, 회갑기념논총 1, 국어학연구, 신구문화사, 1983.

이익섭·임홍빈. 국어문법론, 학연사, 1983.

이익섭. 국어학개설, 학연사, 2004.

이재성. 고유어 접두파생법 연구, 연세대학교 석사학위논문, 1990.

이재인. 국어 파생어에 대한 의미론적 해석, 국어학회 발표요지, 1992.

이주행. 국어의 복합어에 대한 고찰, 국어국문학 86, 1981.

이주행. 한국어 문법 연구, 중앙대학교 출판부, 2000.

이주행. 국어 문법의 이해, 월인, 2004.

이지양. 국어의 융합현상과 융합형식, 서울대학교 박사학위논문, 1993.

이현규. 國語 轉用法의 史的 硏究 : ―中世語以後의 變遷을 中心으로―, 韓國語文論集 Vol.1, 한사대학교 한국어문연구소, 1981.

임재만. 영변화에 의한 어휘형성 연구, 경희어문학 8, 경희대학교 국어국문학과, 1987.

임지룡. 대등합성어의 의미분석, 배달말 10, 1985.

임홍빈. 명사화의 의미특성에 대하여, 국어학 2, 1974.

임홍빈. 용언의 어근 분리 현상에 대하여, 언어 4-2, 1979.

임홍빈. 기술보다는 설명을 중시하는 형태론의 기능 정립을 위하여, 한국학보 26, 1982.

임홍빈. 통사적 파생에 대하여, 어학연구 25-1, 서울대학교, 1989.

임홍빈·한재영. 국어 어휘 분류 목록에 대한 연구, 국립국어연구원, 1993.

장영희. 현대국어 접미사 '-답-'의 연구, 숙명여자대학교 석사학위논문, 1986.

전나영. 우리말 합성어름씨 연구, 연세대학교 석사학위논문, 1987.

정동환. 현대국어 접두사 연구, 인하대학교 석사학위논문, 1984.

정동환. 국어 합성어의 의미관계 연구, 건국대학교 박사학위논문, 1991.

정민영. 국어 한자어의 단어형성 연구, 충북대학교 박사학위논문, 1994.

정원수. 국어의 복합어 형성에 대한 연구, 충남대학교 석사학위논문, 1984.

정원수. 국어의 단어형성 연구, 충남대학교 박사학위논문, 1991.

정원수. 국어의 단어 형성론, 한신문화사, 1992.

정인승. 모음상대법칙과 자음가세법칙, 한글 191, 1986.

정정덕. 한국어 합성어의 구문론적 연구, 연세대학교 석사학위논문, 1980.

정정덕. 합성명사의 의미론적 연구, 한글 175, 1982.

정한성. 단어형성의 어휘형태론적 분석, 조선대학교 박사학위논문, 1994.

조남호. 현대국어의 파생접미사 연구, 국어연구 85, 1988.

조현숙. 부정접두사 '無, 不, 未, 非'의 성격과 용법, 관악어문41, 관악어문연구, 1989.

채완. 국어 어순의 연구, 국어학 총서 10, 국어학회, 1986.

채완. 현대 국어의 음성상징론의 몇 문제, 국어학 16, 1987.

채완. 의성어 의태어의 통사와 의미, 새국어생활 3-2, 국립국어연구원, 1993.

채현식. 국어 어휘부의 등재소에 관한 연구, 국어연구 120, 1994.

최경애. 국어의 어중 중첩에 관한 연구, 1987.

최규일. 국어의 어휘형성에 관한 연구, 성균관대학교 박사학위논문, 1989.

최규일. 한자어의 어휘형성과 한자어에서 접사 처리 문제, 강신항 교수 회갑기념 논문집, 1990.

최현배. 우리말본, 정음사, 1937.

최호철. 현대국어의 상징어에 대한 연구, 고려대학교 석사학위논문, 1984.

국립국어연구원. 표준국어대사전, 두산동아, 1999.

하치근. 국어 파생접미사 연구, 부산대학교 박사학위논문, 1987.

하치근. 파생법에서 어휘화한 단어의 처리 문제, 우리말 연구 2, 1992.

하치근. 국어 파생 형태론(증보판), 남명문화사, 1993.

한글학회. 우리말 큰 사전, 어문각, 1992.

허웅. 서기 15세기 국어를 대상으로 한 조어법의 서술방법과 몇가지 문젯점, 동아문화 Vol.6, 서울대학교 동아문화연구소, 1966.

허웅. 우리 옛말본, 샘문화사, 1975.

허웅. 언어학, 샘문화사, 1981.

허웅. 국어학, 샘문화사, 1983.

호취월. 한국어 四字成語에 대한 硏究, 서울대학교 석사학위논문, 2004.

호취월. 한국어 사자성어의 존재 양상 및 외국어로서의 그 교육 방안, 한중인문학연구 (제34집), 2011.

홍기문. 조선문법연구, 서울신문사, 1947.

홍재성. 한국어 사전편찬과 문법정보, 어학연구23-1, 1987.

황병순. 국어 복합동사에 대하여, 영남어문학13, 영남어문학회, 1986.

황진영. 현대국어 혼성어 연구, 연세대학교 석사학위논문, 2009.

황화상. 국어 형태 단위의 의미와 단어 형성, 고려대학교 박사학위논문, 2000.

英语文献

Adams. V. An Introduction to modern English Word formation, Longman, London, 1973.

Aromoff, M. Word Formation in Generative Grammar, MIT Press, Cambridge, Massachusetts, 1976.

Bauer, L. English Word-formation, Cambridge University. Press, 1983.

Bybee, J. Morphology: A Study of the Relation between Meaning and Form, John Benjamins Publishing Co., Amsterdam, 1985.

Chao, Y. R. A Grammar of Spoken Chinese, University of Califonia Press, 1968.

Chomsky, N. Aspects of the Theory of syntax, Cambridge, MIT Press, 1965.

Chomsky, N. Remarks on Nominalization, Readings in English Transformational Grammar, Ginn Waltham, Massachusetts, 1970.

Gleason, H.A. An Introduction to Descriptive Linguistic. Henry Holt and Co, 1955.

Hall, C. J. Morphology and Mind, A unified approach to explanation in linguistics, London and New York, 1992.

Halle, M. Prelegomena to theory of word formation, Linguistic Inquiry 4, 1973.

Hockett. A Course in Modern Linguistics, The Macmillan company, 1958.

Ingo Plag. Word-formation in English, Cambridge university Press, 2003.

Leech. Geoffrey, Semantics：The Study of Meaning（Second edition）. Penguin Books, 1981.

Levi, J. The Syntax and Semantics of Complex Nominal, Academic Press, 1978.

Lieber, R. The Organization of the Lexicon, Ph. D dissertation, MIT, 1980.

Martin, S. E. A Reference Grammar of Korean Tokyo: Tuttle, 1992.

Newmark, P. *A Texbook of Translation*. Shanghai Foreign language education Press, 2001.

Nida, E. Morphology: The Descriptive Analysis of Word, University of Michigan Press, Ann Arbor, 1949.

Pearson Education. *Longman Dictionary of Contempaoary English.* Pearson Education, 2015.

Rey, A. *Essays on Terminology*. John Benjamins, 1995.

Roeper, T.& Siegel, D. A lexical transformation for verbal compound, Linguistic Inquiry 9, 1978.

Scalise, S. Gerative Morphology, Foris, Dordrecht, 1984.

Selkirk. E. The Syntax of Words, MLT Press, Cambridge, Massachusetts, 1982.

Spencer, A. Morphological Theory, Basil Blacwell, Oxford, 1991.

Ullmann, S. Semantics: An Introduciton to the Sciecne of Meaning, Basil Blacwell, Oxford, 1962.

Victoria Neufeldt & David B. Guralnik （eds.）. Webster's New World Dictionary （3rd College Edition）. Simon & Schuster, Inc, 1988.

后 记

十年，沧海一粟。十年，斗转星移。这十年我和孟丽老师经历了很多改变，但努力写好此书的初衷始终未变。

我硕士研究生阶段师从首尔大学国语专业的金仓燮教授，开启了词汇研究的大门。在金仓燮教授的悉心指导下，我完成了题为《韩国语四字成语研究》的硕士学位论文，其中就有与四字成语相关的构词法及在韩国语中的具体用法等内容。对韩国语构词方面的探究意犹未尽，但因当时学识浅薄，未能更深入地挖掘，乃一憾事。

从教后，我慢慢积累了教学经验，在教学中不断学习，更深切地感受到对于外语学习者来说，构词法是多么重要。如能领悟这门语言的构词法，不仅能解决识记单词的问题，更能领悟构词中的奥秘，体会到学习这门语言的乐趣。而当时已有的韩国语构词方面的研究成果大都是韩国学者或者朝鲜族学者从母语的角度以固有词为主、用韩国语撰写的专著，对于零起点的韩国语学习者来说过于深奥，没有一本非母语学者从外语学习者的角度用汉语写的涵盖韩国语各种词源的构词法方面的专著。当拜读过林从纲教授的《新编韩国语词汇学》一书之后，更坚定了我要用汉语写一本与韩国语构词相关的专著的想法。当我怯怯地向林教授征求意见时，林教授不仅肯定了我的想法，还鼓励我，从外语学习者的角度，对构成韩国语词汇的各个词源的词进行全面的分析，这对中国的韩国语学习者理解韩国语构词方法、掌握韩国语单词大有裨益。林教授还向我介绍了研究兴趣同是韩国语构词的中国传媒大学南广学院的孟丽老师。

从2012年起，我和孟丽老师便开始商讨这本书的相关事宜。我们没有急于着手写作，而是决定先用一年的时间研读当时手中已有的高在卨《国语单词形成过程中的形态、语法原理研究》、金仓燮《国语的单词形成和单词构造》、金桂坤《现代国语的造词法研究》、金廷恩《现代国语的单词形成法研究》、奇周衍《近代国语的派生词研究》、沈贤淑《朝鲜语合成词研究》、宋喆仪《国语派生词形成研究》、郑元洙《国语的单词形成论》这八本书。一年后，恰逢孟丽老师来大连出差，我们面对面讨论了以上八本书的长短处，很自然地就转到了"因此我们应该怎么写我们的书"的话题上来。当时，总结的要点如下：（1）内容上，我们按照韩国语词汇语源，不仅包含传统的固有词、汉字词、外来词，还包含韩国语词汇中常见的汉字成语；（2）形式上，为了便于读者理解，对每种词源的构词法进行研究时，都是先介绍共性，再介绍特性。而且，为了便于国内韩国语学习者识记韩国语单词，所有的韩国语词例后都加注了汉语解释；（3）大部分韩国语构词专著中没有提及的汉字成语部分，我们也会参考已有的研究成果，结合我们的理解和所学进行分析和探讨。以上三项原则，直到本书出版问世我们都未曾动摇和改变过。

总结完写作要点后，该决定各自承担哪部分写作任务了。我提议我们先回去把各自手中已有的资料总结一下，然后分头搜集相关材料，自己研读这些参考资料，最后合二为一。到时再总结、分析、分配谁写哪部分内容更合适。这种方法是从我的老师金仓燮教授那里学到的。

自那之后一年的时间，我们都静心学习、消化吸收前人有关韩国语构词的成果，从中汲取精华，对自己更擅长哪部分内容的写作也更明晰了。2014年夏天，当我和孟丽老师相约在南京见面时，彼此对这本书的写作都成竹在胸。我们决定在纸上把自己认为适合承担的部分写下来，我写的"固有词和汉字成语"，孟丽老师写的"汉字词和外来词"，当我们彼此打开对方写的纸条，合二为一时，我们不约而同地说出了"心有灵犀"。除了固有词、汉字成语，我还承担"第一章 绪论""第二章 韩国语构词的相关问题""第八章 结语"的撰写和全书的统筹工作。那次见面，我们不仅完成了写作分配工作，还完成了术语统一的工作。

到2015年春，孟丽老师完成了汉字词部分的书稿，我也完成了绪论和韩国语构词的相关问题这两部分内容的写作工作。但2015年夏，我决定准备博士研究生考试，大部分精力都用于了备考，本书的写作工作进展缓慢。从2016年9月到2020年6月四年间，我师从国内著名的朝鲜语学家延边大学金光洙教授。金光洙教授不仅指导我从认知语言学的角度分析韩国语新词语义形成过程，撰写博士研究生学位论文，还从词汇学的角度对我的《韩国语构词研究》书稿给予了很多建设性意见，特别是从构词的角度指导我分析总结出了韩国语新词的构词规律，本书中新词的构词部分就是在金光洙教授的指导下完成的。到2020年6月，我不仅完成了博士学位论文，拿到了博士学位，同时也完成了专著中韩国语新词构词部分的撰写工作，这部分是最初构思本书时没有的内容。

由于攻读博士学位，我将大部分的精力都用在了学业上，尽管如此，孟丽老师却从未催促过我，她始终鼓励我，不怕慢，要求精。拿到博士学位后，除了工作，我把精力又放到了这本书的写作上，此前虽没有大块时间写这本书，但也从未置之不顾，到2020年末，我负责的固有词部分基本完成，孟丽老师负责的外来词部分也完成了。

至此，专著的绪论、韩国语构词的相关问题、固有词、汉字词、外来词、新词部分都已完成，剩下的就是我硕士论文中曾经研究过的四字成语部分和结语部分以及统稿、整理了。在整理四字成语构词部分时，我发现当时硕士学位论文研究的成果还是比较单薄，而孟丽老师对成语也做过很多研究，她比我研究得更深入。于是，我联系了孟丽老师，征求她是否愿意承担汉字成语部分的写作工作。她还是一如既往地表示支持，她毫不迟疑地应许，积极地投入到了这部分的写作工作之中。到2021年夏，孟丽老师负责的汉字成语部分也已完成。我开始了这本书的结语写作和统稿及审校工作。之后，我和孟丽老师又花费了一年多的时间通过电子邮件反复校对了书稿，确认没有问题后，才将书稿交付给北京大学出版社。

一声"感谢"已远远不能表达我对孟丽老师倾囊相助的感激之情。我想说，一生能有一位这样志同道合的朋友足矣。能与这样的朋友共同完成这部专著的写作工作，本身就是一件既有意义又幸福的事情。

感谢北京大学出版社刘虹女士的信任和鼓励，由于各种原因书稿一拖再拖，但她始终耐心地等待，时时地鼓励，有求必应，让我不敢辜负这份信任。

感谢大连外国语大学对本书出版的资助。

我更要感谢我的父母，他们给了我生命，在我成长和求学的道路上给我提供了优越的条件，他们操劳了一生，证明点滴的积累终究可以铸就辉煌，他们对我的爱让我可以坦然地面对任何困难，从不轻易放弃任何希望，我会带着这份爱好好地生活。愿我的母亲健康、快乐。愿父亲在天之灵可以安息，在我们心中，父亲永远都在，只是换了一种方式陪伴我们。

最后，我要感谢我可爱、懂事的儿子多多。你的到来给爸爸妈妈带来了很多欢乐和幸福，你鼓励妈妈快马加鞭地写博士论文。姥爷去世后，你安慰妈妈你会像姥爷一样爱妈妈。你提醒妈妈还有专著没写完，要抓紧时间。你可以自己写作业，照顾自己，让妈妈专心地写书。你督促妈妈要尽早写完这本书，然后陪你玩儿。这就是爱，不计回报的爱。

我想说，爱是双向奔赴，有那么多爱我的人，也有那么多我爱的人。谨以此书献给这些在我生命中出现，值得我珍惜一生的人。

本书的第一章、第二章、第三章、第七章、第八章由胡翠月撰写，第四章、第五章和第六章由孟丽老师撰写。尽管本书姗姗来迟，但其中蕴含着许多前辈的研究成果，也包含了很多我和孟丽老师的努力和拙见，惟愿能给中国的韩国语学习者提供些许的帮助。虽然我们已尽所能，但由于才疏学浅，难免会出现纰漏，甚至错误，还请各位专家、学者、同仁批评指正。

胡翠月

2023年4月15日

于大连外国语大学励志楼研究室